실천시론

실천시론

신진 辛進

역락

서문

현대시 창작과 이해의 길

요 몇 십 년 사이, 시의 위의가 급격히 사그라진 데에는 사회적 요인 외 내부적 요인— 그럴싸한 말 끼워 맞추기나 속 보이는 도사연천사연 따위가 현대시의 품격이요, 시 창작의 관습이 되었던 내부적 폐단이 주요요인으로 작용하였다 하겠습니다. 눈앞의 사사물물이 실리 획득을 위한 도구로나 여겨지는 세상이고 보니, 시도 명리의 수단으로나 전락해버린 까닭입니다.

시는 잘 지어낸 거짓말이 아니라 새로 발견한 본연, 은폐되어 있던 진선미(眞善美)의 새로운 조명이라 생각합니다. 번지르르한 말재주가 아니라 숨어있는 이상적 실재— 공(公)과 사(私), 이성과 감성, 개체와 공동체의 분별을 넘어서는 이상적이고 인간적인 실재, 그것을 향한 발견의 언어라 할 것입니다.

시창작법 또는 시론에 관하여는 다양하고 복잡한 논의가 있어왔습니다. 그런데 다기망양(多岐亡羊)이란 말이 있듯, 시라고 하는 양식의 대도(大道)가 여러 갈래, 다채로운 소로들과 이어져 있다 보니, 본도(本道)에서 벗어나 소로를 걸으면서도 여기가 대도로구나, 하고 합리화하는 경우가 많았습니다. 시에 관한 논리가 시 밖의 자잘한 방술(方術)에 치중하면서 시의 본래적 생기(生氣)를 잃기 쉬웠던 것입니다.

저에게도 시의 대도를 잃지 않을 무결점의 지침이나 혜안이 있지는 않습니다. 하지만 방계논리 속을 헤매는 추상에서 벗어나, 실제 읽기와 쓰기, 시의 생기에서 이탈하지 않으려는 성의만은 견지하고자 하였습니다. 그 골격에서부터 디테일에 이르기까지, 추상적 논리를 따르기보다는 창작과 이해의 실제에 초점을 두고, 무겁지 않은 에세이 형식으로 톺아보고자 하였습니다. 창작과정에 대한 이해가 곧 실제적인 해석에 이르는 길이기도 하다는 관점에서 책명을 '실천시론'으로 정하고, 중심을 구체적인 시 창작 과정에 두고 서술하였습니다. 창작에 임하는 시인의 자세와 익혀둘 만한 용어들 그리고 수련방법도 부연하였습니다.

우리는 인공지능이 인간의 지능을 넘어서는 기점, 싱귤레리티(Singularity)의 고개를 넘어, 포스트휴먼으로서의 불안과 윤리가 주요 관심사로 떠오르는, 미증유의 'AI세(世)'를 맞고 있습니다. 자연 생명의 존재인 인간이 인간을 넘어서는 디지털 문명의 위력 앞에서 어떻게 본성의 삶, 자율성과 연대성, 주체 상호 간의 발견과 나눔이 상호 연동하는 이상적이고 민주적인 삶을 향한 의지를 이으며 심화할 것이냐 하는 문제는 인간문화의 촉수가 되어온 시인의 통찰과 창의를 더욱 요구하고 있습니다.

참시인은 세계를 자아에 굴복시키거나 현재적 관행에 포박되지 않고 현재에서 차이가 나는, 더 참되며 더 새롭고 그래서 더 풍요롭고 아름다운 가치를 공유하는 '공동주체'적 자아를 꿈꾸면서 그를 언어적으로 연출합니다. 어떤 시대가 온다하더라도 시인은 다른 인간, 다른 사물, 나아가 다른 기계들과도 유기적으로 연대하고 이를 더욱 완전히 이루고자 하는 도전을 잃지 않을 것입니다.

이 책은 창의적 시 쓰기와 이해에 실질적인 도움이 되는 자료를 제공하고자 하는 목적 외에도, 시를 전문적으로 연구하는 이들과 함께 현대시의 특성과 논리체계에 대한 실질적 논의의 계기를 마련하고자 하는 욕심도 가지고 있습니다.

이 과정에, 전부터 개인적으로 사용해온 '차유', '공동주체성' 외에, '교언론', '반동시', '자유연상시' 외 몇몇 특수한 용어가 사용됩니다. 낯설긴 하겠지만 말뜻만으로도 어렵잖게 이해할 수 있을 것이고, 시 쓰기와 읽기를 위해서 일단은 수용될 수도 있으리라 기대합니다. '공동주체' 또는 '주체공동체'란 말 그대로 주체가 단독적으로 세계에 적응하거나 세계를 점령하는 일방의 자기 동일화에 그치지 않고, 자아와 세계 간의 경계와 현실적 탐욕을 넘어서는 공동체적 연대 속의 주체이며, 이는 생태 공동체적인 융합지경의 자아이기도 하다 하겠습니다. 또한 시의 양식적 본질이자. 인간의 본성적이고 궁극적인 지향점이기도 하다고 생각합니다.

그 외 실천시론의 범주에 들 만한 기존의 문학용어, 문화어, 인명, 책명도 적잖이 동원되었습니다. 핵심개념은 본문에서 간략히 요약하였거니와, 예시(例詩)에 맞추어 음미하다보면 시의 품을 한층 성숙시킬 수 있으리라 기대합니다. 예시로는 가급적 짧은 시를 택했습니다. 짧은 시는 역설적으로 더 깊은 감동을 불러일으키기도 하고, 더욱 숙성된 정신과 단련된 언어로 표현되기도 하기 때문입니다. 출전(出典)소개도 간소화 하였습니다. 대부분 이미 알려진 논거들이기도 하거니와, 본문을 정독하면서 스스로 검색과 독서, 명상 토론의 과정을 통해 보충한다면 내실 있는 성숙을 도모할 수 있으리라 기대합니다.

특히, 우리가 읽고 쓰는 현대시의 본질적 특성을 '차유(差喩, transphore)'라는 키워드를 중심으로 체계화하고 있습니다. 차유란 말 그대로, 현대시의 유추 과정이 유사성이나 인접성을 중심으로 한다기보다 차이성을 중심으로 하는 비유의 과정을 거친다는 점에서 성립되는 조어(造語)입니다. 전례 없이 단절적이고 부조리한 문명사회에서 자아와 세계가 공동주체화하기 위해서는 현재적 인식과 표준적 언어 맥락을 전도(轉倒)시켜야 하는 현대시의 특성을 가리키는 말이기도 합니다. 차유의 차이성이란 기존의 인식이나 표현과의 차이 – 자기중심적 세계에 대한 시적 주체, 공동주체의 차이, 어법상의 모순, 부정 등등의 차이에서 연유하는 개방적 긴장성이라 하겠습니다. 근대 이전의 비유가 은유(환유, 제유, 알레고리 등 포함)를 중심으로 하는 유사성 중심의 유추과정이었던 데 비해 현대시의 비유는 유사성보다 차이성을 중심으로 하는 언어체계라는 데에 논리의 바탕이 있습니다.

개별 자아는 극단의 망상적 결핍과 탐욕으로 채워질 수도 있어서 유사성에 의한 자아동일성 지향 또는, 세계의 자아화는 편견과 독선을 변명하고 미화하기 쉬운 바, 차유는 이상적이고 본성적 자아인 공동주체 지향의 자아로서, 세계를 공동주체화 하는 과정의, 긴장도가 높은 새롭고 엉뚱한 이미지, 일견 불합리한 유추에 의한 아이러니, 역설, 은유, 기상(奇想), 알레고리, 과장과 축소 등등 특수하고 발견적인 표현과 정신을 가리킵니다. 이는 저열하고 불공평하며 타락한 사회에 대한 시인의 대응과정이요 유토피아 지향의 과정이며 시의 양식적 근성(根性)이기도 하다 하겠습니다.

'차유'에 대한 조명은 이미 졸고 「시적 기능의 세 번째 축, 차유론」(2003, 『한국문학논총』)과 졸저 『차이나는 시 쓰기』(2019, 시문학사)에서 시도된 바 있으나, 이번에 한층 확장적으로 체계화하고 '차유의 시론' 또는 '현대시 창작과 이해의 길'이라 이름붙일 만한 에세이를 정리하여 '실천시론'이란 이름으로 내놓게 되었습니다. 초고는 2023년~24년 13회에 걸쳐 ≪월간 시인≫ 지에 '시창작 특강' 연재의 기회를 얻어 집필할 수 있었습니다.

시 쓰기와 이해에 관한 논의는 적잖은 창작경험과 해석 경륜을 요하는 일임을 알고 있습니다. 저에게도 서른 몇 해 대학에서 시론과 시창작 강의를 맡은 경험이 있기는 하나, 원래 가진 지혜와 배움이 부족하여 어영부영 기존 시론 교재 설명으로 강의에 임하고 만 아쉬움이 남아 있습니다. 정년퇴임 10년을 맞는 지금에서야 나름의 시 강의안을 마지막 논저로 내놓는 셈이 되었습니다.

모쪼록 절대 자유와 절대 질서의 융합지경을 지향하는 본래적 시의 안목을 실천적이고 창의적인 방향으로 안내하는 데 적으나마 도움이 되기를, 현대시를 위한 실제적인 논리 계발에 작은 계기나마 제공될 수 있기를 염원합니다. 오류와 부족은 제위께서 채워주시고 바로 잡아주시기 바랍니다.

2025. 가을. 저자 올림

차례

서문 | 현대시 창작과 이해의 길 _5

1장 — 놀이의 얼 쑤어, 시

1. 놀이, 시의 토양 _16
2. 시 놀이의 응전력 _21
3. 놀이의 얼 쑤어, 시 _25

2장 — 공동주체로서의 자아실현

1. 특수한 의미, 구체적 표현 _35
2. 특수성의 폭과 경계(境界) _38
3. 진정성, 공동주체성 _43
4. 공동주체로서의 자아실현 _48

3장 — 시인은 시의 총연출자

1. 인물들 _56
2. 화자의 유형, 시점, 거리 _61

4장 — 4층 또는 5층의 논리

1. 언어의 여섯 기능과 4층의 논리 _71
2. 제 5층 교언론(巧言論) _77

5장 — 시의 종류

1. 시의 종류 _87
2. 관념시와 사물시 _89
3. 반동시(反動詩) _94

6장 — 포괄의 시

1. 형이상학시 _106
2. 자유연상시 _111

7장 — 현대시의 기반, 이미지

1. 상상력, 이미지 _123
2. 감각, 비유, 상징 _131

8장 — 차이성의 비유

1. 유사성에서 차이성으로 _144
2. 또 하나의 비유, 차유(差喩) _151
3. 차유의 특성과 의의 _160

9장 — 현대시의 근성(根性)

1. 차이와 모순 그리고 아이러니 _166
2. 부정과 차유의 윤리 _173
3. 차유의 시 쓰기 _179

10장 — 메시지의 형성과 그 의의

1. 주제와 소재 _186
2. 비전, 태도, 객관적 상관물 _193
3. 시인의 태도와 퇴고 _198

11장 — 구성과 운율

1. 시의 구성 _205
2. 시간과 공간 _209
3. 운율 _213
4. 내재율 _216

12장 — 언어와 언어구조

1. 시 언어의 세 양상 _227
2. 언어배치의 기본구조 _233

13장 — 시의 회생을 위한 제언

1. 이념의 회복 _247
2. 미개(未開)의 회복 _251
3. '숭고·비장·골계'의 회복 _256
4. 시 쓰기 _259

찾아보기 _262

1장

놀이의 얼 쑤어, 시

시는 인간 본성의 발로이고 인간 특유의 문화현상이다. 그래서 오늘날의 시의 위기는 곧 인간성의 위기로 받아들여지기도 한다. 대부분의 시가 읽히지도 않은 채 버려지고, 시인에 대한 존경심이 나락에 떨어진 현실은 그 단면이다.

이를 초래한 직접적인 원인은 영상매체를 비롯한 뉴 미디어가 인간의 기호(嗜好)를 장악하고, 만능 IT 매체가 온갖 욕망을 쉽게 해결해주는 환경, 그리고 약육강식의 디지털적 이성(理性)으로 중무장을 한 욕망들, 이문 창출을 제일의 미덕으로 여기는 기계적 상업주의 등등 사회 전반의 풍토에서 찾을 수 있을 것이다. 이에 못지않게, 시를 매명(買名)과 변명의 도구로나 이용하는 시인, 평론가, 출판업자들이 쌓아온 적폐도 시의 위기, 인간성의 위기를 심화시킨 내부적 요인이다. 이는 시 동호인들조차 인간 특유의 본래적 놀이(유희) 정신 – 눈앞의 실리를 벗어난, 보상 없는 만족감을 추구하는, 순수한 놀이의 정신을 잃어버리고, 오히려 그것을 망가뜨리고 가치를 왜곡하는 데에 가담해왔다는 말이기도 하다.

오랫동안 '예술적 순수성'의 논거가 되어온 칸트(Immanuel Kant)의 '무목적의 합목적성'이란 말은 예술의 정신이 원래 현실적 실리(實利)의 수단이 되지 않는, 순수 놀이(유희)행위라는 인식에서 출발한다. 예술뿐 아니라 사랑, 정의, 행복 등 인간 행위의 순수성이란 현실적 실리를 추구하지 않는, 행위가 행위 그 자체를 목적으로 행위일 때 이를 수 있는 경지이다. 오늘날의 심리과학도, 예술은 균형이 무너진 내면적 현실적 대상에 대한 심리적

복구의 추동력(reparative drives)을 가지는, 창조적이고 건설적인 행위로 보고 있다. 시와 예술은 순수 놀이행위가 그렇듯 본래적이고 영구적인 결핍에 대한 무상(無償)의 보상행위인 것이다. 그래서 시가 시 밖의 현실적 명리를 위한 수단으로 쓰인다든지, 사랑이 사랑 밖의 이해득실을 위한 수단이 될 때는 그 본래의 가치가 상실되고 만다 할 수 있다.

1. 놀이, 시의 토양

놀이가 시간낭비에 불과한 행위라는 종래의 관념을 뒤엎고 놀이가 인간의 본능이요 인간의 가치 있는 능력이라는 관점은 독일의 관념 철학자 칸트에서, 실러(J. C. F. Schiller), 영국의 스펜서(Herbert Spencer)를 거쳐 네덜란드의 하위징아(John Huizinga)에 이르면서 체계화 되었다. 하위징아는 인류사 검토를 통해 놀이가 인간정신의 바탕이자 그 행복의 척도인 동시에 문화 창조의 동력이 되어왔다는 사실을 조명했다.

동물들은 생존과 종족보존을 위해 모든 에너지를 다 써 버리지만 인간은 본능적으로 에너지의 잉여분을 놀이를 위해 쓰되, 여유의 시간에 행하므로 현실적 논리와 속박에서 자유롭고, 각자 자발적으로 최선을 다함으로써 현실적 타산이나 위계적 권위를 떠난 궁극의 즐거움, 나남 없는 신명을 체험할 수 있다. 본성적으로 현실적으로 '결핍의 존재'인 인간이 놀이를 통해 완전을 추구하며 새로운 질서를 체험하고 공유하는 것이다. 현실 밖 여유의 시간에 행해지는 그 순수성과 이상성(理想性)으로 하여, 놀이는 역으로, 현실적 삶의 비전이 되고 정신적 목표를 체험하게도 한다. 그리하여 인간은 현실 밖 여유의 시간에 숨기놀이, 수수께끼놀이, 흉내놀이, 춤추기, 노래하기, 말놀이, 전쟁놀이, 살림살기놀이 등등을 행함으로써 오늘의 문화와 문명을 이끌어 왔다 해도 과언이 아니다. 인류가 채집 채식 위주의 식생활에서 벗어나 집단생활을 하고 사냥을 하게 된 것도 놀이를 통해 보다 풍요로운 전망과 공동체적 유대감 증진의 기회를 가질 수 있었기에 가능하였으리라.

놀이의 기본 요건을 간략히 말하자면 첫째, 현실적인 실리를 추구하지 않으며, 유일한 동기를 행위 자체의 즐거움에 둔다, 둘째, 규칙에 따르되 자발적으로 최선을 다하며, 외부로부터의 부당한 개입이 있으면 그 순수성으로 하여 저항의 제의적(祭儀的) 성격을 띠게 된다는 것 등이다. 하위징아는 사냥이나 공부는 물론 전쟁, 종교 의식과 예술과 철학, 법률제도 등등 모든 인간의 문화가 원래는 즐거운 놀이 행위에서 비롯되었지만, 세태의 타락에 따라 그 본래성을 잃어버렸다고 개탄했다.[『Homo Ludens』, 1938]

일반 문예학에서는, 문학과 예술의 심리학적 기원을 대개 모방본능, 놀이본능 외 자기표현본능, 흡인본능 등으로 4대별 하거니와, 이 중 자기표현본능과 타자를 끌어들이고자 하는 흡인(유인)본능은 모방과 놀이본능의 내적 동기라 할 수 있고, 이 두 행위 중 모방 본능은 실천적인 놀이본능에 포함된다고 볼 수 있다. 특히 언어를 매개로 하는 시 놀이에서의 흉내 내기(모방), 주관적 상상행위(자기표현과 흡인본능)는 더욱 놀이행위의 한 가지들로 보아 무방할 것이다.

여러 방면의 문화론에서 거론되는 벤야민(Walter Benjamin)의 매체이론은 잃어버린 인간성을 복원할 수 있는 도구로서 사진이나 영화에 관심을 기울이거니와, 그 논지는 인류문화사에 있어 영화는 자연지배를 목적으로 하였던 제1의 기술이 아닌, 자연과 인간의 화합에 기여하는 제 2기술로서, 유희를 지배적 계기로 삼는 매체라는 전제에서 출발하고 있다.[『기술복제시대의 예술작품』] 하지만 시는 사진이나 영화의 발명 훨씬 더 이전 고대사회에서부터 타자지배를 목적으로 하지 않고 인간의 삶과 자연, 현실적 시간과 상상, 내면과 외면의 융합을 전율적으로 체험하는 놀이문화의 꽃이 아니었던가.

시(시가)는 본래적으로 인간 중심의 경험과 사유 이상 비인간적 존재, 사물, 기구와의 관계마저 포괄하는 가장 인간적인 놀이의 꽃이었다 할 것이다.

모든 현존재의 진정한 의미는 '시간성'에서 찾을 수도 있거니와(하이데거), 시인과 독자에게 현현되는 시의 시간이 종교적 제의나 유희의 시간과도 같이 과거, 현재, 미래 등 구체적으로 특정되지 않는 자율적이고 절대적인 시간으로서의 특성을 가진다는 사실도 시와 유희의 본질적 공통분모를 가리킨다 하겠다. 시 양식과 놀이의 장은 함께 세계와 자아가 하나로 이루어지는 망아(忘我)의 시간을 최선의 경지에 두는 것이다.

우리의 고대가요 구지가(龜旨歌)만 하더라도, 가락국 추장 9인이 왕을 맞이하기 위해 구지봉에 모여 흙을 파헤쳐가며 합창하였다는, "거북아, 거북아, 머리를 내놓아라 내놓지 않는다면 구워서 먹으리(龜何龜何 首其現也 若不現也 燔灼而喫也)."

이 시가는 민요무용의 형태로 잡귀를 쫓는 기능을 하였다거나, 거북 신에게 왕을 달라는 기원이었다거나, 원시인들의 강한 성욕 또는, 풍성한 수확을 위한 생명력 고양의 기능을 가졌다거나 하는, 다양한 해석들을 낳고 있다. 하지만 그 어느 쪽이었든 간에, 고대인들의 큰 호응은 물론 몸과 마음을 움직이게 하는 신명을 체험하게 하였다는 사실만은 분명하다. 그것은 현실 밖의 제의적 시공에서 공동주체의 지경에 드는, 유희적 절대시간의 체험이었던 것이다. 공동주체의 경지란 자아와 세계가 피아(彼我)구별 없이 가장 이상적으로 연계되는 공동체 속의 주체이자, 인간성의 본성적 지향점이다. 개별 주체 각각이 가장 자유로운 동시에 가장 평등한 가치를 발휘하는 민주적 연대 속의 주체라 할 것이다.

가야 건국 수백 년 후, 신라 성덕왕 때 바다용에게 끌려간 수로부인을 구출하기 위해 불렀다는 「해가(海歌)」라는 시가조차 구지가와 흡사하다는 사실만으로도 구지가의 파급력은 입증된다. 우리 고대인들은 그만큼 오랜

동안 구지가의 신명에 함께 스스로 어우러질 수 있었고, 그를 통한 공동주체의 아우라(aura) 체험을 공유했던 것이다. 그것도 대중적인 문자나 방송. 사진이나 영화 같은 매체가 아예 없었던 때의 일이고 보면 구지가야말로 우리민족의 자생적 원조 스테디셀러 시가가 아니었든가 한다. 오늘에 와서도 뛰어난 시 – 융숭한 감동과 전율을 불러일으키는 시는 그만큼 놀이의 얼을 숙성한 결과이고 그 공유의 언어라 할 수 있다.

두루 인정하듯 김수영은 해방 후 우리나라를 대표하는 시인의 한 사람이다. 1970~80년대에는 참여시인, 민중 시인으로 받들어졌고, 80년대 후반부터는 기술적 전위성이 부각되어 우리 현대시에 일상어투를 본격 도입한 모더니스트, 나아가 해체시의 선구자라는 위치마저 겸하였다.

새로운 모더니즘 시, 사실주의 시, 일상시에 이르는 시적 다양성과 함께 그가 20대 청년시절엔 연극공연에 몰입한 경력을 감안하면 그의 남다른 놀이성이 그의 시적 다양성의 계기가 되었으리라 하는 추론이 가능하다.

두루 알려진 그의 대표작 한 편을 읽어보자.

> 풀이 눕는다.
> 비를 모아 오는 동풍에 나부껴
> 풀은 눕고 드디어 울었다
> 날이 흐려서 더 울다가
> 다시 누웠다
>
> 풀이 눕는다
> 바람보다도 더 빨리 눕는다
> 바람보다도 더 빨리 울고
> 바람보다 먼저 일어난다

날이 흐리고 풀이 눕는다
발목까지
발밑까지 눕는다

바람보다 늦게 누워도
바람보다 먼저 일어나고
바람보다 늦게 울어도
바람보다 먼저 웃는다

날이 흐리고 풀뿌리가 눕는다

—김수영, 「풀」

풀의 의인화를 통하여 억압받는 민중의 생명력을 믿고 그 용기를 북돋우는 주제의 시로 알려져 있다. 일견 수긍이 가는 해석이기도 하다. 김수영의 시를 살펴보면 4.19 혁명이 일어나고 이승만 대통령이 하야성명을 발표한 직후 혼란했던 반 년 정도의 기간, 혁명을 부추기는 듯한 시를 발표한 게 사실이긴 하다. 하지만 박정희 정권 수립 후 20년 가까이 그가 발표한 시들에서는 자신의 선민의식을 과시한다든지, 식모나 신문배달부에 위계적으로 군림하는 듯한 태도를 보이기도 해서 그의 최종작에 가까운 시 「풀」을 두고 민중, 그를 가리켜 민중시인 운운하는 데엔 흔쾌히 동의하지는 못할 측면도 없지 않다.

주제를 민중의 투쟁력으로 보거나, 꿈의 상징화나 투사, 의식의 흐름으로 읽거나 간에, 김수영의 「풀」은 그에 앞서 풀이 경쟁이라도 하듯 울고 눕고 웃는 모습, 엎드리고 일어나다 급기야는 뿌리까지 누웠다 일어나는 모습에서 재빨리 눕고 일어서기 놀이, 현실 밖 여유의 시간에 맞은 풀들의 유희의 장, 순수한 파인플레이의 경지, 자율적 규칙 아래 최선을 다하는 경쟁놀이의 미학을 바라본 것으로 이해해야 하지 않을까. 자아와 세계가 함께 몰아(沒我)의 경지, 무한히 교차 순환을 반복하는 우주적 질서, 공동체적 신명에 이르는 제의적 순간을 언어화 한 것이다. 그가 비시적(非詩的)인 구어체와 대화체에 신문기사, 잡지, 일기 그리고 반어, 인유, 고백 등 잡다한 것들을 뒤섞으며 새로운 시 양식을 시도한 것도 남다른 유희성을 반증하는 대목이라 할 수 있다.[신진, 「김수영 시와 놀이정신」, 1985] 시는 현실적 경험의 영역을 넘어 독자적인 질서를 구축한다. 세계의 보편적 인식에서 벗어나 절대 자유와 질서가 공존하는 제의적 유희의 언어인 것이다.

2. 시 놀이의 응전력

시인에 있어 놀이 정신은 언어, 소재, 주제 등 레퍼토리와 전략, 화자의 역할과 극적 서사 등의 구성력 그리고 독자의 수용방향 조절 등 미세규율을 생산, 발전, 변용시키는 동력이 된다. 시는 가장 극단적인 자유의 행사인 동시에 공동체적 순수 정의를 추구하는 문화양식이므로 만일, 특정 외부적 압력이 놀이정신을 파괴하고 자율적인 질서의 규율을 저해하는 독선을 범한다면 단호히 반항하고 투쟁하는 의식을 벌이기도 한다.

시 놀이의 응전력은 꿈의 무의식이나 언어미학을 빙자한 수사학적 해소에 그치지 않는다. 시의 장은 현실적 득실을 떠난 놀이의 장에 있으므로 부단한 방해꾼에 대한 응전에 거리낌이 없고 겁이 없다. 전폭적이고 의지적이며 실제적인 투쟁성으로 하여 때로 암울한 시대의 시인들은 정치가보다 학자보다 역사의 제단에 먼저 희생당하기도 한다.

우리 근대 시사에서 김지하 시 「오적(五賊)」은 언어유희와 풍자 그리고 판소리, 서사민요, 서정민요, 노동요, 탈춤 등의 장르를 패러디하면서 기성의 관행, 비겁과 만용과 변명 따위를 송두리째 붕괴시킨, 놀이의 신명을 극적으로 보여준 사례였다.

> 시를 쓰되 좀스럽게 쓰지말고 똑 이렇게 쓰랐다.
> 내 어쩌다가 붓끝이 험한 죄로 칠전에 끌려가
> 볼기를 맞은지 하도 오래라 삭신이 근질근질
> 방정맞은 조동아리 손목댕이 오물오물 수물수물
> 뭐든 자꾸 쓰고 싶어 견딜 수가 없으니, 에라 모르겠다.
> 볼기가 확확 불이 나게 맞을 때는 맞더라도
> 내 별별 이상한 도둑 이야길 하나 쓰겄다.

그가 말하는, '좀스럽게' 쓴 시란 어떤 것일까? 기성의 시들— 도피적 서정이나 이국 모방적 언어유희를 현대시의 본령인양 합리화하던, 당시의 친자연시나 형식적 모더니즘 지향의 시가 분명하다. 그러면 <똑 이렇게 쓰랐다>고 하는, 꼭 써야할 시는 어떤 것인가? 눈앞의 유불리를 떠나, 자아실현이 불가한 세계의 타락에 대결하는 공동주체성, 자유와 평등 지향의 시이다.

구체적인 내용은 자신을 어딘가로 끌고 가서 고통을 줄 수도 있는 자들, 이상한 수단을 써서 사회를 병들게 하는 당대의 재벌, 국회의원, 고급공무원, 군 장성, 장차관 등 다섯 도둑에 관한 이야기이다. 형식면에서는 흥부가(興夫歌) 서두와 흡사하게 시작하는 패러디에 비어, 속어를 자유롭게 구사하여, 기존 시의 권위를 전복시킨 민중적 표현 양식의 민중의 속엣 소리이다. 전체주의적 독선에 무참히 짓밟히던 놀이 고유의 파일플레이정신, 자유와 평등의 본래적 시 놀이를 갈구하는 것이다. 예상되는 핍박을 개의치 않는 풍자, 골계, 극성, 아이러니 등 오적의 신명은 당대 국민의 심장을 전율하게 했다.

> 첫째도둑 나온다 재벌이란 놈 나온다
> 돈으로 옷해 입고 돈으로 모자해 쓰고 돈으로 구두해 신고 돈으로 장갑해 끼고
> 금시계, 금반지, 금팔찌, 금단추, 금넥타이핀, 금카후스보턴, 금박클, 금니빨, 금손톱, 금발톱, 금작크, 금시계줄.
> 디룩디룩 방댕이, 불룩불룩 아랫배, 방귀를 뽕뽕뀌며 아그작 아그작 나온다
> 저놈 재조봐라 저 재벌놈 재조봐라
> 장관은 노랗게 굽고 차관은 벌겋게 삶아
> 초치고 간장치고 계자치고 고추장치고 미원까지 톡톡쳐서 실고추 파마늘 곁들여 날름
> 세금받은 은행돈, 외국서 빚낸 돈, 왼갖 특혜 좋은 이권은 모조리 꿀꺽
> 이쁜년 꾀어서 첩삼아 밤낮으로 작신작신 새끼까기 여념없다
> 수두룩 까낸 딸년들 모조리 칼쥔놈께 시앗으로 밤참에 진상하여
> 귀띔에 정보얻고 수의계약 낙찰시켜 헐값에 땅샀다가 길뚫리면 한몫잡고
> 천원공사 오원에 쓱싹, 노동자임금은 언제나 외상외상
> 둘러치는 재조는 손오공할애비요 구워삶는 재조는 뙤놈술수 뺨치것다.
>
> —김지하, 「오적(五賊)」 일부, 1970

재벌을 묘사, 서술한 대목이다. <재벌이란 놈 나온다>까지가 '아니리'에,

<돈으로 옷해 입고> 이하가 휘몰이 장단의 '창'에 해당될 것이다. 화자의 기능도 다채롭다. 전반적으로 깔려 있는, 사건 서술자로서의 목소리가 있는가 하면, <저 재벌놈 재조봐라>에서처럼 스토리를 벗어나 독자에게 직접 말을 건네는 제3자의 목소리도 있다. 이와 같은 판소리의 다성성과 입체성과 역동성은 기성에 대해 저항하면서 새로운 창조를 모색하는 시 놀이의 카니발적 요소들이다.[신진, 「자생 전위의 중심축, 김지하」, 2012]

전통 장르의 패러디를 통한 새로운 시 놀이가 김지하에 와서 처음 시도된 것은 아니다. 1920~30년대의 주요한, 김억, 김소월, 홍사용 등의 민요조도 그러한 노력이었다. 일제하 현실에서 그들의 민요조 근대시가 갖는 내밀한 저항성과 전통지향성 자체 의의 있는 일이었다. 하지만 그들의 민요시는 주체 중심의, 복고적 정서 회복 차원에 머무는 것이어서 당대의 현실을 담아내는, 공동주체의 신명에 온전히 이르는 데는 한계가 있었던 것이 아닌가 한다.

김지하의 담시는 놀이의 얼이 숙성한 결과이며, 전제적 권력의 억압과 지식인의 도피와 초월에 대립하는 힘의 문체, 삶의 양식이었다. 이는 20세기 초 전위예술을 주도한 입체파(Cubism)의, 사실성에 대한 입체적인 시각과 미래파의 미래지향적 역동성과 혁명성에 비견될 수 있고, 1920년대와 30년대 미국의 흑인 예술운동이었던 할렘 르네상스(Harlem Renaissance)가 흑인을 풍자대상으로 삼던 기존의 예술에서 탈피, 흑인들 고유의 원시 문화적 역동성과 이를 바탕으로 한 이상 세계를 추구했던 사실에 비견될 수도 있으리라. 김지하의 유희정신은 현실적 형극을 넘어 혼신을 다하는 자율과 신명의 자유를 구가하는 시의 장이기도 하다 할 것이다.

3. 놀이의 얼 쑤어, 시

현대 사회의 물질적 풍요와 정신적 황폐함이 본래적 놀이정신을 더욱 요구함에도 불구하고, 현실에서는 왜곡된 놀이의 향락산업만 번창하고 있다. 문학이며 극이며 노래며 스포츠며 하는 핵심 놀이들마저 본래성을 잃고 눈앞의 실리를 좇는 도구가 되어 그 순수한 얼의 회복은 난망한 지경에 이르렀다.

놀이의 얼의 회복은 본래적 생명의 회복이라 할 수 있다. 생명이란 생태라고 부를 수도 있는 본래적 화해지경이요 신명의 체험이다. 모든 존재 본연의 에너지― 개체적인 동시에 공동체적인 통일을 이루는 유기체 지향의 에너지. 그것은 음과 양, 내용과 형식, 정신과 육체, 이성과 감성, 논리와 감정, 자유와 평등, 개인과 공동체 등등의 자발적 연대이며 언제나 더욱 아름다운 유기체를 향하는 힘이요 향기라 할 수 있다. 감동 어린 시 쓰기, 시의 위의를 구현하는 길은 숨어있던 생명의 발견이며 형식적으로 정신적으로 주체이자 공동체가 되는 제의적 엑스터시의 체험, 본래적 유희성을 회복하고 실현하는 일이다. 놀이의 얼을 쑤어 현실의 논리를 넘어서는 화해와 연대의 신명, 절대자유와 절대평등이 공존하는 경역에서 타산 없이 어우러지는 공동주체성의 언어적 향연이다. 이는 인간의 감각과 인식 밖의 실재와도 연대 가능한, 포스트휴머니즘 시대의 시적 상상력, 새로운 윤리의 실천으로도 이어질 수 있을 것이다.

인간은 원래 개체로서의 정체성 추구와 공동체적 연대의 추구라는, 상호 충돌 되는 본능을 지니고 있다. 놀이는 그 사이의 갈등을 해소하는 가장 비현실적이면서도 가장 인간적인 경역을 지향한다. 어떤 형태의 장애 속에서도 인류가 지켜온 문화의 원천이요 현실의 밖에서 갖는 현실 탐색의 계기가 되었다 할 수 있다.

꿈을 아느냐 네게 물으면,
플라타너스
너의 머리는 어느덧 파아란 하늘에 젖어 있다.

너는 사모할 줄 모르나
플라타너스
너는 네게 있는 것으로 그늘을 늘인다.

먼 길에 올 제
호올로 되어 외로울 제
플라타너스
너는 그 길을 나와 같이 걸었다.

이제 너의 뿌리 깊이
나의 영혼을 불어 넣고 가도 좋으련만
플라타너스
나는 너와 함께 신(神)이 아니다!

이제 수고로운 우리의 길이 다하는 오늘
너를 맞아 줄 검은 흙이 먼 곳에 따로이 있느냐?
플라타너스
나는 너를 지켜 오직 이웃이 되고 싶을 뿐
그 곳은 아름다운 별과 나의 사랑하는 창이 열린 길이다.

—김현승, 「플라타너스」

시적 자아와 플라타너스는 현실 밖 신명의 장에서, 자발적인 규율 아래 동행하는 공동체다. 저마다의 꿈과 사랑을 간직하면서도 일체적으로 화해, 연대하는 동반자이다. 목적지는 아름다운 별과 사랑하는 나의 창이 열린 길, 자연(별)이 있고 나의 열린 창이 있는 길, 내게 있는 것으로 말없이 타자의 쉼터(그늘)를 내어주는, 공동주체의 세계다. 현실적 이해득실이나 인과응보의 조건세계가 아니라, 자연의 일원으로 꿈꾸고 사랑하는 순수생명의 체험이요, 하늘과 별 등 자연물의 유한성을 감싸주는 종교적 경지에 독자 역시 동반자가 되는 물아일체의 놀이세계이다. 시 「플라타너스」의, 공동체성과 주체성이 연동하는 이상적 관계 맺기 놀이가 독자들의 심리적 정화를 불러일으킨다. 시는 놀이행위처럼 현실 밖의 시간에 행해지지만 현실을 반영하고 현실을 성찰하며 그 진전을 촉진하는 계기가 되는 것이다. 근래 화제가 되어온 포스트휴머니즘 문학은 '탈(脫)인간주의 문학'으로 요약되는 바, 인간 너머를 지향하는 문학, 세계의 중심주체를 인간이나 인간 사이의 관계가 아니라 인간과 사물, 동식물, 기호 등과의 연대에 두는 문학이라 할 수 있다. 하지만 이 역시 시 놀이가 이미 구현하여온 바요, 시의 본질적 속성이며 태생적 의의이기도 하다 할 것이다.

인간은 놀이를 통해 춤추고 노래하며 전신을 노출하기도 하고, 다른 인물이 되기도 하면서 무한한 해방감과 일체감을 동시에 느끼는 신명에 젖는다. 정치, 법률, 언론, 행정처럼 직접 현실에 참여하거나 이끌어가지는 않아도 물아일체, 주객일체의 경지로 세속을 정화시킨다. 주객일체란 자아와 우주의 사사물물과의 화해지경이다. 시를 알게 되면 한 마디로 사특함이 없는 경지에 이른다는(詩三百, 一言而蔽之曰 思無邪) 『시경』의 말씀도 이와 관련하여 음미할 만하다. 시인은 놀이를 통해 근원적인 결핍과 욕망을 달성하고자 한다. 시 놀이는 세계와 융합하기도 하고 대립하기도 단절하기도 하면서 자아와 세계를 일체화 하고 그 속의 주체성, 공동주체로 견인하고 실현하기도 한다. 하지만 "욕망의 달성은 그가 죽기 전에는 충족되지 않는다."[Sigmund Freud, 「Beyond the Pleasure Principle」, 1920]

그리하여 시란 주체가 특정 사상(事象)을 있는 그대로 표현하는 것이 아니라, 저간의 자기마저 이탈하는 공동주체적 지평에서 변용 굴절시키는 창조적 놀이이다. 공동주체란 자아가 세계에, 세계가 자아에 스스로를 드러내기도 하고 숨기기도 하며, 낮추기도 부풀리기도 하면서 접촉, 융합하는, 이상적인 상호연동지경이다. 언제나 미완이며 결핍된 상태인 주체와 언제나 미완이며 결핍된 상태인 세계의 아름다운 화해지경－그것이 인간의 궁극적 가치이며 시 양식의 본질적 지향점이다. 그것은 마치 놀이의 자기소멸적 신명이요, 나와 너와 그것이 혼연일체 되는 엑스터시, 망아(忘我)의 경지야말로 궁극의 놀이와 시의 공통의 뿌리라 할 수 있는 것이다.

그 지경은 시인들이 일찌감치 꿈꾸어온 경지이다. 소몰이 노인의 헌화가가 그곳에 있고, 허균의 율도국이 있다. 떠나는 임을 <말없이 고이 보내드리우는> 소월의 마음이 있고, 만해의 임의 침묵, 이상의 거울, 이육사의 강철로 된 무지개, 윤동주의 하늘과 바람과 별과 시의 뜰이 있다. 백석의 나와 나타샤와 당나귀의 따뜻한 폭설 속 동반, 미당의 질마재 신화, 청마의 아라비아 사막, 박두진의 해 솟는 아침, 조지훈의 문혀서 사는 이의 고운 마음, 박목월의 달 가듯이 가는 나그네, 신석정의 그 먼 나라가 있다. 그것은 김춘수의 무의미시가 의미를 잃은 이유이고, 김현승이 플라타너스와 동반하여 걷는 길이다. 김지하의 '오적', 박노해의 노동의 새벽이 가리키는 곳이다. 그 곳에 김수영의 풀의 미학이 있고 그 신명 어린 서정이 얼쑤, 신경림의 농무 한마당에 있다. 시 쓰기란 현실적 결핍에 의해서든 과부하(過負荷)에 의해서든 대결적 의지에서든 궁극의 유희성, 공동주체의 시공에서 가까운 곳에 원천과 목표점을 두고 있다. 가장 맑은 자신의 모습을 만날 수 있는 이라면 시를 읽지 않고 알지 못한다 하더라도 충분히 그 가까이에 있는 셈이라 할 것이다.

인공지능에게도 창작적인 응답— 운율이나 이미지 등을 조합, 명령이 주어지면 순식간에 그럴싸한 시를 만들어내는 능력이 있다고 한다. 하지만 기계적 데이터 입력에는 한계가 있기 마련이다. 개개인의 차별적인 체험, 독특한 내적 진정성을 형상화하고 보편적인 실재로 창작하는 데는 한계가 있을 수밖에 없다. 이제 시의 영역은 내남없이 상생하는 인간, 주체공동체 지향의 놀이, 그 얼을 쑤어, 시 본래의 위의를 저마다의 진심으로 품어 안고 나누는 데에 있어야 하지 않을까? 놀이의 얼을 쑤어 시의 신명으로, 저마다 우주적 진실, 절대화해의 생태를 체험하고 그를 이루는 소재와 주제와 리듬과 이미지와 상황과 사건 등 내외 요소들을 얼 쑤, 숙성하며 연동하는 놀이이다.

순수하고 개방적인 놀이와 그 정신은 공동주체를 향한 시의 원천 에너지이다. 상실과 결핍에 대한 복구로 자신의 정신적 생존을 유지하는 시인은 세계(시적 대상)와의 공동체가 되는 몰아(沒我)의 지점에서 시인이 된다. 시 놀이는 현실의 속박에서 벗어난 여유의 시간에 맞이하는 현실과 상상, 주체와 공동체, 자아와 세계의 융합지경은 걸음마 단계에서부터 스마트폰에 길들여지는 포노 사피엔스와 인공지능(AI)의 시대, 그를 넘어 로봇이 인간처럼 스스로 학습하며 뛰어난 지능을 갖추고, 제멋대로 사고하고 행동할 이른바 범용인공지능(Artificial General Intelligence)의 시대에도 타자들과의 사랑과 화해, 생태적 연대를 지향하기 위해 간절히 요청되는 문화 양식이다.

만약 시를 시로서가 아닌, 현실적 명리를 위한 수단으로 써먹으려는 이, 시의 가치를 왜곡하고 공동주체의 놀이정신을 왜곡하는 이가 있다면 그 패륜, 그 해악은 산업화로 인한 지구의 환경오염에 버금가는 해악이 될 수 있다는 경고를 드리고 싶다. 아니 아니, 그딴 거 다 젖혀놓고서라도 시를 쓰고 읽는 시간만이라도 얼~쑤! 놀이의 얼로 가득하시기를.

2장

공동주체로서의 자아실현

현생 인류를 가리키는 학명 호모사피엔스(Homo Sapiens)는 '지혜의 인간', 인간의 특성이 '지혜'에 있다는 의미의 표시이다. 지혜란 무엇인가? 현재에 만족하지 않고, 보다 만족스러운 새로운 지경에 이르고자 하는 과정에서 축적되는 것일 터이다.

현대 생태과학은 지구상의 모든 생명이 애초에는 동일한 바다생명체였으나 육지 생물로의 변태와 진화를 거듭, 무한 분의 일의 확률로 인간이라는 종(種)으로 탄생하게 되었다고 한다. 부단한 환골탈태로 현재적 결핍과 모순을 보완하는 지혜의 항해를 계속해온 것이다. 카를 마르크스의 『자본론』 서문은 "현재의 사회는 결코 고정적인 결정체가 아니라 변화될 수 있으며, 끊임없는 변화의 과정에 있는 유기체"라고 적고 있다. 불변과 권위의 상징인 신(神)의 죽음을 선언한 니체(F. W. Nietzsche)도 "인간이란 아직 고정적으로 완성되지 못한 동물"이라 하고 "허물을 벗지 못한 뱀은 죽고 말듯이, 인간은 언제나 새롭게 살아가고자 사고(思考)를 신진대사하지 않으면 안 된다"고 역설한 바 있다. 인간이란 현재와 차이 나는 세계를 향하는 DNA를 지닌 생명체이고 만약 그 길을 포기한다면 그건 인간임을 포기한다는 의미에 다름이 아니리라.

인간은 날 때부터 본질을 가지고 태어나지는 않는다. 어떤 선험적 명령이나 의미도 없고 주체도 객체도 아닌, 그냥 던져졌을 뿐인(投棄) 자유와 결핍의 존재이다. 그 자유는 어떤 관계, 사회적 상황에 놓인 자유이다. 자유로운 존재지이만 역사적 사회적 환경 속에서 스스로의 자유를 구속하고 차단할 수밖에 없다. 그래서 내던져진 자유와 결핍의 존재는 선택과 판단 또는, 창의적 상상에 의해 상황을 변개(變改)시킬 수밖에 없다.

인간의 이상적 세계를 향한 항해 중에 지리상 역사상의 발견이 이루어지며 과학적 발명과 창의, 철학과 시와 예술이 구현되었다 할 수 있다. 예술은 현실의 모순을 극복하고 자아와 세계가 완전하게 통합된 주체적 공동체 속의 주체, 공동주체로서의 자아실현을 지향한다. 완전한 진선미의 경지를 향하는 시적 체험이 그렇고, 열반과 해탈과 인의(仁義)와 측은지심, 종말론적 희망과 사랑 같은 종교의 경지도 그 과정에서 찾은 경지일 것이다. 음양사상과 이기철학, 토머스 모어의 유토피아며 니체의 초인과 아폴로성, 프로이트의 무의식 속 자아 체험, 마르크스의 공산사회며 엥겔스의 상호침투의 자연변증법, 타자들과의 선량한 관계에서 의의를 갖는 하이데거의 세계내존재, 라캉의 끝없는 이상자아 바라기도 그렇고, 아도르노와 호르크하이머의 '주체와 자연의 화해 가능한 세계', 에리히 프롬의 배려와 책임의 '사랑의 기술', 앨빈 토플러의 소통과 상생의 프랙토피아(Practopia), 그들이 택한 세계도 시인들의 진정성이 만나는 매 순간의 시적 체험, 그 근방에 있다 할 것이다.

탐욕의 실현을 위해 물질화 상업화가 가속화되는 사회, 극단의 이기주의와 배금주의에 의해 허영과 허위가 공공연한 사회, 인간이 짐승이나 기계와도 같이 기능적으로 맹목이 되는 오늘, 시란 부단한 허물벗기를 통해 더욱 은밀한 곳에 숨어있는 주체공동체성의 진선미(眞善美), 가장 인간적인 성정을 꽃피우고자 하는 의식의 발현이라 하겠다.

1. 특수한 의미, 구체적 표현

시는 자아와 세계의 길항 과정에서 잉태된다. 세계는 인간과 자연, 지구와 우주, 현상과 사건과 존재 그리고 자신 등, 시와 삶의 환경 또는 대상이라 할 수 있다. 그런데 세계는 개별 인간에게 언제나 불편하고 불만족스러운 것이어서 인간은 그때마다 새로운 모색에 나서기도 하는 한편 일정한 틀을 만들어 그에 의존하고 안주하려하는 욕망을 갖기도 한다. 그래서 신(神)이며 도덕이며 법질서며 하는 권위와 규범을 정하여 안주(安住)를 강제하고자 한다. 그런데 규범이 권위를 갖는 사회일수록 사회적 권력과 금권(金權)의 위계는 공고해지고 미화되어 인간은 정형화한 미신(迷信), 부조리한 정언(定言)들에 갇히게 된다.

시인은 앞장서서 현재의 결핍과 모순을 탐지하고 그에서 이탈하고 저항하고자 한다. 추상의 명령을 거부하고 이상(理想)의 시공을 꿈꾸는 시인의 본능이다. 그래서 시인의 현실은 늘 속박과 해방의 길항 속에 놓여 있고 시인은 놀이의 인간인 동시에 새로운 경역을 찾아 헤매는 지혜의 인간으로서 공동주체의 시공을 탐색한다. 모방과 답습에서 창의적 진실을, 구속과 혼돈에서 새로운 자유와 질서를 발견하여 가장 공평한 동시에 가장 자유로운 진선미의 세계를 지향하므로 보편과 일반에서 차별적이고, 추상에서 구체적이다. 시인의 일탈의 용기는 자신의 내면에 대해서도 언어에 대해서도 가해진다. 이 진정어린 시간이 시 쓰기와 읽기의 신명이 되고 감동과 정화의 열매를 맺게 하는 것이다.

여기서, '손수건'에 대한 사전적 설명과 연예기사문, 그리고 시 텍스트를 대비해보자.

① 손수건 ; 명사. 호주머니에 넣거나 몸에 지니고 다니며 사용할 수

있는 작은 수건[국어사전]

② 최수종, 하희라 부부는 전북 진안으로 향했다. 촉촉한 봄비가 내린 아침에 두 사람은 산책을 즐기다 정자에서 쉬었다가 가기로 한다. 이때 하희라는 의자에 앉으려고 했고 최수종은 "잠깐. 어디를 앉으시려고 그래?"라며 손수건을 털어 의자에 깔아줬다. 최수종은 "자기를 위해서 준비했다"며 손수건에 이어 보온병에서 따뜻한 커피를 꺼내 내밀었다. "이것 자체가 힐링"이라는 하희라의 말에 최수종은 "이거 자체가 힐링이 아니라 당신을 바라보며 당신과 있는 게 힐링"이라고 달달한 멘트로 눈길을 끌었다.[KBS TV 예능프로에 대한 기사 일부, 2023.06.01.]

③
누가 떨어뜨렸을까
구겨진 손수건이
밤의 길바닥에 붙어 있다
지금은 지옥까지 잠든 시간
손수건이 눈을 뜬다
금시 한 마리 새로 날아갈 듯이
발딱발딱 살아나는 슬픔

—문덕수, 「손수건」

①, ②, ③은 모두, 구체적 상황이 제시되고 서술되거나 표현되고 있다. 추상성과 관념성을 넘어서는 구체성은 남 앞에 내놓는 모든 글의 기본덕목이다. 그런데 셋 중에서 ①이 가장 덜 구체적이고 보편적인 세계에 대한 설명이라면 ②는 화자가 설정한 일반의 가치를 전제로 상황을 서술하였다

면, ③은 대상(손수건)에 대한 일시적이고 특수한 가치가 구체적으로 형상화된 표현이라 할 수 있다. 다시 말해, ①은 글의 성격 자체가 주관성이 배제된 중립적 서술로 차이성을 용납하지 않는 글이고, 글 ②는 연예인들의 일화를 들어 현실적 흥미를 유발하면서, 손수건을 부부간의 애정을 표시하는 매개로 쓴 기사문이다.

이에 비해 ③의 손수건의 구체성은 밤의 길바닥에 붙어 있다든지, 지옥까지 잠든 시간에 눈을 뜬다든지, 새로 날아갈 듯, 벌레로 기어갈 듯 발딱발딱 살아난다든지 하는, 차별적이고 특수한 가치의식에서 비롯된다. 지옥까지 잠든 시간이라야 발딱발딱 일어나는 손수건은 시인을 포함, 내놓고 슬퍼할 수도 없이 억누르며 살아야 하는 도시인의 심중을 표상한다. 시적 감응을 담보하는 언어 구현은 특수성 구체성을 기본요건으로 하고 있음을 이해할 수 있다. 내면에 쟁여온 애환이 누군가가 버리고 간 손수건을 매개로 동병상련으로 되살아나거니와 객체인 손수건과 주체인 화자가 공동주체의 시공에서 동화되는 특수한 시간이다. 자아와 세계의 동시적 결핍을 확인함으로써 공동주체로서의 안심을 획득하는 것이다. 이런 관점에서 보면 ①은 주체가 없는 세계에 대한 진술이고 ②는 주체적 가치를 배제하고 세계의 가치를 기준으로 세계에 대해 진술한 것이며 ③은 나름의 결핍을 가진 주체가 세계의 결핍과 동화하는 순간의 공동주체성을 형상화한 시라 할 수 있다.

다소 연출된 듯한 ②는 설명적 산문문학에서는 쓰일 법한 서술이다. 그런데 창의적 상상력을 가장 응축적으로, 특수하고 구체적으로 표현하는 시에 있어서도, 이런 정도의 보편적인 의미와 언어로 필자의 사전적 박식함을 과시한다든지, 일상의 과장된 소개에 그치는 회고시, 기행시, 일상시 등이 전문시인의 시인 양 발표되는 경우도 상당수 목격되는 것이 현실이다. 시인이 많아서 탈이라기보다 시다운 시가 적어서 탈이라는 말이 나오게 하는 주범 격 양태의 하나이다. 음계도 화음도 주제도 구체적이지 않고 차별성을 갖추지도 못한 미숙한 하울링이나 콧소리를 본격 음악이라 할 수 없는 것과 같이 이들을 본격 시라고 할 수는 없지 않을까 한다.

시는 세계의 새로운 발견이며 현실적 의미, 추상적 관념, 규범적인 맥락에서 일탈, 새롭고 특수한 인식을 구체적으로 형상화 한 언어이다. 비규범적이고 이질적인 특수한 인식이 적확히 표현되고 그것이 공동체인 개연성으로 받아들여질 수 있을 때, 그에 이르는 원동력을 가리켜 순수한 인간으로서의 시적 진정성(sincerity)이라 할 수 있다. 진정성이란 자기정체성을 관철하고자 하는 내면의 가치로서, 시의 진정성은 개인의 이익과 효율성을 우선시하는 현실세계에 대해 공동주체로서의 이상을 지향한다는 점에서 현실 일반과는 모순되거나 차별적이다. 자기에 갇힌 유아적(唯我的) 망상이나 세계에 대한 논리적 설명이 아닌, 가장 바르고 선량하며 아름다운 공동주체성을 지향함으로 하여 시인과 독자는 상호 신뢰의 관계를 맺게 되고, 새로운 성찰과 의지(依支)와 격려의 열매를 나누게 되는 것이다.

2. 특수성의 폭과 경계(境界)

보편성보다는 특수성에 의해 구축되는, 새롭고 차이나는 세계의 언어적 탐험, 시 놀이는 역사적 사회적이면서 심리적이거나 언어적이기도 해서, 매우 다양한 양태로 나타난다. 시란 역사처럼 있었던 일을 말하지 않고 있을 수 있는 일을 그린다는 아리스토텔레스의 『시학』이 시의 비현실성에 대한 고전적 논거이다. 시는 공동주체성에 대한 현실적 차이의 발견과 그 임시적 열매로 하여 영구적이고 본질적인 가치를 지향하는데, 그를 위해 비판, 적응, 동화, 거부 등등으로 얽힌 특수한 표현을 구체적으로 나타낸다. 시의 진정한 난해성 내지 모호성이란 시인이 일반의 언어로 표현할 수 없는 특수한 경험을 언어이전의 구체적인 사물이나 경험을 통해 보여주려는 데서 발생한다. 이는 아리스토텔레스의 모방론을 모방에 그치는 단순한 모방론이 아니라, 실제에는 없거나 결여된 당위적 진실, 있어야 할 일을 그린다는 말로 해석하게 한다. 시를 쓰는 행위는 결핍과 상실에 대한 애도와 복원의 행위인 것이다.

현대시 중에는 시적 특수성을 의도적으로, 극단화하는 경우도 있다. 이른바 전위시 계열의 시들이다. 특히, 기술적(技術的) 전위(avant-garde)는 모든 형식적 규범과 사회적 책임을 파기하고 이탈하여 '언어의 미적 자율성'을 내세운다. 언어의 의미적 측면은 파기하고 무의식, 무연성(無緣性), 기표(signifiant)의 유희 등을 시 예술의 명분으로 삼는다.

> 열오른 눈초리 하잔한 입모습으로 소년은 가만히 총을 겨누었다.
> 소녀의 손바닥이 나비처럼 총 끝에 와서 사뿐 앉는다.
> 이윽고 총 끝에선 파아란 연기가 몰씬 올랐다.
> 뚫린 손바닥의 구멍으로 소녀는 바다를 내다보았다.
>
> — 아이 ! 어쩜 바닷가 이렇게 똥구랗니?
>
> 놀란 갈매기들은 황토 산바태기에다 연달아 머릴 처박곤 하얗게 화석이 되어 갔다.
>
> —조향, 「EPISODE」

'하잖다'는 말은 '언짢다' 또는 '사소한 일이다'란 뜻의 경상도 방언이다. 어떤 총인지 총을 겨누는 행위도 뜻밖이고, 소년과 소녀의 발사와 저격의 태도가 일상이기라도 한 듯 전개되는 것도 뜻밖의 상태이다. 프로이트가 말하는 인간 의식의 원천, 무의식 속의 성애(sexual energy)를 미적으로 형상화한 환상적 장면이요, 초현실의 시라 할 수 있다.

소년의 총과 소녀 손바닥의 구멍, 총구에 닿는 나비의 감각, 발사와 손바닥 구멍 속의 바다, 시간을 초월하는 갈매기의 화석화 등은 다다이즘과 초현실주의의 대표적인 기법 데페이즈망—인과관계가 없는 것들의 우연한 만남의 충격, 이른바 '절연(絶緣)의 미학'에 의한 표현이다. 또한 입체파의 폭력적인 동시성(simultaneity), 시간 장소의 동시 공존적 심상배열이라고도 할 수 있다. 이 시가 조향의 대표작으로 손꼽히는 데는 이미지들의 낯설고 우연한 만남들이 추측이 가능한 동심적(童心的) 환상으로 나름의 맥락을 전개하고 있다는 점이 핵심이유가 될 것이다. 무의식, 성애, 절연, 공시공존성 등의 이론과 기법을 이해하고 그들 매재(원관념)를 모순적인 언어로 절묘하게 형상화한 것이다. 이렇게 이 시는 프로이드의 무의식 이론을 이론적 배경으로 하는 초현실주의 시이고 시적 자아는 그 사조적 이론을 자기화, 초현실주의 논리를 언어화함으로써 차별적 창의력을 입증하였다 하겠다.

서구의 20세기 전위 예술의 표현방법을 망라한 조향의 초현실주의는 1950년 이후 우리나라 전위시, 무의미시, 환상시, 해체시, 하이퍼시 등의 원천이 되었다. 1950년경부터 그가 주도한 '후반기동인'에 김경린, 김규동, 김수영, 김춘수, 박인환 등이 직간접 참여했고, 또한 문덕수, 전봉건, 오규원, 이승훈 시인 등 수많은 시인들에게도 직간접의 영향을 끼쳤으며 1970~80년대에는 서울에서 '초현실주의연구회'를 조직, 동인지 『아시체(雅屍體)』를 발간하는 등 서구 전위시와 시론을 보급했다.[신진, 「조향의 문학적 연대기와 시세계」, 2018]

1980년대부터는 우리나라에 포스트모더니즘이란 이름의 전위시 대열 또한 갖추어졌다.

예비군편성및훈련기피자일제자진신고기간

자:83.4.1~ 지:83.5.31

—황지우, 「벽 1」

「벽 1」은 담벼락이나 전봇대에 나붙던 벽보 형식을 시의 자리에 옮겨 놓은 것이다. 그 동안의 시에 대한 학습과 관습을 익히고 있는 독자들을 당혹스럽게 했다. 화자를 이해할 단서도 없고 언어적 창의성도 리듬도 인정하기 어려운, 낯선 '표절 시'이다.

이와 같은 현대 예술의 난제에 대해, 미국의 죠지 딕키(George Dickie)는, 예술작품이란 예술가의 창작성이 개입하지 않더라도 대상에 부여하는 인공성에 의하여서도 성립된다고 답한다.[『현대미학』, 1982] 「벽 1」처럼 시인의 창작력이 개입되지도 않은 것처럼 보인다 할지라도 시인의 특별한 예술적 의도가 자격을 부여한 것이라면 예술품, 즉 시가 된다는 것이다. 어쨌거나 이 시는 20세기 중반부터 후기산업사회에 본격 진입한 미국에서 유행하던 네오다다(Neodadaism)의 기법, 일용품이나 폐자재를 이용하는 콜라주와 기성품(Ready-made)예술, 그리고 포스트모더니즘의 키치(kitsch) 등을 차용한 시로, 당대 평단과 학계의 화제로 떠올랐던 건 사실이다. 예비군 훈련에 대한 부담감, 또는 전쟁의 불안과 불행에 대한 관심을 간접화한 시라 할 수도 있다. 한편에서는 이런 글을 시라는 언어예술로 볼 수 있을까 하는 의문이 제기되기도 했다. 그만큼 1980년대까지의 거대담론의 기존 시 양식에 비해 차별적인 낯선 양식이었던 건 사실이고 이러한 논리와의 공동주체성, 모방적 창작 내지 문화이식의 시라 할 만한 시가 독자들에게 얼마나 깊고 오랜 감명을 줄 것인가, 하는 질문이 가해진 것도 사실이다. 시인으로서는 아마 각오한 바일 터이지만.

이들 시가 과연 자본주의 사회의 기회주의적 산물일까, 아니면 주체 확장의 당대적 몸부림일까, 이 문제는 현대시가 처한 딜레마의 하나이다. 쾌도난마의 정답이 있을 수야 없겠지만, 이런 질문은 달아두고 싶다. 실제 인간의 삶은 해독 불가한 무의식이 아닌, 상당부분 해독 가능한 의식을 중심으로 행해지고, 소통은 일방적으로 급조되는 재주의 언어가 아닌, 현실적 소통이 가능한 언어를 중심으로 이루어진다는 사실, 그리고 어떤 기호도 삶과 관련되는 실재적 의미를 가리키지 않고는 현실적인 공감을 가져올 수 없다는 사실만은 부정할 수 없을 것이다. 시적 참신성, 특수성이란 의미를 포기하고 허상을 좇는 것이 아니라, 현실에 결여된 순수의식으로 포착한, 창의와 성찰의 결과가 아니겠는가. 더욱이, 한국 근대사에서 외국문화의 앞선 차용이 창조의 첩경인 양 받들어지던 풍토의 저변에는 갖가지 기득권으로 얽힌, 문화예술계 공통의 비겁과 공명심이 도사리고 있는 것은 아닌지, 지금껏 미래적 전망과 실천을 가리는 적폐가 되고 있지나 않은지, 성찰과 반성이 전면적으로 가해져야 할 문제라 하겠다.

조향, 황지우 등 미적(美的) 전위로서의 위치를 점한 시인들은 별도로 논하더라도, 일상에서는 누구보다 말을 잘할 수 있는 시인들이 스스로도 설명하지 못하는 불가해(不可解)한 시를 발표하면서 편당과 편견을 조장하는 현실은 현대시의 골칫거리임에 분명하다. 이들은 기술적 전위의 언어 미용술과 객기로 세련을 위장하면서 손쉽게 후학을 배출하는가 하면 종내에는 시단의 악순환에 일조하는 위험마저 초래하고 있지 않은가 의심된다. 대개의 경우, 시적 진정성이 여물지 못한 상태이거나, 위장된 세련으로 사회적 인정부터 받으려하는 방책에서 나온 시들이라는 오해를 불러일으킬 소지가 다분하다.

포스트모더니스트들에 의해 '안티 포스트모더니스트'라고 비판되기도 하는, 마사 누스바움(Martha Nussbaum)은 그녀의 『시적 정의(Poetic Justice)』(2013)에서, 모든 것이 수치로 타산되는 현실에 있어 그 자체 휴머니티의 구현인 문학적 상상력은 공공의 영역에 스며들어 사회적 담론을 정의롭게 할 뿐 아니라 민주주의를 꽃 피우게 한다고 역설한다. 일단 발표된 시는 저자의 소유도 독자의 소유도 아닌, 독립적 생명체로 실존한다. 시라는 생명체는 특수하지만 구체화됨으로써 사회적 실재로서의 생명을 얻는 것이다. 반면에 특수화의 계량적 수치만을 좇아 도착적 불가지론(不可知論)에 맹목이 된 불가해한 시는 반생명의 기획을 합리화하는 도그마에 빠지게 될 뿐이지 않을까. 이론의 복제와 기술 모방을 일삼는 이른바 기술적 전위시는 인간적 창조성을 결여할 수밖에 없다할 것이다.

시적 창의의 경계(境界)는 궁극적으로 시인 각자에게 달린 과제일 수밖에 없다. 하지만 구체적이지도 특별하지도 않은 경험을 대단한 것인 양 늘어놓아 마술사처럼 눈을 현혹시킨다든지, 삶의 현장과도 내적 진정성과도 무관한 인문과학적 논리 추종의 언어가 훌륭한 시로 추앙받는 일이 계속된다면, 그러잖아도 챗봇(chatbot)의 시대에, 시가 설 자리 찾기는 더욱 난감해질 것이다. 그 위에 시단, 평단, 출판계의 안일한 편당 짜기와 상업주의, 시를 매명과 변명과 실리의 수단으로 삼는 학벌 인맥 지연(地緣) 카르텔이 맹성을 하지 않는다면 시의 죽음은 단언컨대 앞당겨질 밖에 없다 할 것이다.

3. 진정성, 공동주체성

혹자는 기성의 언어가 이미 생명력을 상실했다는 전제 아래 해체, 차연 운운하며 징징대지만 실제 사용되는 언어 중에 생명을 잃은 언어란 존재하지 않는다. 실제에 사용되는 모든 언어는 무한대의 시간과 공간에서 작용하는 세계 내의 실존적 존재이기 때문이다. 한 편의 시가 비생명적 언어, 문예 이론에 대한 모방과 답습의 언어로 채워진다면 그것이야말로 시라는 미명 아래 본연의 성정을 훼손당한 비생명적 존재가 아닐까 한다.

시가 특정의 가치를 지니고자 하면 무엇보다 진정성(眞情性)이 전제되고 그것이 타자에게도 체감되는 생명력을 가져야 한다. 진정성은 가식(假飾)을 벗은 '지금 여기'에서의 절실함, 이상(理想)을 향하는 내면의 기반이요 시적 비전이다. 많은 말, 화려한 말로 눈속임되지 않고, 관습과 규범에 의해 강제되지 않는다. 인류 최초의 시인 호메로스는 소경이었고, 중세 최고의 시인 단테는 피렌체에서 추방당한 유랑생활 중에 그의 『신곡(神曲)』을 썼으며 17세기 영국을 대표하는 시인 밀턴의 『실락원』도 그가 장님이 되었을 때 쓴 작품이라고 한다. 우리 조선조 최고의 시인이라 할 정철과 윤선도 역시 벼슬을 잃고 귀양생활을 할 때 걸작을 남기지 않았던가. 현실적 명리를 초월한 절실하고 개방적인 성찰이야말로 아집을 벗어난 공동주체로서의 진정성을 낳고, 인간의 본성적 진정성이야말로 이미지와 리듬, 소재 등과 주제적 의미 간의 통일성과, 시의 핍진성(逼眞性), 독자와의 유대감을 높이는 동력이 된다 할 것이다.

정감적이든 이념적이든 심미적이든, 진정성은 자아와 세계가 개방적으로 교유하는 절실함에서 발생하는, 인간으로서의 진면모이다. 그동안 서정문학 또는 시적 진정성의 원천은 대개 시적 주체의 '세계의 자아화'[조동일, 볼프강 카이저] 내지, 자기동일성 지향 의식[김준오]에서 찾아왔다. 시란 자기동일성에 의한 대상(세계)의 주관화라는 관점들로서, 시의 창의적 인식은 특정 사상(事象)을 있는 그대로 보고 인식하는 것이 아니라, 그것을 자아화 하여 새로운 것으로 굴복시킨다는, 자아의 권위에 중점을 두는 입장이다. 그 한편에서는 시적 주체는 주체의 결핍성과 취약성으로 하여, 주체와 타자 간의 '공동체' 형성 과정에서 찾을 수 있다는 의견이 제기되기도 한다.[허정, 「글쓰기와 생활 사이의 심연」, 2010]

그런데 시적 자아는 세계에 대해 일방적인 권위를 가질 만큼 견고한 정체성을 갖지 못한다. 또한 공동체로 편입됨에 만족할 만큼 비주체적이고 공동체적이지도 않다. 세계를 자아화 한다는 자기동일성 중심의 논리가 장르적 관점에서, 타 양식과 서정시 양식의 변별점을 강조하기 위한 논리였다면 시적 진정성의 본질을 그 역(逆) 방향, 공동체 형성과정으로 설명하는 것은 인간의 유아기적 본성을 전제로 인간을 지나치게 결핍된 존재로, 타자 의존적 존재로 보는 데서 연유한다 할 수 있다. 실제에 있어 시적 진정성의 원천은 개별 주체가 이룩하는 주체의 공동체, 매 순간의 사상(事象)에 대한 공동주체적 주체 지향의 과정에 있지 않을까 한다. 시적 진정성의 원천은 자아와 공동체, 일 방향에서 설명될 수 있는 것이 아니라 자아와 세계(시적 대상)가 함께 현재적 결핍을 넘어 공동주체의 새로운 차원에서 조우하는 의식적 무의식적 경역에서 샘솟는다는 말이다. 공동주체적 진정성과 간절함으로 하여, 억압적인 권력 하에서는 자유를 부르짖고, 부조리한 사회체제에 맞서 평등을 부르짖으며, 추잡한 문명 앞에서는 생명과 아름다움과 진실을 조명해내는 것이다.

실제의 시인 모두가 실제의 일상에서 현실에 맞서서, 매사에 공동주체적 자아로 임한다거나 임해야만 한다는 말은 아니다. 진정성은 내면의 한편에 존재하다가 시시때때 솟아오르기도 하고 잠복한 채 스스로를 감추기도 한다. 시인의 입지와 상황에 따라 양태를 달리 하기도 한다. 하지만 시를 쓰는 시인이라면 이를 체득하기 위한 부단한 성찰을 요구받게 되고, 또 그러한 과정에서 공동주체 지향의 시적 자아로서의 발상과 성숙을 이루어간다는 말은 할 수는 있을 것이다.

근간에 널리 읽힌 시 한 편을 들어보자.

> 너에게 묻는다
>
> 연탄재 함부로 발로 차지 마라

너는 누구에게 한번이라도 뜨거운 사람이었느냐

—안도현, 「너에게 묻는다」

짤막하지만 감동은 그리 간단치 않은 시이다. 언어적 수사가 요란하지도 않다. 하지만, 그것이 연탄재, 발차기 등 버려지거나 흔한 사물, 평범한 소재로 짧게 표현되었고 발상 자체 육화된 공동주체에서 우러나 세계와 자아 양방향에 질문을 보내는 기발함으로 평범 이상의 숭고(崇高)함마저 나누고 있다 할 수 있다. 시적 진정성은 다 태운 후 버려진 연탄재와, 저마다 고상한 척 하면서도 냉혹하게 살아가는 현대인들의 삶을 대비, 반성과 감동의 울림을 주는 데 있고 그것은 또한 공동주체성의 상실, 자아와 세계의 동반결핍의 슬픔에서 생성되었다 할 것이다.

존재와 존재 간의 '대화적 관계'에 철학적 사유를 집중했던 오스트리아의 종교철학자 마르틴 부버(Martin Buber)는 인간의 정체성(identity)이란 나와 너 사이 즉, 개체와 개체 간 영혼의 상호관계를 통해 형성된다고 보았다. '나' 그 자체란 있지도 않으며, 나 이전에 '나와 너'의 관계가 실재한다. 자아는 고립될 수 없고 항상 타자와 같이 존재하는 것이다.[『나와 너(Ich und Du)』, 1923]

'나와 너' 간 영혼의 만남이 영구적인 것은 아닐지라도, 만남의 순간, 수시로 영원할 수는 있다. 자기정체성과 공동주체성은 그러한 영혼간의 역동적 연동상태에서 실현된다. 맹목적이고 이기적인 삶, 주택가격과 차량가격과 명예에 의해 계량되는 삶은 정체성 밖 비인간의 삶으로 배척된다. 하지만 누군가에 대한 사랑도 내가 느끼고 즐거워하고 표현한다고 이루어지지는 않는다. 그런 건 '나' 중심의 환각일 뿐이고 상대방을 '나'의 사랑의 대상으로만 환상하는, 사랑을 느끼거나 알지 못하는 난봉꾼의 수작에 지나지 않는다. 사랑이란 누구를 향한 것이든 무엇에 대한 것이든, 차이의 인정과 개방적인 교류를 통해 서로 도우고 치유하는 행위이며 일으켜 세우고, 구원

하며 책임을 다하고자 함이다. 진실하고 자유(自由)로운 사랑, 그것은 자의(自意)의 속박에서 벗어난 '나-너' 간 소통 중에 이루어진다. 공자의 '남과 하나 되는 마음'으로서의, 인(仁)— 온갖 윤리 도덕의 근본이자 중심으로서의 인(仁)의 구현도 그에 다름이 아닐 것이다.

> 윗목 물그릇에 살얼음이 어는데
> 할머니는 이불 속에서
> 어린 나를 품어 안고
> 몇 번이고 혼잣말로 중얼거리시네
>
> 오늘 밤
> 장터의 거지들은 괜찮을랑가
> 소금창고 옆 문둥이는 얼어 죽지 않을랑가
> 뒷산에 노루 토끼들은 굶어 죽지 않을랑가
>
> 아 나는 지상에서 가장 아름다운
> 시낭송을 들으며 잠이 들곤 했었네
>
> 찬바람아 잠들어라
> 해야 해야 어서 떠라
>
> 한겨울 얇은 이불에도 추운 줄 모르고
> 왠지 슬픈 노래 속에 눈물을 훔치다가
> 눈산의 새끼노루처럼 잠이 들곤 했었네

—박노해, 「그 겨울의 시」

할머니는 한겨울밤 추위에도 웃풍 심한 방에서 손주와 함께 잠자리에 들어야 하는 처지에서도, 오갈 곳 없는 장터의 거지들, 소금창고 옆 문둥이, 뒷산 노루 토끼 등 힘들고 외로운 생명들을 걱정한다. 찬바람이 잦아들고 해가 떠서 두루 온기를 누리기를 염원하는 자장가를 주절대며 손자를 재운다. 문명 이전, 온갖 존재 간의 절대 화해 지경의 자아, 공동주체의식이 그 바탕이 되고 있다. 할머니의 주절댐을 경전처럼 평온히 받아들이며 어린 손주는 설산의 노루새끼처럼 짐 없는 잠에 든다. 오늘의 시인과 독자가 할머니의 시낭송(?)을 간절히 그리워하는 것은 최소한의 연대감조차 말라붙은 현실에 대한, 본연의 만물공동체의식을 향한 소망이 살아있는 까닭이다. 이는 시인이 온갖 탐욕에 전 오늘의 비동일의 세계에 대해 공동주체성 내지 연대성 지향의 진정성으로 대응함으로써 빚은 결과이다. 역시 공감의 문을 여는 동력은 시인의 내적 진정성, 공동주체적 정체성에서 발원한다 할 것이다.

시의 언어는 지적 직관과 감성적 직관의 작용에 의한 논리 이전의 체험을 환기시킨다. 「너에게 묻는다」, 「그 겨울의 시」와 같은 시는 오늘날의 냉혹한 경쟁사회, 수단적 가치에 인간성이 매몰되어버린 현실에서에서 공자사상의 핵심이라 할 애정 어린 마음 인(仁)과, 맹자의 덕목 측은지심, 가난하고 소외된 사람들에 공감하는 동양 휴머니즘의 뿌리에 닿아있기도 하다.

4. 공동주체로서의 자아실현

공동주체성에 대한 갈망은 남다른 창의와 시적 발견의 원천이 된다. 단독자로서의 인간은 미성숙하고 편협한 존재여서 쉽게 세계를 담고 세계와 연대할 만한 경지에 이르기 어렵다. 따라서 시인이라면 무엇보다 자아실현의 욕구를 실천할 만한 내적 성숙이 전제되어야 한다. 자아실현의 욕구는 자아의 가치와 세계의 가치를 조화시키면서 그를 실천하고자하는 자아성숙의 단계라 할 수 있다.

두루 알려진 미국의 인본주의 심리학자 매슬로우(A. H. Maslow)는 인간의 욕구를 피라밋 형의 5단계로 설명하였거니와, '생리적 욕구→안전의 욕구→소속과 애정의 욕구→자기존중의 욕구→자아실현의 욕구'가 그것이다. 그에 의하면 자아의 성숙은 앞 단계를 거쳐야 다음 단계로 순차적으로 이행하는데, 5단계 중 마지막 욕구인 자아실현의 욕구(self-actualization needs)—. 이는 자신의 잠재력의 극대화 과정이며 자신이 바라는 삶을 스스로 펼치는 정체성 실현의 과정이다. 일반적 기준의 성공과 성취를 넘어, 자신에 대한 깊은 이해와 표현을 한다. 예술, 창의성, 자기표현, 의미 추구 등이 이에 해당한다. 자아실현의 인간은 일방적인 편견이나 자기중심의 편향성에서 벗어나 자율성과 진정성을 따르므로 사실을 왜곡하지 않고 실수를 두려워하지 않는다. 고의로 지인(知人)의 수를 늘리려고 하지는 않지만, 진정으로 자연과 타인 등 타자들과 연대하는 공동주체적 주체로서의 삶을 지향한다.[『Motivation and Personality』, 1943]

시인이라면 마땅히 자아실현의 정신적 성숙 위에, 공동주체의 경지를 지향하거나 최소한 이를 존중하는 자세를 갖추어야 할 것이다. 개개의 삶은 일견 무척이나 다양한 듯하지만, 실제에 있어서는 대부분 창의적이지 않고 수치적 계량에 의존하는 어슷비슷한 양태를 보인다. 시인의 남다른 창의는 매순간 자신과 세계를 성찰하고 이를 표현하고자 할 때, 그 열망과 갈증과 카타르시스를 구체화하게 된다고 할 수 있다.

그러나 적잖은 시인들이, 자신의 내적 성숙도가 어떤 수준, 어느 단계쯤에 있는지, 의문을 갖지도 성찰하지도 않는 채 시를 쓰고 있다. 그래서 생리적 탐욕의 시, 개인의 안전 도모에 급급한 변명과 흉내의 시, 특정 사회의 일원이 도기 위한 수단으로서의 시, 타인들에게 존중을 받기 위한 명예욕에 달뜬 시 등등을 반성 없이 쏟아내고 있다. 가관인 것은 그들이 어떤 이유로든 미화되고 합리화 되며 추켜세워지기도 하고 있다는 현실에 있다는 사실이다.

그렇더라도 시인의 창의는 축적된 '나'라는 자기중심적 사고나 '너'라는 차별적 규정을 함께 벗어던진, 열린 안목을 원천으로 하는 건 당위이다. 존재하지도 않는 '나'라는 미신을 벗어던지고 '나-너'의 참삶을 주체적으로 구현하고자 할 때, 수단과 변명의 언어가 아닌, 자유롭고 바르고 아름다운 지평, 공동주체의 언어를 맞을 수 있다. 시간마다 상황마다 '나와 너'의 교류가 원활할 때 개방적이고 본래적 인간을 만나게 되고, 창의적인 시 쓰기가 실현된다. 최선의 창의와 최소의 언어가 최다의 독자를 만나는 훌륭한 시가 형성되는 것이다.

시와 삶의 환경이 되는 세계는 인간과 자연, 지구와 우주, 현상과 사건과 존재 그리고 나로 얽혀있다. 공동주체란 온갖 꽃이 만발한 야생의 꽃동네의 한 떨기 풀꽃과도 같은, 공동체 속의 주체이다. 그런데 인간은 식물과는 다르게 자율적인 사유와 표현 능력이 고도로 발달한 존재이므로 자신의 능력에서 비롯되는 탐욕에 절기도 하고 어두운 함정에 갇히기도 한다. 그래서 인간은 결핍과 욕망에 저는 이기적 동물이기도 하다. 하지만 그 한편에서 그의 지혜는 공동주체의 삶, 민주적 삶을 끊임없이 지향한다. 생명체의 뼈와 살과 내장과 혈액이 서로 분리될 수 없는 유기적 통일을 이루어 생명을 생성하듯 시인은 이때 자아와 세계, 만물만상과 시인의 결핍 사이에 새로운 생명적 질서, 공동주체의 가치를 발휘한다. 시인의 욕망은 환치되고 동화되기도 하며 위안이 되고 의지가 되어, 현재에 비해 차이 나고 모순되고 부정하기도 하는 새로운 언어의 원천이 된다. 자기동일성이 세계의 변화와 불균형 속에서 흔들리지 않고자 하는 자기 정체성으로 세계를 굴절시킨다면, 공동주체성은 일방의 가치 실현을 넘어 주객 상호 간의 연동, 자아가 세계에 세계가 자아에 스스로를 드러내기도 하고 숨기기도 하며, 낮추기도 부풀리기도 하면서 융합하는, 상호연동 지경의 주체를 지향한다. 시란 자아에 의한 세계의 변화와 굴절에 그치지 않고 주체와 세계의 공동주체적 지평을 향하는 언어인 것이다. 공동주체성은 인류가 만물의 영장으로 존립할 수 있었던 원동력이요, 현재적 인간의 삶의 윤리인 동시에 사회적 미래 구축의 원리이기도 하다. 언제나 결핍의 상태에 있는 주체와 세계의 상생적 연대—그것은 현실 초월적 놀이의 신명, 나와 너와 그가 혼연일체 되는 놀이의 자기소멸적 망아(忘我)의 경지와도 같은 뿌리에 있다 할 것이다.

그럼에도 불구하고, 반드시 어떤 사고방식, 어느 정도의 성숙에 이른 시인이라야 시를 쓸 수 있다고 단언할 수는 없다. 단지, 시가 필요에 따른 수단으로서의 말 기계, 특정 논리의 신봉자 노릇에 그친다면 그것은 시의 바른 길이랄 수는 없을 것이다. 오히려 시 해코지, 시 장사꾼 놀음에 지나지 않는다는 말은 할 수 있을 것이다. 모름지기 시인이라면 자아와 타자, 중심과 주변, 인간과 자연, 선과 악, 지배와 복종, 유능과 무능, 이익과 손해 등등을 제멋대로 단정하고 갈라붙이는 교만에서 해방되어 공동주체의 실존으로, 허물벗기를 거듭해야 할 것이다. 스스로 시인으로서의 진정성을 가지고 살고자 하는 존재인지, 자신의 정체성은 어떤 경역에 있는지 또는, 시인이기보다 시 독자로서 만족하는 편이 옳지 않을는지, 아니면 시 밖의 평범한 시민으로서 지족자부(知足者富)하며 살아감이 맞지 않을는지, 스스로를 향한 자문(自問)을 아끼지 말아야 할 일이다.

까짓 거 시인이 아니면 또 어떤가. 웬만하면 시를 쓰지 말자. 시 쓰기는 돈을 버는 일도 아니고 명예 획득을 위한 경쟁의 장도 아니다. 돈을 벌자면 땀 흘려 일을 하고 명예를 얻자면 헌신, 봉사하여야 한다. 그렇잖아도 지금 우리나라의 일터마다에서는 고양이 손이라도 빌어야 할 만큼 일손이 달려서 아우성이 아닌가. 땀 흘리는 손도 시 못지않게 여럿의 삶을 살리고 위안을 주는 손이다. 이미 있는 시를 읽고 나누기만 해도 물심으로 벅찬 일이 아니던가. 아니, 성심으로 땀 흘리고 봉사하는 삶을 산다면 그는 시를 쓰지 않아도 훨씬 인간적인, 시를 살아가는 인간, 시인이라 할 수 있지 않겠는가. 그것이 시보다 더욱 소중한 시의 삶일 수도 있을 것이다.

3장

시인은 시의 총연출자

시에 있어서의 극성(劇性, theatricality)이란 말은 미국의 로버트 프로스트, 엘리엇 등이 강조하고 실천한 시의 특성이기도 하다. 시인은 시간적 공간적으로 실제경험이 아닌 가상의 경험, 갈등과 긴장의 연출된 정황을 제시함으로써 독자의 접속욕구를 강화하는 것이다. 극성은 물론 상황, 반응, 긴장, 구체, 연출(presentment) 등과 긴밀히 닿아 있는 개념이고, 지속적 긴장감과 조바심(suspense)을 그 특징으로 한다.[신진, 『한국시의 이론』, 2012] 이와 같이 시는 시인과 독자 그리고, 시적 대상들과 시간과 공간 등 시적 상황에 대한 시인의 주관적 연출의 결과이다. 물론 시인의 주관성도 '가상의 주관성', 화자를 내세운 가정적 주관성이다.

시인은 텍스트의 화자와 모든 극적 언어를 총연출한다. 시인이 화자(시적 주체)와 분리됨으로서, 수용미학(受容美學)에서는 담화의 결정권을 시인이 아닌 독자의 반응에 두기도 하지만, 시 텍스트와 독자가 원천적으로 시인의 연출에 의한다는 시인의 선결정권을 인정하지 않을 수는 없을 것이다. 시인의 소망 또는 소망하는 대상을 그리는 시의 원천적 주도자는 어디까지나 시인이고 그 외의 요소들은 그의 감독 하에 연출된다 하겠다.

인물연출의 과정을 소개하면서, 효과적인 시 텍스트 연출 방안을 살펴보기로 한다.

1. 인물들

실제 시인도 여느 일반인에 별 다름 없는 일상을 살아가지만, 가끔 또는 꾸준히 현실과는 다른 상상세계를 구축한다는 점에서 차별적이기도 하다. 시적 체험은 직접경험이나 간접경험 같은 실제의 경험은 아니다. 실제 경험이 아니라 해서 상대적으로 가치가 덜하거나 실재하지 않는 부재상태도 아니다. 시인은 상이한 시간과 상이한 공간의 만물을 자신의 시적 비전으로 결합하는 과정에 현실 이상 진실하고 공평한 미적 실재를 구현한다. 시인이 여느 일반인보다 반드시 더 성숙하고 영민하다는 말이 아니다. 시인은 남다르기도 하고 주의 산만하기도 하지만 현재와는 차이가 나는, 공동주체 지향의 '가상적 주체'를 통해 시적 담화(談話, discourse)를 연출한다는 점에서 다를 뿐이다.

근대시학은 시가 실제 시인이 아니라, 시인에 의하여 설정(선택)되는 내레이터, 즉 화자(話者, narrator)에 의한 담화이고, 담화가 구성되는 과정에는 텍스트상의 내포시인 외 화자와 그 담화를 들어줄 청자, 그리고 가상적 독자들이 설정되고 연출된다고 본다. 시인의 의식에 연동되는 시적 연출에도 인물(character) 설정이 기초가 되는 것이다. 시라는 담화는 가상의 화자가 청자에게 또는, 텍스트 내적 시인이 독자에게 전하도록 연출된 연희(演戲)의 언어체계라 할 수 있고, 집필과 퇴고란 상호 연동되는 인물, 스토리, 정황 등을 연출하는 과정이요 그 점검과정인 셈이다.

서정시나 단시(短詩)에는 연출력을 발휘할 만한 맥락도 등장인물도 없지 않느냐는 질문이 있을 수 있다. 하지만 앞 장에서 든 안도현의 「너에게 묻는다」 같은 짧은 서정시에도 풍부한 스토리와 뚜렷한 화자와 의미가 내재하고, 조향이나 황지우의 이른바 기술적 전위시에도 나름의 맥락과 스토리가 엄연한 것이다. 아니, 어떤 대상이든 대상에 대한 극화, 스토리화는 인간 본능의 하나이고 시에 있어 그것이 시인의 연출 하에 언어화된다 할 수 있다.

시를 쓰는 이는 실제시인이지만 그중에서도 그 시를 쓰는 시간의 시인, 시 속에 내포된 시인이다. 이러한 관계를 채트먼(Seymour Chatman)의 '서사문학의 기호학적 전달 모델'[『Story and Discourse』, 1978]을 원용해 설명해보자.

①실제시인 →{{ ②내포시인 → ③화자 → ④청자 → ⑤내포독자 }} → ⑥실제독자

①실제시인은 육신을 가지고 현실에서 생활하고 있는 시인이요 ⑥실제독자는 현실에서 실제로 작품을 읽는 독자이다. 실제시인과 실제독자는 {{ }}로 표시된 담화의 바깥에 존재하면서 {{ }} 속 ②~⑤의 인물들을 설정하고 피드백하면서 시라는 극을 연출한다. 독립된 시 텍스트의 연출 현장은 {{②~⑤}} 안에 있다.

②내포시인은 실제시인과 똑같지는 않은 시 속의 가상 시인, 독자가 시를 통해 유추 가능한 가상적 생산주체로서 텍스트 전반을 통할한다. 실제 시인의 시적 대리연출자이다. ③화자는 내포시인이 선택한 주연급의 연기자 또는, 독자에게 담화를 전하는 발화의 주체이다. ②와 ③을 뭉뚱그려 시적 자아라고도 하고, 서정문학(시)은 시적 자아에 의한 세계의 자아화라고도 한다. 하지만 이는 근대적 개인주의에 의한 현실주의적 전제이고 시적 자아의 본성은 현실과 개인을 초월하는 공동주체로서의 자아가 아닌가 한다. 그다음 ④청자는 시 속에서 화자의 목소리를 듣는 인물이며 ⑤내포독자는 내포시인 또는 화자가 시 읽기를 원하는 시 속 가상의 독자이다.

실제 시작 과정을 들어 보자. 아래의 모기 이야기를 시로 쓴 실제 시인은 운 좋게 안정된 직장을 얻어, 자식들의 조막손 보듬는 재미에 젊은 혈기를

누르고 살던, 1980년대 초의 젊은 가장. 실존주의적 휴머니즘에 취해 있던 직장인이었다. 그런데 여름날 저녁 손바닥으로 모기약에 취해 잘 날지도 못하는 모기를 때려잡았다가 손바닥에 묻은 생생하고 검붉은 인간의 피를 목격한다. 순간 섬뜩한 전율과 함께 묘한 경이(驚異)에 북받치게 되었다. 심적 요동은 당대의 현실에 대해 깊은 회의와 절망에 빠져있던 시적 자아(내포시인 또는 화자)를 일깨우고 그 각성을 모기에게 투사하게 된다.

그래 가거라
너를 노리는 바람
코를 꿸 향기가 기다릴지라도
가거라, 빈 근골(筋骨)에
사람피를 채워 오너라
불빛이
불빛에 감추었던 적막을 세워들고
침묵이
침묵에 감추었던 비수를 꺼내
전신을 가른다 해도
인적(人跡)을 따라 가거라
느닷없는 폭격에
산지사방 흩어질지라도
가거라, 아비가 도울 수 없는
그 길은 스스로 가야 할 길이다.
덧없이 살아가는 빈병처리장에서
때로 죽음은 삶보다 건전한 음모
사람 피에 젖은 채

죽어도 그것이 사람처럼 죽는 길이다.

—신진, 「모기아비가 아기모기에게」

화자로 모기아비를, 청자로 아기모기를 가상적으로 내세워 연출한 일종의 배역시(背域詩)이다. 시적 자아에 의해 모기 잡이의 과정이 현실적 맥락에서 떨어져 나와 제의적으로 조정된다. 내포시인은 화자인 모기아비의 정체성으로, 인간성이 고갈된 현실에서 그 존엄성을 실천하고자 하는, 시 속 모기아비의 심경을 가진 이다. 청자는 아기모기이지만. 이 시를 읽기를 바라는 내포독자는 아기모기에 투사된, 각성을 멈추지 말아야 할 시인 자신과 뜻있는 시민들이라 할 수 있다. 비인간적 만행을 요리조리 합리화하던 당대의 권력자들이기도 하다. 알레고리의 맥락은 서로가 입막음부터 해가며 살아야 했던 당대의 불평등과 사찰주의의 참담함에 대한 연민과 분노에서 형성되었다. 실제독자는 그때부터 지금에 이르기까지의 모든 독자로서, 최소한 모기의 흡혈과 퇴치 과정의 언어화에 흥미를 느끼는 이, 아니면 생명을 건 모기의 집요한 흡혈본성과 같은 정신적 타락, 또는 무지한 교훈이나 관습이 주는 비극성을 느낄 수 있는 독자들일 터이다.

독자의 역할도 중요하지 않은 게 아니다. 독자 반응비평 또는 수용미학적 입장에서의 독자는 시 텍스트를 완성하고 결정하는 주체이기도 하거니와, 독자들은 시 속 인물들의 입장과 맥락을 읽으며 낯설고 다양한 경험 속으로 몰입한다. 그 과정과 결과로서 독자들은 저마다 의외의 보편성, 구체적인 근원성과 조우하게 되기도 한다.

그런데 이미 자명해졌다시피 내포시인과 화자, 내포독자와 청자는 시인의 연출과정에서는 각각 다른 위상을 가질 수 있어도, 읽기의 입장에서는 동전의 양면과도 같은 중첩적 관계에 있다. 그래서 내포시인과 화자를 뭉뚱그려 '화자' 또는 '시적 자아'라고 부르고 내포독자와 청자를 청자라 부르는 것이 용인된다. 청자에도 특정 개인이나 일반대중이 있고, 특정 계층의 청자가 있는가 하면, 우호적, 대립적, 중립적 청자 외 성격별 수준별 청자가 설정될 수 있다.

화자와 청자 중 어느 쪽에 비중을 두느냐에 따라 맥락의 차이를 구분해볼 수도 있다.

첫째, 특정 화자만 나타난, 화자 중심의 담화는 화자의 입장, 감정, 태도를 강조한다. 임화의 「우리 오빠와 화로」, 김영랑의 「모란이 피기까지는」, 백석의 「나와 나타샤와 흰 당나귀」 등.

둘째, 청자 중심의 담화는 청자로 하여금 입장과 행위에 변화를 가져오도록 권하고 명령한다. 신동엽의 「껍데기는 가라」와 앞의 「모기아비가 아기모기에게」가 예가 된다.

셋째, 특정 화자와 특정 청자가 모두 설정되면 둘 사이의 긴장을 드러내는 극적 사건 또는 상황 중심의 담화가 된다. 앞 장에서 예로든 김현승의 「플라타너스」나, 소월의 「진달래꽃」이 이에 해당한다.

넷째, 객관적 서술로 일관되면서 화자와 청자가 나타나지 않는 경우. 물리적 정신적 대상을 묘사하고 표현하는 데 비중을 두게 되고, 화자의 권위는 전지적(全知的)으로 강화된다. 일제하 김광균의 이미지즘 시는 물론, 김수영의 「풀」은 물론 정신분석학적 환상을 그린 조향의 「Episode」, 대상 그 자체를 옮겨놓은 황지우의 「벽 1」도 그 예가 된다.

예시 「모기아비가 아기모기에게」도 실제시인과 화자의 차이가 큰 배역시이지만 경우에 따라서 화자는 엄청 귀한 신분이나 하층민, 악마나 천사, 미래인류나 고대인, 외계인이나 부모 등등의 배역이 특정 매개물에 의해 맡겨지기도 한다, 요즈음은 아예 실제시인과 전혀 관계가 없을 듯한, 허구적 인물이 설정되기도 한다. 차이와 다양성 자체가 자극적인 반응의 계기가 되기도 하는 까닭이다.

2. 화자의 유형, 시점, 거리

인간의 내면은 종잡을 수 없이 복잡다기하여서 인간에 대한 판단은 그때그때 상황에 대응하는 마스크에 따라 이루어질 수밖에 없다는 것이 C. G. 융 심리학의 가설이다. 시에 있어서의 화자는 시인이 그때그때의 현실에 대응하는 심리적 탈(mask), 대현실적 가면(persona)이라 할 수 있다. 화자를 통한 내포시인의 캐릭터가 시의 소재, 의미, 시행, 비유, 이미지, 운율, 어조 등 요소들을 조절하고 배치하는 현장의 연출가이다. 화자는 담화의 표면에 드러나기도 하고, 이면에 숨기도 한다. 순수한 대화만으로 이루어진 시가 있다면, 화자가 가장 깊이 숨겨진 상태일 것이다.

시 「모기아비가 아기모기에게」와 같이 화자를 드러내는 경우에는 그가 화제(話題)를 효과적으로 잘 전달할 인물인지 아닌지부터 검토되어야한다. 그에 따라 어조 또한 결정된다. 풍자적, 직설적, 서정적, 심미적, 해학적, 향토적 등등의 어조가 따른다. 김소월 시 「진달래꽃」의 여성 '나', 서정주의 「춘향유문」의 '춘향'은 캐릭터와 내용과 어조가 잘 맞아떨어진 예이다. 화자의 캐릭터가 착상단계에서부터 확정되고 시종일관하는 것은 아니다. 집필 과정에서 전반적으로 또는 부분적으로 검토되고 교정되기도 한다. 또, 서사성이 짙은 장편시가 아닌 한, 시에 있어 화자의 성향과 어조는 일관되는 것이 시적 긴장감과 통일성 유지에 유리하다 할 수 있다.

모든 담화에 있어 화자의 의의를 중요시한 리몬 케넌(S. Rimmon-Kenan)은 화자에는 지각(知覺)되는 강도(强度)에 따른 차이가 있다고 보았거니와[『Narrative Fiction』, 1983], 이는 시의 성패를 가늠하는 척도의 하나가 화자 선택의 적절성과 화자에 대한 지각의 강도(强度) 조절에 달려있다는 말이기도 하다. 지각의 강도 조절은 화자의 위치설정과 어조 그리고 시점과 거리조정 등에 따라 달라지는 문제이다.

선택 가능한 화자의 종류는 시의 숫자만큼이나 다양하다. '여성적/남성적/중성적' 화자, '적극적/소극적/중립적' 화자, 현실적/이상적/논리적/수사적(修辭的) 화자, '농어촌민/도시민 화자, 엘리트층/지식층/서민층' 화자 그리고 '탐구적/비판적/풍자적/논리적/도피적/해학적' 화자, '내면적/개인적/사회적/우주적/자연적' 화자, '즉물적/식물적/동물적/인간적/초인간적/신적' 화자, '감성적/이성적/본능적/미학적/철학적/현실적' 화자, '원형(집단무의식)적/무의식적/전의식적/의식적/초자아적' 화자 등등이 있을 수 있다. 현대시에선 화자의 담화 중에 시인 자신이 시를 쓰고 있다는 사실을 드러내는 자의식적 화자도 등장한다. 이러한 여러 화자의 성향과 태도에 따라 그에 부합하는 말투나 말씨, 어조(語調, tone)가 동반됨은 물론이다. 화자의 입장을 효과적으로 전달하기 위한 물리적 감각인, 어조의 선택은 시인의 의도와 어휘력과 언어감각이 뒷받침되어야 하는 문제이다. 이들은 담화의 생성과 맥락 조정에 결정적인 역할을 한다 할 수 있다. 화자와 어조의 종류를 하나하나 암기해두고 시를 읽고 쓰는 이는 아마 없긴 하겠지만.

「모기아비가 아기모기에게」의 화자인 아비모기는 적극적, 비판적, 자연적, 본능적, 의식적, 초인간적 화자이며, 비장한 명령조 어조의 시라 할 수 있다. 초인간적 화자란 진리와 원리의 입장에서 세상을 사랑으로 또는 비판적으로 수용하는 화자이다.

「아침」이란 시를 한 편 더 들어보자.

마른기침 일어나
어둠의 자투리들을 갠다
털복숭이 한 마리
눈곱재기 닦으며 자리를 털고 나온다
쿨럭쿨럭 삽자루 기지개 켜고

몽당 털복숭이 논두렁길 앞장을 서면
밤새 물을 지고 기다렸던 풀들이 한 바가지씩
노인의 발등에 물을 부린다
샛바람 불어 노인의 이마에서 새로 체온을 짚고
물 기운 복숭아뼈를 타고 쇄골까지 오르는 동안
노인은 피 싹 몇 건지고 물꼬 다진다
논흙 숨소리 찌르레기 소리 따라 재잘거릴 때
부신 개밥그릇 보듯 살갑고 낯익은 들이 열린다
여기저기 바투 돛을 올리는 농투성이의 목선들
여어- 여어-, 오늘도 함께 맞았구나
답 없이도 저마다의 무사함을 알리고 있다
세상의 상찬(賞讚)에 들뜬 일 없고
달나라며 알레스카며 앙코르와트 멀리 가 본 일 없으나
넘길 것 죄 넘기고 조그맣게 남았으니
다시 밝는 날이 짐 되지 않다
툇마루 너머 들이며 산이 한도 없이 몸을 푸는 동안
강아지 새삼 다가와 노인의 발등에 몸을 비빈다
별살은 구석구석 알뜰히 쏘다니면서
젖은 신발 젖은 삽날 웅크린 막주춧돌 쓰다듬는다
둘이서 맞는 툇마루의 아침 밥상
홰나무 가지 사이 샛별조차 기웃거리나니
오늘도 멀리는 가지 말자고 일거리 놀거리 널려있다고
몽당 털복숭이 폴짝거린다 아침이라카이 아침이라카이
주둥이로 입을 맞춘다

—신진, 「아침」

직장은 광역시내에 두었지만 거주는 외딴 강촌, 산촌에서 하던 세월이 30년 가깝던 때였다. 방학이며 휴강이며 하는 대학 학제상의 덕을 보고 살다가 정작 정년퇴직 후에는 다시 도시로 나가야할 사정에 놓였을 때의 원망(願望)을 쓴 시이다. 제목 자체 '노인의 아침'과 '노년의 아침' 사이를 오락가락하다, 최근의 『못 걷는 슬픔을 지날 때』에서는 내용의 일부를 수정하여 그냥 「아침」이란 제목으로 재수록 되었다. 아침의 내면적 의의가 연령과는 관계가 없는 것이려니 하는 생각에서 '노인'을 뺀 것이다.

초고 단계에서는 '노인'이 아니라 '나'라는 1인칭 주인공 화자를 내세웠다. 하지만 주관적 감성 위주로 전달되는 게 싫어서 화자는 시 밖 관찰자로 두고 '노인'이라는 작중 인물을 등장시키기로 하였다. 화자는 전지적 시점의 스토리 외적 화자로서 친자연적이고 양육적인 부모캐릭터이며, 노인의 속사정까지 알고 있을 뿐 아니라, 강아지, 풀, 흙, 농부들 등등을 물아일체적 경지에서 관망할 수 있는 경지에 있다 할 수 있다.

마른기침이 일어난다든지, 쿨럭쿨럭 삽자루가 기지개켠다든지 하는, 초반의 서술에서는 잠이 덜 깬 이른 새벽의 움직임을 상대적으로 먼 거리에서 보고 있는 언어적 영상이고, '밤새 물을 지고 기다렸던 풀들' 이하 샛바람과 물 기운의 움직임, 논흙의 숨소리, 농투성이들의 목선들, 산과 들의 몸 풀기, 강아지의 이어지는 행동 등등은 시간의 경과와 함께 안분지족하는 전원생활을 그리고자 한 것이다. 특히 '넘길 것 죄 넘기고 조그맣게 남았으니'라는 대목, 그중에서도 '조그맣게'라는 한정어는 화자의 시점을 관찰자에서 전지적 시점으로 요동시키고 전원(田園)의 분위기를 부자연스럽게 하지나 않을까 하는 마음에, 첨삭을 반복한 어절이다. 결국 추상적인 자연주의는 관행적인 현실도피에 지나지 않는다는 내포시인의 캐릭터에 따라 현실에서의 구체성을 '조그맣게'에 담아내기로 최종 결정했다. <넘길 것 죄 넘기고>는 추상적 전원생활이 아니라 실제적 귀촌생활에서는 오히려 자연스러운 것이라는 판단에 초고대로 둔 구절이었다. 내포독자는 농촌생활 내지 자연생활을 경험하였거나 동경하는 이 정도일 것이다.

한편, 리몬 케넌은 화자를 그 위치에 따라 '스토리 내적(intradiegetic) 화자'와 '스토리 외적(extradiegetic) 화자' 등 둘로 나누었거니와, 스토리 내적 화자가 사건에 직접 참여하면서 자신의 이야기를 한다면, 스토리 외적 화자는 스토리에 참여하지는 않지만 스토리에 대한 고도의 권위를 가진 화자이다. 「모기아비가 아기모기에게」의 경우, 화자인 모기아비는 제목에 명시되어 있을 뿐 아니라, 사건에 명령자로서 직접 참여하기도 하지만, 부자지간의 관계에 의해서도 고도의 권위를 가지는, 이른바 전지적 시점의 스토리 내적 화자라 하겠다. 앞의 「아침」에는 전지적 시점의 스토리 외적 화자가 선택되었다.

시점은 소설론을 빌어, 1인칭 주인공 시점, 1인칭 관찰자 시점, 3인칭 전지적 시점, 3인칭 관찰자 시점 등으로 나눌 수 있고, 화자의 위치에 따라서는 고정적 시점-이동적 시점-분산적 시점 등으로 나눌 수도 있다. 상대적으로 현실 초월성이 큰 시의 시점은 소설만큼 일관되지는 않고 혼합, 변용되는 경우가 많다. 「아침」은 입체적인 효과를 거두기 위해 스토리 외적 화자의 3인칭 관찰자의 전지적 시점에 있고 위치적으로는 스토리 외적 화자이면서 이동적, 분산적 시점 등 복합적 시점에 의한 시라 할 수 있다.

화자와 대상과의 '거리(distance)'는 화자와 담화 대상들과의 '심리적 거리'를 말한다. 거리의 정도는 대상의 성질에 따라, 시인의 의도와 능력에 따라 달라진다.[M. H. Abrams, 『A Glossary of Literary Terms』, 1981] 거리를 멀리 두느냐 아니면 가까이 두느냐에 따라 '지나친 거리 조정'과 '부족한 거리 조정' 등으로 나뉘어진다. 대상에 대한 심리적 거리가 짧은 '부족한 거리'가 시인의 감정이 양식화되지 않고 발화되는 감상적(感傷的) 절규, 일방적 주장에서 볼 수 있는 거리라면, 지나친 거리 조정은 세계에 대해 냉담한, 보편적 관념의 시, 일반론적 윤리의 시에서 보이는 현상이다.

모든 시의 거리감은 부족한 거리조정과 지나친 거리조정 양 극단 사이에 존재한다 할 수 있다. 이를 내면적/근거리적/중간거리적/원거리적/근·원거리적(가까운 데서 멀리)/원·근거리적(먼 데서 가까이) 거리 등으로 세분할 수도 있을 것이다. 예를 들어 박목월의 시 「청노루」의 경우, <머언 산 靑雲寺/낡은 기와집//山은 紫霞山/봄눈 녹으면//느릅나무/속잎 피어가는 열두 구비를//靑노루/맑은 눈에//도는/구름>은 원거리에서 중간거리(열두 구비 골짜기)를 거쳐 최근거리로 조정되는, 원·근거리적 거리 조정의 시라 하겠다.

앞에서 든 문덕수의 「손수건」은 근거리에서 내면적 거리, 근·내면의 거리와 전지적 시점을 가진 시이고, 박노해의 「그 겨울의 시」는 할머니와 손주의 잠자리란 근거리와 바깥의 어려운 생명들을 관찰자적 시점으로 추억하는 내면의 거리로서, 인간의 본성적 아름다움을 환기한다 하겠다. 안도현의 「너에게 묻는다」는 근거리에 초인간적 화자, 역시 스토리 외적 화자의 전지적 시점이라 할 수 있다. 조향의 「Episode」는 소년과 소녀를 화자, 청자로 하여 극적인 전개를 보이다 갑자기 '놀란 갈매기'들이 화석화되는, 스토리 외적 화자의 전지적 시점으로 끝을 맺는다. 원·근거리의 거리 조정이다. 「아침」은 원·근거리의 중첩적 거리조정이라 할 수 있다.

화자의 유형은 간략하게 정리될 수가 없을 만치 다채로운 것이어서 어떤 시에도 적용될 만한 분류체계를 찾기는 어려운 일이다. 하지만, 미국의 정신의학자 에릭 번(Eric Berne)의 자아상태 이론을 빌어 화자의 기본적인 성향 유형을 익혀두는 것은 꽤 도움 될 일이 아닐까 한다.

에릭 번의 유명한 교류분석[「Transactional Analysis: TA」, 1957]에 의하면 개인과 개인 사이에는 본능적, 자동적으로 역할 분담을 하는 심리게임이 일상으로 행해지거니와 그 과정에 작동하는 다섯 가지 자아가 있다. '양육적인 부모자아', '통제적인 부모자아', '어른자아', '순응하는 어린이자아', '자유로운 어린이자아' 등이 그것이다.

양육적인 부모 자아는 공감능력과 배려하는 마음이 어머니와 같이 큰 자아이고, 통제적인 부모 자아는 지켜야할 선이 분명하며 정의감과 책임감이 강한 아버지와 같은 자아, 어른 자아는 객관적이고 이성적이며 현실 지향성이 강한 성숙한 어른이다. 순응하는 어린이 자아는 협동심과 인내심이 강한 모범생 어린이이며, 자유로운 어린이 자아는 창의적이고 자발적이며 호기심이 강한, 순진한 아이 자아이다.

일반적인 생활인에게는 이 다섯 가지 자아의 균형 상태가 이상적이라 할 수 있다. 나름의 균형 상태에서, 상대와 상황에 따라 적절한 자아로 대처해나갈 수 있기 때문이다.

박노해의 「그 겨울의 시」는 자유로운 어린이 자아, 「너에게 묻는다」와 「모기아비가 아기모기에게」는 통제적인 부모, 「아침」은 어른 자아, 「손수건」은 어른자아와 자유로운 어린이 자아의 복합 화자, 「Episode」와 「벽1」은 자유로운 어린이, 김소월의 「진달래꽃」, 김영랑의 「모란이 피기까지는」은 순응하는 어린이 자아의 화자라 할 수 있다.

시적 자아는 이와 같이 시인에 의해 연출되고 조정된다. 일상에서의 심리 게임에서와도 같이 시적 정황에 따라 적절한 자아가 발현된다. 뿐만 아니라 리듬의 정형성과 산만성, 일정성과 분산성 등이 조절되고, 이미저리를 통한 시각적 영상의 편집 방식도 선택된다. 연출 역량이 부족한 시인은 정황적 적절성, 맥락표현상의 핍진성 등을 포기하거나 외면하고 주구장창 표피적 낯설게 하기에 몰두한다든지, 사조(思潮) 모방, 양식 모방에 연연하면서, 나름의 폭력적인 논리를 마련하기도 한다 할 수 있다.

아무려나, 어떤 시에도 적용될 수 있는 '다섯 가지 자아' 체계는 시인이 상정할 수 있는 화자 유형의 기준점으로 수용할 만하다 할 것이다. 더 구체적이고 특수한 화자의 설정은 매순간의 시적 체험에 달린 문제이다. 여전히 시인의 총연출 역할이 아집에 빠지거나 편법에 길 들어서는 독자의 호응을 받을 수 없으리라는 의견에는 변함이 없지만.

시인의 연출력은 어떤 논리도 넘어서는 무한한 개방윤리에서 발휘된다. 무심결에 이를 수행하고 있는 시인들, 그들의 연출능력은 무궁무진하다 할 밖에 없다. 또한 독자들이 시적 담화에서 자신의 삶과 시적 담화 사이의 접점을 찾아가는 방안과 차원 역시 무궁무진하다. 시 읽기 역시 시 쓰기에 진배없이, 임시적이지만 절대적인 가치를 지향하는 것이다.

한 편의 시를 읽는 독자는 시의 장을 통하여 자신이 경험하지 못했거나 경험할 가능성이 희박한 삶과 언어에 대해 가능한 공평하고 적극적인 자세로 감정 이입하고 판단해야 할 것이다. 시에 대한 사회적 반응의 공정성과 적극성은 시문학과 인간정신을 옹호하고 더욱 신장시킴은 물론 사회의 민주적 역량을 기르는 초석의 하나가 되기도 할 것이므로.

4장

4층 또는 5층의 논리

1. 언어의 여섯 기능과 4층의 논리

시의 논리는 언어적 양상에 따라 구성된다. 모든 시는 언어로서 존재하고 그 면모에 따라 무수한 스펙트럼의 논리를 형성하게 되는 것이다.

시의 언어에 대한 근대적 이해는 워즈워드(W. Wordsworth)와 콜리지(S. T. Coleridge)에 의해 분수령을 이루었다 할 수 있다. 워즈워드는 세련과 품위를 중시하던 종래의 시어론에 대해, 산문에 쓰이는 일상어와 시어 사이에 본질적 차이가 없음을 천명했고 콜리지는 워즈워드를 좇아 시어도 일상어와 다를 바 없이, 어떤 언어로도 가능하지만 그것이 유기적 통일성을 이루고 결합된다는 점에서 다르다는, 비판적 승계를 택했다.

이런 관점을 이어받으면서, 시의 언어를 일상어와 같은 차원에서 다루되 보다 변별적으로 체계화한 논리가 언어학적 시학자 야콥슨(R. Jacobson)의, '언어 행위의 6요소'와 그 각각의 요소들을 중심으로 하는 여섯 가지 기능론이 아닌가 한다.[「Linguistics and Poetics」, 1960] 시의 언어도 일상담화와 마찬가지로, 화자와 청자 간의 소통을 전제로 하는 언어체계이며, 단지 리듬과 비유, 어조 등 언어의 '시적 기능'이 중심 역할을 한다는 관점에서 시어론을 체계화 한 것이다. 야콥슨의 여섯 요소 중 발신자(Addresser)와 수신자(Addressee)를 각각 화자와 청자로 대체하고 각 요소들의 중심 기능과 그에 관련되는 문학이론을 덧대어 나타내어보면 다음과 같다.

관련상황(정보적 기능)

》모방론

전언傳言(시적 기능)

》존재론

화자(표현적 기능) ———————— 청자(능동적 기능)

》표현론 》효용론

접촉(친교기능)

》교언론(?)

신호체계(대언어적 기능)

*언어의 소통체계와 예술론. ( ) 속은 언어의 6 기능, 》은 관점.

언어행위가 이루어지기 위해서는 화자·청자는 물론, 언술의 대상인 관련상황(context)이 있고, 청자에게 전해지는 화자의 언어, '전언(message)'이 있어야 한다. 그리고 전언이 소통되기 위한 화자와 청자 간의 '접촉(contact)'이 유지되어야 한다. 그 전에 서로 간 소통 가능한 '신호체계(code)'가 공유되어야 함은 물론이다. 이 가운데 어느 한 가지 요소, 한 가지 기능만으로 이루어지는 언어 행위는 없고, 다수의 기능이 복합적으로 작용한다.[신진, 『우리 시의 상징성 연구』, 1994]

한편, 시의 언어는 시인의 재능과 의지 위에 전래의 관습과 창작기술이 가해지고, 미학적 인간적 사회적 욕구가 연동한 결과이다. 이러한 복합성으로 하여, 시에 대한 정의는 인간에 대한 정의만큼 다양하게 개진되어왔다.

20세기 후반에 에이브럼즈(M. H. Abrams)는 역사상의 예술 논리들을 조명한 결과, 예술의 4요소로 예술가(시인), 작품, 우주, 청중이라는 핵심 요소 넷을 추출하고, 그 중 어느 요소에 치중하여 쓰였느냐에 따라 네 가지 관점을 유형화하였거니와,[『The Mirror and The Lamp』, 1979] 이는 시의 잡다한 종류를 네 유형으로 단순화한 것으로 널리 받아들여진다. 이 넷은 위의 도식에서 보다시피, 야콥슨의 언어 행위의 여섯 요소와 기능 중 관련상황(정보기능 → 모방론), 화자(표현적 기능 → 표현론), 청자(능동적 기능 → 효용론), 메시지(시적 기능 → 존재론) 등과도 부합한다.

시가 우주 삼라만상, 시적 대상과 관련상황의 묘사와 제시에 치중하는 관점은 '모방론', 독자(청중)들에게 즐거움이나 교훈을 주고자 하는 데 중심을 두는 '효용론', 시인 특유의 의지와 감정을 표출한다면 '표현론', 시 그 자체를 독립된 언어적 성과- 리듬, 이미지, 구성 등에 의한 자율적 존재로 보고 그 적절한 짜임새와 표현에 치중한다고 본다면 '존재론(객관론)' 등으로 유형화 되는 것이다.

> 지하 5층, 지상 30층, 연건평35,000평 서울빌딩 기초 공사 때
> 김씨는 막일을 했다.
> 현기증 나는 기계를 오르내리며
> 자갈을 져나르고 미장을 돕고 타일을 붙이고 창틀을 달았다
> 서울빌딩 주춧돌 밑에는 김씨의 고된 인생이 3년쯤 깔려 있고
> 하늘로 꼬여 올라간 아찔한 비상 계단 어디엔가
> 김씨의 잃어버린 왼쪽 다리 걸려 있다
> 안전모를 착용한 덕분에 그래도 목숨은 건져
> 반년 만에 김씨가 목발 짚고 병원을 나왔을 때
> 우뚝 솟은 서울빌딩은 장안의 명물이 되었다
> 없는 것 없는 백화점과 잠을 자기에는 너무 아까운 호텔
> 사우나탕과 레스토랑과 금융회사 사무실들
> 어디서나 하얀 남자들이 재빠르게 계산기를 두드리고

암나사처럼 생긴 여자들이 껌을 짝짝 씹으며
지난밤을 생각하고 시간도 돈으로 팔고 사는
그곳은 살아 있는 TV화면이었다
발을 헛딛고 추락했던 그 자리 13층 비상 계단 입구는
어떻게 마무리 되었는지 오직 그것이 보고 싶어 김씨는
다리를 절룩이며 옛날의 일터를 찾아갔다
용접공 이씨를 만나면 반가워 낮술 한잔 꺾을지도 모른다
그러나 서울빌딩 현관 앞에서 넥타이를 맨 수위가
그를 가로막았다 일없는 사람은 들어갈 수 없다고
쓰레기를 쳐가는 뒷문에서도 험상궂은 문지기가 길을 막았다
김씨는 돌아서서 어디로 가나

—김광규, 「목발이 김씨」

행 구분을 무시하고 읽으면 얼핏 일반 담화와 별로 다르지 않은 느낌을 받을 수 있다. 노동자 김씨의 사연과 관련상황에 중심을 두는, 외견상 지시적(指示的) 또는 정보적 기능에 중심을 두고 있기 때문이다. 관련상황 즉, 시적 대상에 집중하는 모방론은 "시란 운율적 언어에 의한 인생의 모방"이라고 한 아리스토텔레스 이래, 서구의 가장 전통적인 예술 이론이다. 모방의 대상은 특정의 사물이나 풍경일 수도 있고, 개인적 사회적 상황 또는 특정 관념이나 사회체제일 수도 있다.

이 시에서 화자의 입장 표현 즉, 표현적 기능과 청자의 행동이나 심리에 변화를 일으키는 능동적(conative) 기능은 가능한 내재화 되어 있지만, 마지막 구절 <김씨는 돌아서서/어디로 가나>의 연민어린 감정과 간접적 의지 표명이 화자의 열악한 노동현장에 대한 고발의식을 일깨운다 할 수 있다. 전반적으로는 시치미 떼기로 일관하는 아이러니와 제유적 우의(allegory)가

주인공에 대한 동정심과 노동자의 '노동에서의 소외' 현장을 고발하고 있다. 시인의 의도가 청자의 심리와 행동에 변화를 주고자 하는 효용론에 입각해 있는 시이기도 하다.

로마의 호라티우스는 달콤함과 가르침을 함께 한다는 의미에서 효용론적 기능을 당의정(糖衣錠)에 비유하기도 했다. I. A 리처즈도 시의 효용성을 크게 두 가지. 심리적 효과로서의 즐거움과, 실천적 교훈으로서의 효용을 든 바 있다. 『시경』의 '사무사(思無邪)'라는 말이나, '문(文)에는 도(道)가 있어야 한다'는 말에서 볼 수 있듯, 동양적 전통은 시가 인간의 심성을 맑게 하거나 오묘한 진리를 일깨운다는 효용론에 시론의 중심을 두어왔다.

시적(poetic) 기능이란 메시지를 보다 섬세하고 적절하게, 아름답게 하는 기능이다. 일반 담화에서도 쓰이긴 하지만, 시에서는 시성(詩性)의 중심 역할을 한다. 리듬, 비유, 반어 등 언어의 수사적 사용과 위치적 적합성에 의해 발휘된다. 이는 에이브럼즈의 존재론의 주관심사로서 형식주의, 구조주의 등 시 텍스트 분석의 중심 논리이기도 하다.

「목발이 김씨」는 행 구분을 위시한 내재율과 시치미 떼기 그리고, 환유 또는 제유가 시적 기능의 중심이 되고 있다. '김씨'의 경험이 대표하는 전체 노동현실에 대한 제유, 잃어버린 다리와 추락사고, 하얀 남자들, 암나사 같은 여자들, 넥타이 등등이 노동자의 열악한 환경과 도시적 매정함과 상업주의를 환기하는 환유적 언어들이다. 생명을 걸고 비계파이프를 오갔던 노동과 그 3년 후 현실의 대조— 하늘(은유)로 꼬여 올라간 비상계단과, 김씨의 사고와 <없는 것 없는 백화점과/잠을 자기에는 너무 아까운 호텔/사우나탕과 레스토랑과 금융회사 사무실들> 사이의 대조적 아이러니, 뿐만 아니라 현실과 환상을 넘나드는 동시성이 시적 기능의 언어들이다.

이에 비해 윤동주의 「하늘과 바람과 별과 시」의 시적 자아는 순종하는 어린이로서의 순진성에 의한 연출이다.

죽는 날까지 하늘을 우러러
한 점 부끄럼이 없기를
잎새에 이는 바람에도
나는 괴로워했다
별을 노래하는 마음으로
모든 죽어가는 것을 사랑해야지
그리고 나한테 주어진 길을
걸어가야겠다

오늘 밤에도 별이 바람에 스치운다

—윤동주, 「하늘과 바람과 별과 시」

화자 자신의 입장, 감정 표출에 치중하는 표현론의 시이다. 표현론은 "시는 강한 감정의 자생적 발로이다."(워즈워스, 『서정시집』 서문)라거나, "문장은 대개 천성에서 얻어진다."(益文章得天性; 李仁老, 『破閑集』)라고 하듯 시를 타고난 성품, 또는 내적 감정의 자연스런 흘러넘침으로 본다. 하늘을 우러러 한 점 부끄럼 없기를 바라며 잎새의 작은 흔들림에도 괴로워하고, 별을 노래하는 마음으로 모든 죽어가는 것을 사랑한다는, 신앙적 절대 박애주의를 따르는, '순응하는 어린이 자아'의 여린 감성이다. 모방론적 현실 반영성이나 효용론적 교훈성은 극히 미미하거나 추상적이다.

이 외에도 윤동주시인이 연희전문 졸업반 때 묶었다는 시첩(詩帖)의 시 19편에서 일제에 대한 저항의식을 찾아보기는 어려운 것이 사실이다. 당시 이양하 교수가 "일제의 처벌이 예견된다"는 이유로 시집발간을 만류했다는 일화는 이해가 되지 않는다. 최소한 연희전문학교 졸업 때까지의 윤동주는 일제에 대한 저항의 눈을 뜨지 않았거나 엄두를 내지 못한 상태였다.[신진,

「윤동주 시의 상징적 모티브」, 1985] 시집발간을 만류한 데에는 질적 양적 부족 등 다른 사유가 있을 것이다.

위의 시는 존재론적으로, 생명의 전령으로서의 바람과 대현실적 눈이자 정화 모티프로서의 별, 그리고 인자한 부모 상징인 하늘 모티프가 과거→미래→현재의 시간적 구성으로 조직된, 착한 소년 감성 표현의 시로 보아야 할 것이다.

어쨌거나, 시는 언어의 여러 요소, 여러 기능이 위계를 이루는 다층적 언어체계이다. 어떤 이론이 주도하느냐에 따라서 모방론적(정보적, 사실주의 시), 표현론적(감정적, 낭만주의 시), 효용론적(능동적, 교훈 또는 위안의 시), 존재론적인(훌륭한 표현과 구조 추구) 관점과 유형으로 구별될 수 있고, 그 구별은 창작과 이해에 두루 유익한 안목이 될 수 있을 것이다.

2. 제 5층 교언론(巧言論)

앞의 도식에서 보다시피 야콥슨의 친교기능과 메타언어기능은 에이브럼즈의 네 유형론과 연계되지 않는 상태에 있다. 이 두 기능은 과거 규범과 정형의 시대에는 별로 중요하게 여겨지지 않았기 때문이다. 하지만 현대에 와서는 흔히 사용되기도 하고 주목받기도 하는 기능이 되었다. 개인이 존중되는 상업주의적 처세와 장식 문화가 낳은 결과라 할 수 있다.

친교적(phatic) 기능은 청자와의 접촉을 지속하고 원활히 하고자 하는 기능이다. 상대의 대답이 필요하지 않는 인사말, 몸동작, 별 의미 없는 지껄임, 공연한 질문 등등에서 발휘된다. 현대시에서는 고의로 전통적 규범을 위반하거나 독자의 예상을 배반하고 의미 없는 언어를 반복하는 데서 또는, 청자의 주위를 환기시키기 위한 낯설게 하기, 의성어, 의태어, 도형이나 그림 같은 것으로 나타낼 수 있는 기능이다. 욕설, 후렴, 반복, 나열, 인유(引喩), 감각어 등도 청자의 주의를 환기시키는 동시에 친밀감을 높이는 친교적 기능을 한다. 이에 더해 야콥슨의 메타언어적(meta-linguistic) 기능 – 언어에 대한 설명적 언어나 인유에 대한 주해(註解)의 메타 언어도 소통을 원활히 하는 접촉 강화하는 기능을 한다.[신진, 『우리 시의 상징성 연구』, 1994]

13인의아해(兒孩)가도로로질주(疾走)하오
(길은막다른골목이적당하오)

제1의아해가무섭다고그리오
제2의아해가무섭다고그리오
 -중략-
제13의아해가무섭다고그리오
13인의아해는무서운아해와무서워하는아해와그렇게뿐이모였오
(다른사정은없는것이차라리나았소)

그중에1인의아해가무서운아해라도좋소
 -중략-
그중에1인의아해가무서워하는아해라도좋소

(길은뚫린골목이라도적당하오)
13인의아해가도로로질주하지아니하여도좋소

– 이상, 「오감도(烏瞰圖) 시 제1호」

단정적인 서술과 그 유사 진술이 반복되다가, 나중에는 앞의 서술을 모두를 포기하고 부정해버린다. 13이라는 숫자에는 ①당시 우리나라의 13 도(道) 즉 식민지 조국을 상징 ②최후의 만찬에 참석한 예수와 12제자를 합한 13인 상징 ③1 + 3 = 4 즉, 죽을 사(死)를 의미, ④13의 금요일'과 같은 불길한 숫자 상징 등등 온갖 해석이 따른다.

어느 쪽이든 이 시는 20세기 초 서구 전위 시의 세계사적 절망의식과 관련되면서 낯설고 그로테스크한 분위기를 연출하는 시라 할 수 있다. 이런 분위기를 자아내는 것은 무엇보다 언어적 파격성과, 거듭하던 반복을 비웃기라도 하듯 스스로 이탈해버리는, 마치 주위를 맴돌다 달아났다 하며 관심을 끄는 아이, '자유로운 아이 자아'의 어깃장과도 같은, 친교적 기능에 치중된 시인 것이다.

종잡지 못할 내용임에도 불구하고 언어적 접촉을 유지·강화하는 시는 이상(李箱) 이후 조향, 김춘수, 문덕수, 전봉건, 오규원, 이승훈 등의 과격 모더니즘 시에서 두드러졌고 많은 후계를 낳기도 되었다. 시의 독자적(獨自的) 자율성을 강조하는 이들 시인은 심미적인 면에서 초역사적 존재를 지향한다는 자긍심을 갖는 경향도 있다.

> 동체(胴體)에서 떨어져 나간 새의 날개가
> 보이지 않는 어둠을 혼자서 날고
> 한 사나이의 무거운 발자국이 지구(地球)를 밟고 갈 때
> 허물어진 세계(世界)의 안쪽에서 우는
> 가을벌레를 말하라.
> 아니
> 바다의 순결(純潔)했던 부분을 말하고
> 베고니아 꽃잎에 듣는
> 아침 햇살을 말하라.

아니
그을음과 굴뚝을 말하고
겨울습기(濕氣)와
한강변(漢江邊)의 두더지를 말하라.
동체(胴體)에서 떨어져 나간 새의 날개가
보이지 않는 어둠을 혼자서 날고
한 사나이의 무거운 발자국이
지구(地球)를 밟고 갈 때

—김춘수, 「시1」

언뜻 정상적인 문장인 듯도 하지만, 금세 일상적 재현을 벗어난 비문(非文)임을 알게 된다. 몇몇 이미지들에 의해, 순수한 삶의 시간을 상실한 데 대한 절망감이 느껴지기도 한다. 하지만 그런 맥락보다는 아무런 연관이 없는 이미지들이 시공간의 제약 없이 불쑥불쑥 나타나 '밟고 갈 때', '말하라' 등의 반복적 리듬을 타고 이어지는 시이다. 독자들로 하여금 생경한 이미지들을 뿌리치지 못하고 이역풍경처럼 신기한 마음으로 맞아들이도록 하는, 접촉과 친교에 초점을 둔 언어들이다.

'쇼윈도'의 마네킹 人形은 홑옷을 벗기우고서
'셀루로이드'의 눈동자가 이슬과 같이 슬픕니다.

—김기림, 「가을의 太陽은 플라티나의 燕尾服을 입고」에서

국수— 이태리어로는 마카로니라고
먹기 쉬운 것은 나의 반란성(叛亂性)일까.

—김수영, 「공자의 생활난」에서

이른바 우리나라 주지적 모더니즘 시의 선구작들이다. 「가을의 태양은 플라티나의 연미복을 입고」의 '플라티나'는 백금(白金)을 가리킨다. 제목 자체 가을의 태양이 백금의 연미복을 입었다는 뜻이고 셀룰로이드는 반투명 합성수지. 이와 같이 개화기 이후 반세기 이상 우리 시의 외국어는 한자어와 함께 시 텍스트를 이국적이며 품위 있게 보이게 하는, 장신구 같은 역할을 해왔다.

김수영의 「공자의 생활난」에서는 마카로니는 이태리 국수라는 메타언어, 언어에 대한 언어를 볼 수 있다. 메타언어도 발신자 수신자 간 접촉을 원활히 하는 친교 강화의 기능을 한다. 외국어와 한자어와 충격적 이미지 외, 생경한 고유어, 사투리, 시대어, 전문어, 신조어 등의 구사와 그에 대한 주해(註解)도 청자의 호기심을 자극하고 읽기를 지속하게 하는 접촉기능 강화의 퍼포먼스라 할 수 있다. 이런 전략적 언어들은 오랫동안 에이브럼즈의 모방론, 효용론, 표현론, 존재론 등 네 논리를 보조하는 기능 정도로 취급될 만큼 별로 중요하게 취급되지는 않았지만 실제에 있어서는 별개의 논리 또는 새로운 층위로서의 충분한 위상을 갖추었다. 이들 교묘한 언어배열 기법에 치중하는 관점을 교언론(巧言論)이라 불러 마땅할 것이다.

어이 할꺼나
아, 나는 사랑을 가졌어라
남 몰래 혼자서 사랑을 가졌어라

천지엔 이미 꽃잎이 지고
새로운 녹음이 다시 돋아나
또 한번 날 에워싸는데

못 견디게 서러운 몸짓을 하며
붉은 꽃잎은 떨어져 내려
펄펄펄 펄펄펄 떨어져 내려

신라 가시내의 숨결과 같은
신라 가시내의 숨결과 같은

풀밭에 바람 속에 떨어져 내려
올해도 내 앞에 흩날리는데
부르르 떨며 흩날리는데 …

아, 나는 사랑을 가졌어라
꾀꼬리처럼 울지도 못할
기찬 사랑을 혼자서 가졌어라

—서정주, 「신록(新綠)」

누구보다 시를 잘 쓴 시인, 미당의 잘 알려진 시이다. 화자의 감정 표현, 표현론에 중심을 둔 시이지만, 감정을 질서 있게 서술하고 있지는 않다. 흩날리는 꽃잎의 서러운 몸짓은 절절한 사랑의 반어적 표현이고, <붉은 꽃잎>과 <신라 가시내>는 절절하면서도 신비로운 사랑 체험의 매재일 것이다. 이 시가 많은 독자의 감탄을 자아내는 이유는 비논리적이고 시간 착오적 서술과 숨이 멎을 듯한 리듬감과 영탄, 설의(說疑), 반복, 그리고 가시내 가시내, 펄펄펄 펄펄펄 등 시쳇말로 입에 착 달라붙어 심금을 울리는 교언(巧言)의 역량에 있다 할 것이다. 시인의 각별한 시심과 언어감각이 돋보이는 국면이기도 하다. 이런 의미에서 백석(白石)의 대표작들도 평안도

함경도 방언과 민속어의 모호한 친근감으로 교언론의 효과를 살린 시들이라 할 수 있다.

시 창작에 고의로 방언, 속어, 오자(誤字) 등을 사용하거나 인용해 옮기는 수사법을 따로 '비백(飛白)'이라고도 하거니와, 이를 포함하는 교언론의 실천은 독자의 시각이나 청각을 자극할 만한 뛰어난 언어감각이 있어야 하고 상황을 현실감 있고 생동감 있게 재현할 수 있는 세련과 시에 새로운 활력을 줄 수 있는 감수성이 있어야 한다. 그렇지 않고 유행에 편승한 교언론의 시는 그야말로 무실(無實)과 영색(令色)의 허영에 그칠 위험에 놓이게 된다 할 수 있다.

가칭 교언론은 교언무실(巧言無實)이란 말이 있듯, 오랫동안 궤변, 수사(修辭), 난문(難文), 교설, 잡담 등으로 폄하되어오다, 20세기 이후, 이른바 과거의 문화유산을 전복하는 전위예술이 번성하면서 상업적이고 임시적인 장식문화로 중시되면서 우리 현대시의 중심기법의 하나로까지 부상한 일종의 언어유희론이다. 부분적으로, 표현론의 자기표출, 감정과잉 현상과 혼동될 수도 있으나, 교언론은 발화자의 감정이나 입장 중심이 아니라 언어의 미적 효율성을 최대화 하는 예술적 이데올로기에 입각해있다. 문화사적으로는 칸트의 이해(利害) 초월의 순수예술론, 19세기 프랑스 상징주의자들의 '순수시'에 근대적 뿌리를 둔다. 브레몽(Henry Bremond)에 의하면 순수시란 산문으로 바꾸어 쓸 수 있는 요소가 제거되어 의미와는 관계없는 음악이나 최면의 상태와 같은 시를 말하고, 폴 발레리(Paul Valéry)에 의하면 순수시는 감정이나 사상을 전달하지 않고, 음과 박자와 시적 언어가 조화를 이루는, 언어의 음악적, 암시적인 효과를 이용하는 시라 할 수 있다.

아무튼 교언론을 중심으로 연마한 시는 우선 인상적으로 신기할 뿐 아니라, 시인의 재능을 비교적 쉽게 인정받을 수도 있다. 하지만, 교언론에 극단으로 치우친다면 그 불가해성으로 하여 폭넓은 공감을 얻는 데는 한계가 따를 수밖에 없다. 또한 문학정치판의 위치와 방만한 평필에 따라 가치판단될 위험도 태생적으로 안고 있다. 자기동일성을 형태적으로만 몰아간 결과로 볼 수도 있고, 자칫 세계를 손쉽게 해체하고 농단하겠다는 만용에 지나지 않는 것일 수도 있다. 이런 한계를 극복하기라도 하려는 듯, 교언론 중심의 시가 생태문제, 성차별문제, 기후문제, 사회적 모순의 문제 등을 연상시키는 단어, 구절을 삽입, 효용론적 관점을 아우르는 표정을 짓는 경우도 있다. 하지만 이때에도, 교언 자체 태생적으로 반생태적인 장식성을 안고 있어, 환경비판이란 효용적 의의를 참칭하기만 하는, 환경파괴 행위의 하나일 수 있다는 역효과를 낳을 수도 있을 것이다.

피카소(Pablo Ruiz y Picasso)의 추상화 '게르니카'가 스페인 내전의 참상을 적나라하게 고발하는 의의에 의해 세계적인 대표작이 되었음은 주지의 사실이다. 그 작품은 색채와 구도와 선을 통하여 직접적으로 시각화하는 회화 양식이었음에도 불구하고 뚜렷한 인간적 소신과 미학적 갈망에 의한 언어였음을 잊지 말아야 한다. 이성, 감성, 지각 감각 등 인간의 오성(悟性)이 종합적으로 작용하는 언어 양식, 시 텍스트의 경우, 맹목적인 교언론적 유희는 손쉬운 매명의 수단 밖에 되지 않을 수 있다 해도 틀린 말은 아니지 않을까 한다.

아무튼 시 이론의 네 유형, 모방론, 효용론, 표현론, 존재론 등과 마찬가지로 교언론도 단독적으로 시적 담화를 완성하는 것은 아니다. 단일 논리에 한정된 시라면 그건 이미 시가 아닌 산문이거나 낙서에 지나지 않을 것이다.

하지만 시인은 알게 모르게 위의 다섯 가지 관점을 은연중에 염두에 두고 시작(詩作)을 하는 것이 사실이다. 물론 시인의 비전은 언제라도 변화 가능한 것이긴 하지만, 매 순간의 시적 비전은 이 넷 혹은 다섯 논리와 연계되어 발휘된다 할 수 있겠다. 모쪼록 시를 가까이 하는 이라면, 시의 4층 또는 5층의 복층 이론도 이해하고 음미해봄 직하다.

5장

시의 종류

1. 시의 종류

시에 관한 정의는 맹인모상(盲人模象), 소경이 코끼리 만지듯 겉모습의 일부나마 더듬어 설명할 수밖에 없다는 본질적인 한계를 갖는다. 하지만 여러 명의 소경이 다각도에서 성실하게 만진 코끼리 상을 합한다면, 그기에 나름의 감수성과 상상력이 더해진다면 그나마 비슷한 코끼리를 그려낼 수도 있지 않을까?

시는 코끼리를 훨씬 능가하는, 밑도 끝도 없이 거대한 생명체이다. 형체도 없으면서 역동적으로 마음을 움직이는 시라는 실체에 논리적인 글로 접근한다는 것은 아무리 애정과 집중을 기울인다 해도 어려운 일일 수밖에 없다. 그래도 다양하고 섬세한 논리가 습득되고 그 위에 시적 상상력과 언어 연출에 대한 감수성이 더해진다면 그 길이 조금은 열릴 수도 있지 않을까. 시의 종류를 짚어보는 일도 시의 종류별 특성과 그 너비를 체득하여, 시가 시 아닌 설명문이나 안내문으로 떨어지지 않도록 경계함은 물론, 남의 시를 모방하거나 남의 논리를 따라서 읽고 쓰는 옥하가옥(屋下架屋)에서 벗어나, 자신의 시적 정체성을 든든하게 구축하는 데에 도움이 될 수 있게 함이다.

시는 소재나 주제, 형식에 따라 무수히 다양한 모습을 띄기 때문에 그 종류는 얼마든지 나눌 수 있다. 전통적 분류로는 서정시, 서사시, 극시 등이 있다. 조동일 장르론[『한국소설의 이론』, 1988]을 원용하면 서정시, 서사시, 극시, 교술시로 나누어 질 수 있다. 이들을 오늘날 시 소설, 극문학, 에세이 유(類)의 산문문학 등 장르 구분의 논거로 이용하기도 한다. 이 네 양식의 성향은 현대시 양식 안에서도 얼마든지 찾아볼 수 있다. 아니, 시 텍스트 자체 그들의 혼합 양식으로 존재한다고 할 수 있다. 시 텍스트는 서정적인 면모와 서사적, 극적, 교술적 면모를 두루 갖추고 있고 그 중 중심적인 양식을 전경(前景)으로 내세우면서 구현된다 할 수 있다. 시의 유형도 특정 유형에 고정되는 것이 아니라 여러 유형의 성질이 혼합되어 존재하는 것이 보통이라 할 것이다.

문예사조에 따라서는 시의 종류를 낭만시, 모더니즘 시, 이미지즘 시, 신고전주의(주지주의) 시, 초현실주의 시, 마르크시즘 시, 민족주의 시, 실존주의 시, 생태시, 포스트모더니즘 시 등등으로 나눌 수 있다.

우리나라에서 거명되는 형식 중심의 종류를 들면 민요시, 묘사시(회화시), 서술시, 사행(四行)시, 이행시, 연작시, 형태시, 눌언시, 수다시, 장시, 연작시, 설명시, 논증시, 경험시, 담시, 패러디시(표절시), 해체시, 등등이 있고, 내용 중심으로는 순수시, 참여시, 교훈시, 경향시, 난해시, 생명시, 자연시, 개오(改悟)시, 선시, 명상시, 격언시, 경구시, 금언시, 기행시, 서한(書翰)시, 산시, 산악시, 사물시, 관념시, 불교시, 기독교시, 종교시, 신앙시, 참여시, 논쟁시, 대중시, 무의미시, 비대상시, 절대시, 환상시, 배역(配役)시, 메타시, 대화시, 민중시, 분단시, 통일시, 체험시, 일상시, 고백시, 회고시, 노동시, 농민시, 도시시, 정치시, 풍자시, 환경시, 생태시, 기후시 등등을 들 수 있다.

거듭 말하거니와, 실제에 있어 한 편의 시는 한 가지 유형에 고정된다기보다는 중층적인 양상을 띤다. 단일한 유형의 기계적 전개는 오히려 기록문이나 일기문. 안내문 같은 산문에 떨어질 위험이 크다. 시적 체험 자체 다원적이고 복합적인 까닭에 경륜 있는 시인의 시는 구체적인 삶을 반영하면서, 철학이나 미학, 개인적 명상의 결과 등등을 복합적으로 함축하는 것이다.

시를 이루는 핵심 요소를 중심으로 종류를 나누자면, 널리 거론되는, 리처즈(I. A. Richards)와 에즈라 파운드(Ezra Pound), 랜섬(J. C. Ransom) 등의 유형론이 대표적이다.

<table>
<tr><th>리처즈
(I.A.Richards)</th><th>파운드
(Ezra Pound)</th><th>랜슴
(J.C.Ransom)</th><th>핵심차이</th></tr>
<tr><td rowspan="2">배제의 시
(poetry of exclusion)</td><td>음악시
(melopoeia)</td><td>관념시
(platonic poetry)</td><td rowspan="2">이성 또는 감성의
단순체험</td></tr>
<tr><td>회화시
(phanopoeia)</td><td>사물시
(physical Poetry)</td></tr>
<tr><td>포괄의 시
(poetry of inclusion)</td><td>이지시
(logopoeia)</td><td>형이상학시
(metaphysical poetry)</td><td>이성과 감성의
통합적 체험</td></tr>
</table>

세 사람이 둘 또는 셋으로 나눈 위의 시의 유형에는 교집합적 공통영역이 있다. 그것은 배제의 시와 음악시, 회화시, 관념시, 사물시 등 도표 상단의 유형들은 상대적으로 단순체험의 시형들이고, 도표 하단의 포괄의 시, 이지시, 형이상학시 등은 보다 이질적인 체험들이 길항하여 스펙트럼을 이루는 복합시형들이란 것이다. 단순 형, 복합 형 두 계열로 나누어 시 유형을 거론하되 이 장에서는 관념시, 사물시, 그리고 가칭 반동시 등 단일체험의 시형 셋에 관해 논의하기로 한다.

2. 관념시와 사물시

단순 체험의 시는 제재에 따라 다시 둘로 나눌 수 있다. 랜섬의 분류에 의하면 하나는 사상, 감정 등 관념(ideas)의 전달에 치중하는 '관념시'이고 다른 하나는 시적 대상에 대한 물리적 재현과 모사에 집중하는 '사물시'(또는 즉물시)이다. 사물을 메마르고 딱딱하게 예술적으로 표현하는 형이하학적인 시가 사물시이다.

사상(思想), 감정 등의 전달을 중심으로 하는 관념시는 우리 근대시의 경우, 개화기의 「해에게서 소년에게」 등 계몽시와 1920년대의 감상적(感傷的) 낭만주의 시, 카프시 같은 것이 대표적이다. 낭만주의 계열의 대표작으로는 1920년대 일제하 이상화의 감상적 낭만주의 시 「나의 침실로」를 예로 들 수 있다. 그 후 전쟁시, 선전시 등을 거쳐 1970~80년대엔 우리 사회의 양심을 일깨운 저항시, 민중시, 노동시 등도 시사(詩史)에 의미 있는 관념시이다.

평온한 시간의 시인의 관념시는 격동기의 시만큼 격정적이거나 직설적이지 않다. 물질주의적 환경과, 현실 안주적 이기주의가 뿌리를 내린 부르주아 시의 특징도 그러하다. 사상이나 감정보다 현실이 소중한 입장에서 여러 가치를 포용하면서 입지를 넓히고자하기 때문이다.

> 삐뚤삐뚤한 길만을 걸어왔다
> 골목을 기웃거리기도 하고
> 사지도 않을 거면서 진열된 상품들을 들었다
> 들여다보거나 흔들어 보기도 하였다
> 나는 왠지 곧장 난 대로가 나타나면 겁부터 났다
> 겁은 나를 보호해 주곤 하였다 아니다
> 나를 보호한다고 잘못 믿고 있다
> 한참을 걷다가 아차 지나쳤구나 깨달았을 때는
> 돌아갈 수 없을 만큼 너무 많이 왔다
> 내가 골목을 기웃거리는 이유는

혹시 재수가 좋아서 덤으로 물건을 주는 상점이나
경품을 타게 될 수도 있는 행운의 기회가 있을지도 몰라서다
그건 헛된 꿈이었지만
로또처럼 꽝이어서 비록 휴지가 되더라도
발표 때까지 기대를 품을 수 있다
풍선처럼 터져 갈가리 찢어져도
풍선을 들고 있을 땐
풍선과 함께 높이 날 수도 있지
않을까 하는 기대감 같은 거 말이다

— 민윤기, 「삐뚤삐뚤한 길」

J. C. 랜슴을 좇아 분류 하자면, 화자의 입장이나 관념 전달에 치중하는 관념시라 할 수 있다. 단 길지 않은 시임에도 불구하고, 사물시적 물질성과 형이상시의 지성이 혼합되는 등 여러 면모를 찾아볼 수도 있다.

이 시보다 15년여 앞서 발표된 이준관 시인의 「구부러진 길」에 비해, 비슷한 어조와 구성을 갖춘 '화답시' 또는 '표절시'라 할 수도 있다. 원본을 존중하면서 창작성도 갖추었다는 점에서 '오마주(hommage) 시'라고도 하겠다. 이준관의 「구부러진 길」이 자연친화적인 삶을 찬미하는 자연시로, 심층생태시의 성향을 보인인 데 비해, 이 시는 대로(大路)가 주는 불안감에, 덤을 주는 골목길의 상점이며 경품 당첨의 요행에 대한 소시민적 기대 등 도시적 삶을 소재로 한 '도시시'라 할 수 있다. 대로보다 삐뚤삐뚤한 골목길을 선호하는 이유를 일상적 대화체로 개진한 '일상시' 또는 경시(Light Verse), 그중에서도 가벼운 위트로 자신의 관심사를 소개하는 사교시(Society Verse), 시야를 더 넓히면 1980년대 후반부터, 평범한 일상의 제재를 누구나 쉽게 읽을 수 있도록 쓰도록 하여 각광을 받았던 미국의 뉴 포멀리즘(new formalism) 시라 할 수도 있다. 뉴 포멀리즘 시 또는 일상시 양식은 우리나라 현대서정시의 큰 줄기의 하나를 이루고 있기도 하다.

그 뿐 아니라, 삐뚤삐뚤한 뒷길을 좋아하는 이유를 설명한 '설명시'라 할 수도 있다. 묘사시에 대(對)한 '서술시'이고, 경험시, 대중시, 회고시 등등의 면모도 보이고 있다. 언어 전반(全般)을 반어(反語)적 의미로 읽는다면 자본주의 문명사회에 대한 풍자시로서, 형이상학시라 할 여지도 없지 않다. 하지만, 시적 자아가 1인칭 '나'를 분명히 하고 있고, 작은 화소(話素)들이 일관되게 자기 입장토로에 모아지고 있어, 관념시를 그 중심으로 봄이 타당할 것이다. 다른 이질적 경험을 배제하고 줄곧 화자 자신의 입장을 개진한다는 점에서는 I. A. 리처즈의 '배제의 시'에 든다.

뭐니 뭐니 해도 이 시의 시성(詩性)은 자신의 치부일 수도 있는 실제 경험담을 털어놓는 '고백시'로서의 진솔함과 구체적 정황의 제시에 있지 않은가 한다. 현대시에는 이렇게 여러 가지 시 양식이 혼재하는 경우가 많다 할 것이다.

한편, 랜섬은 사물시(事物詩)의 대표적인 예로서 이미지즘 시를 들었거니와, 우리나라에서 즉물적 이미지즘 시의 개척자로는 정지용, 대표적 실천 시인으로는 김광균을 들 수 있다.

정지용은 일제강점기, 낭만주의적 감상(感傷)과 카프적 이념 등 즉 특정의 관념을 나타내는 데 열심이던 당대의 시단에 시적 대상을 객관화 한 감각적 회화(繪畵)의 작품을 내놓았다. 의미를 배제하고 신선한 감각과 이미지의 시를 처음 개척했다고 평가되는 그의 작품은 「바다1」이다.

오·오·오·오·오·소리치며 달려가니,

오·오·오·오·오·연달아서 몰려온다.

간밤에 잠 살포시
머언 뇌성이 울더니,

오늘 아침 바다는
포돗빛으로 부풀어졌다.

철썩, 처얼썩, 철썩, 처얼썩, 철썩
제비 날아들 듯 물결 사이사이로 춤을 추어.

—정지용, 「바다1」

파도가 밀려갔다 밀려오는 모습을 마치 동물이 소리치는 듯 '오·오·오·오·오'라는 청각영상으로 재현한다든지, 아침바다의 진통을 먼 뇌성으로 신비화한다든지, 물결이 제비 날아들 듯 물결 사이로 춤을 춘다는 등의 이미지는 그 이전의 시에서는 보지 못했던, 감각적 언어로 그린 입체 회화에 가까운 것이라 할 수 있다.

그런데 영상의 제시라면 언어를 매개로 하는 시보다 회화나 사진 예술이 더 잘해낼 수 있는 영역이 아닐까 하는 질문이 가해질 수 있다. 어쩌면 이미지즘 시의 유행 자체 영상예술의 성장에 자극 받은 측면도 있을 터이다. 그처럼 형이하학적인 사물시 쓰기는 감각적 재현의 면에 있어 다른 예술— 미술, 무용, 음악, 사진, 조각, 건축 등에 비해 한계가 뚜렷한 면도 없지 않다. 시가 언어적인 회화에 진력한다하더라도 그에 대한 감응은 다른 시각예술에 비해 일시적이거나 비현실적인 공소함을 벗어나기 어려울 뿐 아니라 인간의 본질적이고 궁극적인 삶의 진선미를 추구하는 언어예술로서의 온전한 기능을 다한다고 하기에는 한계가 있는 것이다.

모쪼록 시란 언어의 의미성, 감각성, 음악성, 회화성, 논리성, 계층성, 지역성 등 제 자질들과 삼라만상의 모든 소재를 선택하고 조직하는 양식이니만큼 물리적인 이미지나 감각만으로 그 존재의의를 다하기는 어려운 것이다. 감각적 이미지만으로는 시적 언어의 역동적이고 입체적인 생명력을 다 발휘할 수는 없는 것이다.

그러고 보면 정지용의 「바다1」도 사물 묘사에 그치지 않고 사상(事象)들이 최소한의 내적 의미와 동일화 하는 정서적 등가물(等價物) 역할을 하고 있음을 알 수 있다. 아침바다의 역동성이 불러일으키는 남다른 정서− 아침바다의 신비로움과 개방적이고 역동적인 기상과 연동되고 있는 것이다. 정지용에 이은 우리나라의 이미지즘 시인 김광균의 대표작이라 할 「외인촌」, 「와사등」, 「추일서정」 등의 시도 대상적 상황을 재현하는데 그친 시라는 한계가 지적되기도 하지만, 당대의 상황을 고려해 보노라면 당대 식민지 지식인의 애환과 소외감이 짙게 벤 비유의 그림이었음을 인정할 수도 있지 않을까. 그냥 단순체험의 시라 할지라도 복합성은 시가 인간정신을 반영하는 언어예술인 이상 완전히 배제할 수 없고 배제해서도 안 될, 시 양식의 근본 성질이라 할 수가 있다.

3. 반동시(反動詩)

여러 유형들이 혼재하는 현 시단에서 '반동시'란 말은 낯선 용어이지만 엄연히 현 시단 중심의 한쪽을 차지하고 있는 특정 양식을 가리키고자 하는 말이다. 필자에 의해 이에 적합한 명칭으로 마지막까지 경합한 명칭은 '요설시, 반동시, 반미학시, 실험시, 반의시, 기표시' 등등. 그러니까 반동시는 되돌릴 반(反), 움직일 동(動), 가칭 교언론을 발원지로 하되, 그 중에서도 기성의 의미와 논리에 대하여 고의로 역방향을 지향하는, 숫제 표준적 전통적 의미조차 인정하지 않는 기호 유희의 시를 통칭한다. 자아와 세계의 동일성을 추구하는 서정문학에 대한 반발이기도 하다.

정체성, 성실성, 법칙, 질서, 윤리 등등 선량한 개념을 파기하고, 일상에서 폐기대상으로 치부되는 거짓말, 범법, 편법, 비양심 등을 선택하는 탈 중심의 반동, 이는 19세기 말 보들레르, 로트레아몽 등의 퇴폐주의(Decadence)에서 시작되어, 19세기적 모순에 대한 혁신 의지를 기하학적 환원과 폭력적인 동시성(simultaneity)으로 표출한 프랑스 중심의 입체파(cubism), 국가주의적 민족의식이 팽배했던 이탈리아에서 유행한 음운 배열과 악보를 이용한 음악시, 인쇄 기술을 빈 회화 시 등 파격적이고 역동적인 표현을 정치 슬로건화 했던 미래파(futurism), 1차 세계대전이 몰아온 시대적 모순에 대해 콜라주(collage)와 몽타주(montage) 등 획기적이고 파괴적인 표현방법으로 대응한 다다이즘, 여기에 S. 프로이트의 『꿈의 해석』(1900)과 무의식의 논리를 바탕으로, 몽환상태와 성(性)에너지와 자동주의를 추구한 초현실주의, 20세기 중반 스위스를 중심으로 기존 문법을 무시한 새로운 문자배열의 시를 실천한 구체시(concrete poetry)와 삶에 대한 근원적 회의를 제기한 부조리문학, 그리고 기존의 '전통적 형이상학'을 해체하고 텍스트와 담론의 본질적 불안정성과 모순을 드러내면서 탈중심화, 차연(Différance)의 유희를 저작방법으로 받아들인 포스트구조주의, 해체주의 등의 서술 태도와 예술기법으로 시적 반동은 본격화되고 계승되어 왔다. 이들의 형식적 성향을 통괄하는 조어가 반동시인 것이다.

이는 현대사회의 이데올로기적 욕망, 지젝(Slavoj Žižek)의 '이데올로기적 환상'과도 맞닿아 있다. 자본주의 이데올로기가 지속적으로 표피적인 가치를 추구하게 하여, 본지적인 가치와 진정한 자기 정체성을 잃어버리게 한 결과라고도 볼 수 있다.[『이데올로기라는 숭고한 대상』, 인간사랑, 2002]

20세기 서구의 전위시인들은 사회와 정치문화 전반에 대한 혁명정신으로, 상징주의의 암시성에조차 반발하였고, 리듬의 전통이나 전통 회화의 원근법도 무시했다. 초기 그들의 혁명성은 공산주의 운동에 가담하거나, 무솔리니의 파시스트 독재와, 레닌의 볼셰비키의 선전대가 되는 등 사회정치적 활동에도 참여하는 계기가 되기도 했다. 하지만 전통적 시정신이 전복된 차원에서 형태적 기법을 차용, 양식화하는 나름의 기법으로 권력성을 확보하고자 하는 것이 반동시 양식의 발생 배경이라 할 수 있다. 안나 프로이트(Anna Freud)의 심리학을 빌면 문화적 욕구불만을 고의적인 반동형성(reaction formation)을 중심으로 유랑(nomadism)과 퇴행(Regression), 부정(denial)과 백일몽(day dream) 등 심리적 메커니즘을 기호화 하여 문화적 위상을 확보하고자 하는 소비 문화적 유희 언어인 것이다.

이 계열의 우리나라 시와 시인들은 애초부터 어떤 정치적 신념이나 실천적 행동으로 나아가지 않았고, 사회 변혁의 과정에 나서지 않음은 물론, 각성조차 하지 않는 포즈를 취했다. 이유 없는 감상(感傷)에 빠지거나, 자기혐오, 세계혐오, 도착적 퇴폐주의(décadentisme)를 정당화하였고, 미적 이데올로기로서의 예술적 자율성, 미적 순수성을 들어 사회적 기능을 대체하였다. 해방 이후의 다다이즘, 초현실주의, 무의미시, 형태시(구체시), 기호시, 해체시, 환상시, 등등 그 과정이 탈 의미, 파편화, 기표화 등 형식 편향의 반동시의 전개 과정을 말해준다.

1960년대 김춘수의 '무의미시'는 우리나라 반동시의 현대적 모습을 보여주는 대표적인 사례라 할 수 있다. 김춘수는 스스로 자신의 무의미 시론이 이상(李箱)의 시에서 비롯한 것임을 밝혔고, 그의 무의미시는 무의식이 아니라, 의식적인 또는 전의식(前意識)적인 언어유희임을 고백했다. 김춘수의 무의미시가 조향 류의 전위시보다 부드럽게 읽힐 뿐 아니라 후배들이 쉽게 계승하게 된 비법도 없지 않다. 비법의 핵심은 무의식의 언어화라는 초현실주의의 중압감에서 벗어나, 이상의 시에서와 같이, 의식적인 언어유희를 용인하는 태도, 그리고 더욱 중요한 것은 언어와 언어, 장면과 장면사이의 우연한 충돌, 즉 데페이즈망 또는 몽타주 되는 이미지들 사이사이에 돌발성과 낯설음을 유연화 하는 '이을고리'를 배치하는 것이었다.[신진, 「무의미시와 초현실주의」, 1982] 이을고리란 김춘수 자신이 실토했듯, 이상의 「꽃나무」에서도 찾을 수 있고, 특히 정지용 시 「향수」의 후렴 <그곳이 차마 꿈엔들 잊힐리야>와도 같이 이미지 연결 기능을 하는 언어적 고리이다.

눈보다도 먼저
겨울에 비가 오고 있었다.
바다는 가라앉고
바다가 있던 자리에
군함(軍艦)이 한 척 닻을 내리고 있었다.
여름에 본 물새는
죽어 있었다.
죽은 다음에도 물새는 울고 있었다.
한결 어른이 된소리로 울고 있었다.
눈보다도 먼저
겨울에 비가 오고 있었다.
바다는 가라앉고
바다가 없는 해안선(海岸線)을
한 사나이가 이리로 오고 있었다.
한쪽 손에
죽은 바다를 들고 있었다.

—김춘수, 「처용단장(處容斷章) 제1부 1의 4」

내적 의미가 붕괴된 환상적인 장면들, 또는 이미지들의 데페이즈망이다. 겨울의 비, 바다가 없어진 자리의 균함, 죽은 다음에 어른이 되어 울고 있는 물새 등등 가치전도의 절망적 이미지들이 병치되고 있다. 충격을 완화하면서 나름의 세련미와 실감을 이끌어내는 비법은 <눈보다도 먼저/겨울에 비가 오고 있었다>의 앞뒤 반복과 시 전체에 걸친 '~고 있었다'의 압운에 가까운 이음새, 즉 '이을고리'이다. 이는 우리 전통 민요의 특징인 반복 합창과 선창 후 합창 형식, 시조나 사설의 후렴과도 같은 형식의 현대적 변형으로, 김소월이나 정지용의 민요조 서정시에서도 보이다가 이상(李箱)과 김춘수에 와서 몽타주, 콜라주의 구조적 혼란을 극복하는 수단이 될 뿐 아니라, 일정한 분위기나 맥락을 조성하는 역할을 하게 되었고 의미가 붕괴된 기표를 엮어 환상 속으로 이끄는 '주문적(呪文的) 리듬'을 조성한 것이다.

반동시는 ① 체계성이나 총체성 거부, ② 주체나 개별적 자아 자체에 대한 회의, ③ 언어의 지시적 기능 자체를 불신, ④ 놀랍고 역동적인 독자의 반응 유도 ⑤ 일정수준의 상업적 교환가치 발휘 등등에 위안을 받으면서 언어주의 시인들의 비법으로 활용, 발전되어 왔다 하겠다.

비둘기는 날아서 너덜너덜
비둘기는 낡아서 너덜너덜
상징은 낡아서 너덜너덜
아침이면 창문마다 쓸모없는 헝겊들이 너덜거린다
비둘기는 한 마리 두 마리 늘어난다
한 마리는 쓸모없고
두 마리는 쓸모없고
세 마리 네 마리 늘어나서 쓸모없어진다
비둘기는 한 조각 두 조각 세 조각 늘어나서 너덜너덜해진다

비둘기는 상징을 띠려고 한 마리 두 마리 세 마리 늘어난다
비둘기는 한 마리 두 마리 세 마리 낡은 헝겊을 이어 붙인다
날개 하나에 너덜너덜이 한 조각 두 조각 세 조각
상징이 한 조각 두 조각 세 조각 누더기가 되어간다
고양이가 되어버린 한 조각 두 조각 세 조각
물고기가 될 수도 있는 한 조각 두 조각 세 조각
비둘기는 비둘기처럼 늙지 않는다
고양이는 비둘기처럼 늙을 수도 있다
헝겊이 되어버린 비둘기
낡아버린 비둘기
상징을 띠려고 한 마리 두 마리 세 마리 이어 붙은
고양이는 낡아서 너덜너덜

—조말선, 「너덜너덜」

낯선 언어들의 우연한 만남이 이어지면서 '비둘기'의 상징성은 물론, 고양이, 물고기, 헝겊 등의 기존 개념이 깡그리 부정되고 있다. 예컨대 '비둘기'란 기표는 '고양이'나 '물고기'와 다를 바 없는, 텅 비었거나 쉬임없이 미끄러지기만 하는 헛것에 지나지 않는다. 의미의 끊임없는 유예상태, 모든 의미의 파기가 이어지고 있다. 고정적 의미의 해체이며 반동의 연속이다.

그 유희를 매끄럽게 하는 역할은 유사음의 반복, 특히 '비둘기'와 '너덜너덜'이다. 반복은 비문(非文)적 이미지의 이음새의 역할도 하는, 가칭 교언론에 입각한 이들 반동시의 주특기의 하나라 할 수 있다. 음의 반복, 단어의 반복, 구절의 반복 수미상관(首尾相關) 등을 교묘히 구사한다. 시인의 능력은 언어감각과 감각적 구사력에서 발휘된다.

'너덜너덜'이라는 의태어가 현실의 권위를 허물어내는 반동의 몸짓이라

면, 비둘기가 한 마리에서 두 마리 세 마리로 늘어나는 것은 반동이 복사되고 사회화되는 과정을 느끼게도 한다. 비둘기는 헝겊이고 고양이이고 물고기라는, 이미지를 이어 붙이는 몽타주 유희이다. 이에 더하여, 날아서, 낡아서, 늘어나서, 너덜너덜 등은 같은 발음을 되풀이하면서 의미를 조금씩 달리하는 환의법(antanaclasis), 너덜너덜, 늘어난다, 쓸모없고, 조각조각 등이 동일한 주어 비둘기에 연결되고, 비둘기, 날개, 상징, 고양이 등이 의태어 조각조각이란 동일한 용언에 연결되는 액어법(zeguma)적 유희가 겹치고, 여기에 익살스럽고 수선스러운 광시(狂詩)의 분위기도 한몫을 한다. 기법의 중심은 역시 비둘기, 물고기, 고양이, 낡아서, 조각조각, 너덜너덜 등의 반복이 릴레이식의 이을고리 역할을 하는 데 있다.

김춘수의 「처용단장(處容斷章) 제1부」와 조말선의 「너덜너덜」 두 편의 시에는 개념적 대상에서 언어와 사물을 해방시키고자 하는 해체시적 경향이 농후하다. 「처용단장」은 모든 이성적 판단에 대한 파괴를, 「너덜너덜」은 고정적 의미와 가치에 대한 해체를 시도하고 있다. 해체시는 다다이즘과 초현실주의, 입체파, 미래파, 표현주의 등 과격 모더니즘 시와 외견상 유사한 형태를 보이지만 과격모더니즘 시의 무의식이나 주관성 같은 정신영역마저 부정한다. 부정한다기보다 의지적 언어유희가 도달할 수 있는 극지(極地)에서 벌이는 부정의 놀이라고 할 수 있다. 따라서 기성의 논리와 가치를 부정하는 데서 나아가, 별 의미 없는 언어의 음상(音相)과 운율로 미적 분위기를 조성하거나, 경멸 받거나 저주 받던 것들— 시정잡배의 욕설, 천박한 유인물 따위를 긍정하는 가치전도 행위를 옹호한다. 이러한 반동적 언어폭력은 이른바 르네 지라르(René Girard)의 '모방 욕망(Mimetic Desire)을 통해 되풀이 되고 전파되면서 캠프적 권위를 얻게 되었다. 지라르는 우리의 욕망이란 단순히 스스로 특정 대상을 욕망하는 것이 아니라, 타인의 욕망을 모방함으로써 형성되는 것이라고 하였거니와, 주체적 의지의 갈망 때문이 아니라, 남이 갖고 있는 것에 대한 시기심과 경쟁심에 의해 이행되는 모방은 기회주의와 상업주의의 세태에 편승, 집단적 폭력성과 배타성을 띄기도 하면서 끝 모르고 유행을 할 수도 있다.

그렇게, 엄혹한 현실에서 비켜난, 파괴적이고 퇴폐적이며 요설 같기도 한 언어유희. 쓰기와 읽기에 있어 스스로 예기치 못한 매력에 자기도취되기도 하는 미학적 반동의 모방 시들이 아마추어 시인, 출판업자, 세칭 평론가들의 캠프적 논리, 임시방편 책으로 주목받고 있는 것은 엄연한 현실이다. 캠프(camp) 가치에 힘입어 반동시는 집단화, 권력화하면서 캠프 내의 '차이소멸'이란 얼룩을 키우기도 하고 다른 창의의 문화를 희생시키기도 한다.

그럼에도, 반동시 쓰기는 기묘하고 세련된 언어감각을 전시함으로써 시인적 자질을 인정받기 쉽고 등단과정에도 유리한 점이 있다. 비교적 적은 노력으로 형식상의 일정 수준에 이를 수 있는 양식이기도 하다. 폭력적인 언어유희는 화려한 이미지 구사와 끊임없는 정보의 연쇄로 주의를 끄는, 일종의 상업적 스펙타클 효과를 불러일으킬 수도 있다. 하지만 본인과 독자를 자기 자신과 현실사회에 대한 무관심에 빠져들게 할 위험은 감수해야한다. 시의 창의적 새로움은 반대방향으로의 이탈과 외견상의 세련됨보다 주체의 내밀한 과정을 거칠 때라야 심화될 수 있고 확장될 수 있는 것이 아닐까? 도자기를 잘 모르는 사람은 도자기 겉모양, 유약(釉藥) 칠의 남다름과 세련됨에 따라 호불호를 정하기 쉽다. 하지만 도예전문인은 창의적인 아이디어로 흙과 물과 허공을 섞은 반죽의 성형과 그에 어울리는, 거칠거나 소박하거나 고상한 칠, 전체 과정을 본다. 김춘수 시인도 말년에는 자신을 포함한 우리나라 대부분 대가들의 시는 '잘 쓴 시'일 수는 있어도 '참시', '큰 시'는 되지 못했다면서 그 자신 무의미시에서의 탈피를 선언하기도 하였음을 곱씹어 볼 필요가 있다.[김춘수, 「큰 감동 깊은 감동」, 2003] 역사상의 훌륭한 예술작품 중에는 당대의 지배적인 관습과 권위에 반발하여 새로운 도전과 모색을 한 경우가 많은 것이 사실이지만 그것은 반동적 유희 모방이나 집착에서가 아니라 새로운 비전과 그에 걸맞은 형상의 창작을 통해 이루어진 업적이었다. 시의 성공은 시적 관습들에 대한 비판적 수용과 창의적인 비전으로 재창조, 형상화 하는 능력과 안목에 달린 문제라 할 것이다.

어떤 이유에서건 일단, 반동시를 쓰고자 한다면, 전위시 기법의 숙지와 어휘력, 리듬, 이미지 등 언어감각의 연마와 유희적 세련이 필요할 것으로 생각된다. 20세기 전위예술의 기법 외, 시적 리듬, 압운, 율격 그리고 음성상징, 활음조, 반복법, 연쇄법 등 음의 운용에 단련되어야 하는 것이다. 노력에 따라 웬만큼 자질을 갖춘 이라면 비교적 용이하게 일정수준에 이를 수 있는 이유는 그것이 비교적 기계적이고 형식적인 작업이어서 삶에 대한 진정성이나 성찰의 깊이는 덜 요구되는 까닭에서이다.

시의 종류에 관한 이해는 시의 깊이와 너비를 키우기 위해서라도 새겨둘 만하다. 하지만 읽기나 쓰기가 어느 한 유형을 고집하거나 구속될 필요는 없을 것이다. 시의 유형에 대한 이해는 고정적 전형으로서가 아니라 활용과 모색을 위한 장이요 그 계기로 여길 필요가 있다. 이를테면 사물시, 관념시, 반동시 등 자기동일성을 중심으로 세계를 보는 배제의 시들은 공히 인식적 일방성과 폐쇄성을 태생적 한계로 지닐 수밖에 없을 것이다. 단지 저마다의 틀을 극복하면서 입체적이고 개방적인 역동성을 확보하는 계기는 될 수도 있지 않을까 한다.

6장

포괄의 시

관념시, 사물시, 반동시 등은 각각 사상이나 감정, 사물과 현상의 물질화, 반동적인 미학 등 단순 경험의 표현에 치중한다. 그렇다면 단순치 않은 복합적인 경험 가령, 사상 감정과 물질적 감각, 또는 반동적 미학과 현실적 의의를 포괄하는 복합적인 시 양식은 어떤 것일까? 앞장에서 말한 바, J. C. 랜섬의 형이상학시(Metaphysical Poetry)부터 그 답으로 들 수 있다. I. A. 리처즈의 포괄의 시(poetry of inclusion), 에즈라 파운드의 이지시, R.P. 워렌의 비순수시 등도 그에 유사하다.

리처즈는 이질적인 경험을 배제하고 단일한 경험의 시를 나쁜 시, 반대로 대립, 갈등, 모순 등 이질적 경험들이 새로운 질서와 조화를 이룬 시를 좋은 시라 받든 바, 필자는 현실적으로 보아 형이상학시 외에, '자유연상시'란 양식 하나를 더해 '포괄의 시' 양식으로 다룰 만하다고 생각한다. 자유연상시란 20세기에 들어 심리학이 정신분석학으로 발전하면서 현실과 환상, 의식과 무의식이 통합된 자동적 '의식의 흐름'을 기술하는 시를 일컫고자 붙인 명칭이다.

시는 궁극적으로 개인과 사회에 감동을 불러일으키고자 하는 문화양식으로 현대사회에서는 더욱 새로운 사상(事象)의 발견이나 창조, 아니면 변용과 재구성에 의한 다층성을 가지게 되었다. 형이상학시와 자유연상시는 복잡다단한 현실과 감수성 분열 상태 속에서 살아가는 현대 시인과 독자의 삶에 부응하는, 복합적이고 포괄적인 시 양식인 것이다.

1. 형이상학시

형이상학시란 랜섬의 시의 분류 중에 이질적이고 복합적인 경험, 형이상학적(정신적) 깊이와 물질적 감각이 통합되면서 새로운 질서와 조화를 생성하는 시 양식이다.

원래 형이상학파란 명칭은 원래 18세기 고전주의적 비평가이자 시인인 사무엘 존슨에 의해, 17세기 영국의 존 던(John Donne)을 비롯한 일군의 시인들의 시가 당대의 시들에 비해 덜 세련된 일상적 대화체일 뿐 아니라, 터무니없는 논리로 형이상의 사상을 감각적으로 느끼게 한다는 점을 들어 형이상학파라고 명명되었던 데서 유래한다. 그러다 20세기에 와서 T. S. 엘리엇이 에세이 「형이상학파」에서, 형이상학파의 시풍은 이질적인 체험들을 소화할 수 있는 메커니즘 즉, 감성과 지성이 혼연일체를 이루는 기상(寄想, conceit)에 있다고 하면서, 그 '통합된 감수성(Unified Sensibility)'의 시를 고급의 시로 높이 평가하면서 주목받게 되었다.

형이상학시는 사상이나 관념을 감각으로 대체한다. 독자(獨自)의 형이상학적 경험을 기지(wit, 機智)와 기상으로 결합, 조직화 하는 이지적(理智的)인 시인 것이다. 또 전통 율격이나 수사법 등 표현상의 격식과 품위는 도외시하고, 순조로운 소통을 위해 대화, 속어, 괴기담, 방언 등 일상의 구문을 사용한다. 물질 대 관념, 이성 대 감성, 표면의 사실 대 내면의 진실 등 다성적(多聲的)이고 이율배반적인 경험들이 일상의 언어행위와도 같은 기능의 역설과 아이러니 등 언어전략에 의해 표현되면서, 언어적 긴장과 반전, 새로운 소통을 이루어낸다. 미술이나 음악으로는 담을 수 없는, 생활 언어의 독자성(獨自性)을 발휘할 수 있는 양식이기도 하다.

내가 그의 이름을 불러주기 전에는

그는 다만
하나의 몸짓에 지나지 않았다

내가 그의 이름을 불러주었을 때
그는 나에게로 와서
꽃이 되었다

내가 그의 이름을 불러준 것처럼
나의 이 빛깔과 향기에 알맞는
누가 나의 이름을 불러다오
그에게로 가서 나도
그의 꽃이 되고 싶다

우리들은 모두
무엇이 되고 싶다
너는 나에게 나는 너에게
잊혀 지지 않는 하나의 눈짓이 되고 싶다

—김춘수, 「꽃」

이성 간 사랑의 노래로 읽을 수도 있지만, 3, 4연에 이르면 존재의 본질적인 인식 과정을 형상화하는 일상적 어투의 독백으로 철학적 발견과 감동의 깊이를 갖추게 된다. 꽃을 형상화하는 데 중점을 두는 것이 아니라 몸짓과 꽃과 이름과 우리들과 눈짓이 기발하게 연계되어 시적 맥락을 구축한다.

누군가가 이름을 불러주기 전에는 한낱 몸동작일 뿐인 던져진 존재, 무(無)에 다름없지만 누군가가 그를 택할 때, 제 빛깔과 향기를 지닌 가치적 존재가 된다는 존재론적 기상(寄想)이 맥락의 골격이다. <나의 빛깔과 향기에 알맞은 이름>은 이 시가 애정시라기보다 존재론적인 자아성찰의 시임을 알리는 단서이다. 누군가가 내 이름을 부르면 내가 꽃이 된다는 말은 일반 논리에는 모순되지만 그 모순은 누구나 자아실현의 향기와 눈짓의 꽃. 공동주체로서의 존재가 되고자하는 내적 진실을 내포하는 역설(paradox)의 표현이다. 반사적 움직임일 뿐인 몸짓으로부터 '나-너'의 주체공동체적 생명, 나다운 색깔과 향기를 갖춘 세계내 존재로, 모든 인간이 가지는 근원적 소망으로 심화 확산되고, 이름, 몸짓, 무엇, 꽃, 눈짓 등 평범한 일상사상에 비범한 의미를 부여한다.

1연은 1연대로, 1, 2연은 1, 2연대로 전체는 전체대로 '시적 역설'의 언술을 담은 채 '존재론적 역설'로 나아감으로써 이 시는 우리 시단에서, 기존 애정시의 직정적 감정이나 이별의 애상을 뛰어넘는 형이상학시로서, 오랫동안 발견적 감동을 불러일으키는 위의를 갖추었다 할 것이다. '시적 역설'이란 논리적이지 않은 표현 속에 서정적 진실을 담는 표현이고 '존재론적 역설'이란 인간 존재에 대한 초월적이고 본질적인 진리를 담는 역설이다. 이들은 '표면적 역설'인 모순어법과 함께 역설의 3유형으로 나누어지기도 한다. [Philip Wheelwright, 『The Burning Fountain』, 1968]

하꼬방 유리 딱지에 애새끼들
얼굴이 불타는 해바라기마냥 걸려 있다.

내려 쪼이던 햇발이 눈부시어 돌아선다.
나도 돌아선다.

울상이 된 그림자 나의 뒤를 따른다.

어느 접어든 골목에서 걸음을 멈춰라.

잿더미가 소복한 울타리에
개나리가 망울졌다.

저기 언덕을 내려 달리는
체니[少女]의 미소엔 앞니가 빠져
죄 하나도 없다.

나는 술 취한 듯 흥그러워진다.
그림자 웃으며 앞장을 선다.

—구상, 「초토의 시·1」

6·25전쟁 경험을 바탕으로 한 시인의 연작시 열다섯 편 중 첫 번째 시로, 전쟁 이후의 참담한 상황(焦土) 속에서나마 내면의 인간애를 형상화 한 시이다.

1연의, 미군의 래이션 박스로 이은 집, 유리조각들을 잇대어 붙인 문(門)에 오글오글 모여들어 바깥을 내다보는 꾀죄죄한 아이들. 정형의 운율이나 시어의 품격이 끼어 들 수도 없는 절박한 현실의 거친 언어들— '하꼬방의 애새끼들'. '불타는 해바라기 마냥' 등 강렬한 제유적 직유에, 냉혹한 현실 속에서도 희망을 잃지 않아야 한다는 의지와 기원이 배어 있는 시이다. 화자는 남루한 차림의 아이들이 허술한 문에 붙어있는 모습에, 태양을 좇는 해바라기와도 같이 인간으로서의 본성을 잃지 않기를 바라는 소망을 투사한다. 소망은 2연에서 햇발로 감정이입 되어 '눈부시어 돌아설' 지경이 되고 궁극의 가치가 되고, 3연의 비장(悲壯)한 울음을 거처, 4연의 울타리 아래 잿더미 속 개나리꽃 망울을 클로즈업시킨다. 전쟁의 폐허 속에서도 미래의 희망을 신뢰하게 되는 것이다.

'나'가 현실의 자아라면 3연 이하의 '그림자'는 내면의 의지적 자아라 할 수 있다. 그림자는 아이들이 장차 감당해야만 할 가혹한 현실에 울상(근심)을 짓지 않을 수 없기도 하지만 종내에는 잿더미가 소복한 울타리의 '노란 개나리 망울'과 아이들을 동일시하면서 슬픔의 의미를 승화시킨다. 함경도 방언 '체니(소녀)의 미소'에 앞니가 빠져 죄 하나 없다는, 비약적 기상(奇想)과 역설(paradox), 아이러니적 과장진술이 시적 서프라이즈를 불러일으킨다. 체니의 빠진 앞니는 '유리딱지에 붙어 불타는 해바라기', '잿더미 속에서 살아난 개나리' 등과 함께 참담한 현실 속에서도 잃을 수는 없는 인간애의 비유적 이미지들이다. 그리하여 나와 그림자 사이 자기동일성이 확보되고 전후의 폐허 속에서도 미래적 희망을 잃지 않는 생명의식이란 주제에 이른다. 시인의 남다른 휴머니즘을 바탕으로 하는 감성과 지성의 만남, 물적 이미지와 시적 이데올로기의 지적 통합이 아닐 수 없다.

이렇게, 우리의 근대시문학사는 철학적 깊이를 포기한 교언론적 언어주의와, 깊고 다양한 개성을 외면하는 효용론적 사실주의 시가 경쟁하는 한편에서, 「초토의 시」와도 같이, 의미와 감정, 지성과 감각이 통합되어 삶의 본색, 인간의 본성을 찾는 형이상학적인 시 양식이 우리 시의 위상을 높여 왔다. 이와 관련하여 언뜻 떠오르는 작품들에는 한용운의 「님의 침묵」, 정지용의 「유리창」, 이육사의 「절정」, 윤동주의 「또 다른 고향」, 서정주의 「무등을 보며」, 유치환의 「깃발」, 조지훈의 「승무」, 박목월의 「나무」, 김수영의 「달나라의 장난」, 김춘수의 「꽃」, 김현승의 「견고한 고독」, 이형기의 「폭포」, 고은의 「문의마을에 가서」, 「그 꽃」, 김남조의 「생명」, 신경림의 「갈대」, 「낙타」 등등.

서구에서의 17세기 형이상학파 시는 기발한 창의력을 가지기는 했지만 난해한 괴짜들로 간주되고 말았다. 하지만, 20세기의 엘리엇과 뉴크리티시즘 비평가들은 시적 긴장, 모호성, 객관적 상관물 등을 포용하는, 모범적 시 모델로 높이 평가하기에 이르렀다. W. 엠프슨의 모호성(ambiguity)은 여럿 중에 택일(擇一)의 여지를 주는 뉘앙스를 말하고 A. 테이트의 시적 긴장(tension)이란 언어의 표준적 외형적 의미와 내포적 비유적 의미 사이의 긴장을 말한다.

영문학자이기도 했던 고 성찬경 시인의 역설(力說)에 귀를 기울일 필요가 있다.

> 형이상학시란 결국 모든 시적 감성과 시적 가능성을 모두 종합 통일한, 정서는 물론 철학 신학 종교까지도 아우르는, 그러면서도 시로서 독립적인, 현 단계로서는 가장 성숙한 시의 유형을 가리킨다. 우리나라 현대시도 발육부진 증세에서 벗어나 일단은 이러한 고급의 성숙된 시의 영역을 향해 가야 할 것이다.[성찬경, 「형이상학시와 우리 시의 과제」, 2009]

2. 자유연상시

연상(聯想)이란 원래 하나의 관념이 유사, 대조, 접속 등에 의하여 다른 관념을 불러일으키는 연결 작용으로, 크게 자유연상과 제한연상 둘로 나누어진다. '자유연상시'라는 호칭은 형이상학시처럼 이질적 경험들을 연상에 의해 통합, 포괄하되, 특정의 의도에 의해 구성되는 '제한 연상'이 아닌 자연발생적 연상 즉, '자유연상(free association)'으로 구성되는(듯한) 시 양식을 가리킨다. 원래 자유연상법은 현대 정신의학 임상(臨床)에서, 어떤 대상, 관념과 관련하여 환자의 마음에 떠오르는 생각, 감정, 기억들을 스스로 두서없이 지껄이게 하여 그 내면의 콤플렉스를 포착하고 이를 치유의 단서로 이용하는, 프로이트 정신과 치료방법의 핵심이다.

자유연상법은 초현실주의문학과도 깊은 관련이 있다. 초현실주의의 전신이라 할 다다이즘이 그 이전의 문학예술에 대한 초토화(焦土化), 즉 기성의 모든 가치체계를 부정하고 무너뜨리는 파괴공작에 매진하였다면, 초현실주의는 그 부정을 위한 부정을 넘어, 새로운 창조와 건설을 위한 부정의 방법론적 핵심을 자유연상법에 두었던 것이다.[조향, 「초현실주의와 현대문학의 방향」, 1982]

초현실주의의 자유연상법은 습관적인 관념이나 이성의 영향을 배제하고, 의식의 흐름을 좇아 구체적 현실과 비현실, 초현실과 현실이 뒤섞인 상태로 연상하고 기술하는 방법으로, 기법상 자동기술법(Automatism)이라고 부른다. 내면 해방의 상태이므로 의식과 무의식의 경계가 없고, 기존의 원근법이나 시공간개념은 물론 철자법, 맞춤법 등에서도 이탈한다. 초현실주의자들의 자동기술법은 내적 독백(interior monologue)과도 교환 가능한 말로 이 역시 자유연상에 의한, 의식의 흐름을 기술(記述)하는 방법이라 할 것이다.

반동시와는 개념상 차이가 없지 않다. 반동시가 '현존'에 대한 해체와 반동에 치중하되 충격적 정감 자체를 추구하는 데 비해 자유연상시는 내면의 의의가 압축, 전위, 생략, 치환 등의 과정을 거치며 내밀한 맥락적 개연성을 갖는다는 점에서 구별된다. 언어로 표현된 몽상이 공유 가능한 맥락을 아예 해체하고 부정하는 것이 아니라 실재적인 맥락으로 이해되고 수용되는 것이다. 원래 프로이트나 라캉(J. M. Lacan)에 있어서의 환상도 부정적인 기만술이나 망상에 그치는 것은 아니다. 그들은 환상 자체 존재의 열쇠를 쥐고 있는 상징이요, 현실의 중요한 구성물이요, 진실의 한 층위로 보았다는 점을 상기할 필요가 있다.

자유연상이란 현실적 의식과 무의식이 뒤섞인 상태에서의 나름의 문맥을 갖추는 자유로운 이미지의 연쇄이다. 그러므로 자유연상시는 자유연상에 의한(듯한) 정신과 정서 상태에서 극적 갈등과 역전, 현재적 문제와 가치마저 내포한다. 내면적 흐름의 표현을 위해 단속적(斷續的)이거나 일관성이 없는 언어, 비문법적인 구문, 언어 이전의 사고와 이미지의 표출이 감행된다. 형이상학시가 감성과 이성 등 이질적 경험을 통합하기 위하여 위트, 기상(寄想), 역설, 아이러니 등으로 표현되는 주지적(主知的)인 양식인데 비해 자유연상시는 무의식과 의식의 흐름, 환상과 상상과 실재의 흐름을 좇기 위해 위트, 기상(寄想), 역설, 아이러니 등을 이용하되 단속적(斷續的)이고 일관성 없거나 비문법적인 구문들을 이용하는, 감성적이고 심리적인 시 양식인 것이다.

이상의 「오감도 시 제1호」는 13인의 아이가 도로를 질주한다는, 단정적 명제의 긴 반복 끝에 불현듯 앞의 서술을 포기하고 부정해버림으로써, 쉼 없는 경주(競走)에 맹목이 된 현실을 조롱하는 듯한 맥락을 읽게 한다. 그 급박한 리듬이나 비이성적 전개로 볼 때 자유연상시의 전범이라 할 만하다. 같은 시인의 시 「거울」도 현실적 자아와 내면의 순수성과의 심각한 갈등을 아이러니컬하게 토로한 바, 내용의 이지적인 면에서 형이상학시적 요소를 찾을 수도 있겠으나, 자동기술의 형식과 맞춤법을 고의적으로 무시하는 등 당대로서는 '때 아닌 헛소리'란 비아냥거림을 받을 정도의 비논리적 전개를 보였다는 점에서 내면 심리독백의 형태적 자유연상시라 할 만하다.

거울속에는소리가없소
저렇게까지조용한세상은참없을것이요

거울속에도내게귀가있소
내말을못알아듣는딱한귀가두개나있소

거울속의나는왼손잡이요
내악수(握手)를받을줄모르는 - 악수를모르는왼손잡이요

거울때문에나는거울속의나를만져보지를못하는구료마는
거울이아니었던들내가어찌거울속의나를만나보기만이라도했겠소

나는지금거울을안가졌소마는거울속에는늘거울속의내가있소
잘은모르지만외로된사업(事業)에골몰할께요

거울속의나는참나와는반대(反對)요마는
또꽤닮았소
나는거울속의나를근심하고진찰(診察)할수없으니퍽섭섭하오

—이상, 「거울」

거울이 물상 반사라는 본래의 기능을 떠나, 스스로 별개의 세상을 비춘다는 설정 자체 충격적이고 난해한 존재론적 역설이라 하겠다. 현실적 법식에서 벗어난 우리 시의 새로운 연상(聯想) 경험이요 상황적 역설의 시라 할 수 있다. 동시에 상황적, 구조적 아이러니이기도 하다. 상황적 역설은 상황적 아이러니와 사실상 구별이 되지 않는다.

상황적 아이러니가 텍스트에 전반적으로 기능한다면 부분적으로 작용하는 것은 언어적 아이러니— 흔히 반어법, 축소법, 과장법, 미언법(美言法) 등으로 부르는 어절이나 구절단위의 아이러니이다.

<잘은모르지만>, <골몰할게요>, <꽤닮았소>, <퍽섭섭하오> 등 낮춘 진술(understatement)의 언어적 아이러니는 자발적 연상에 대한 내적 진지함과 일상 논리에서의 해방감을 불러온다. 각각, '잘 알거니와', '골몰하고 있음이

분명하오', '꼭 같소', '섭섭해서 미칠 지경이요' 등이라 할 것을 고의로 축소하여 시적 자아의 비극성과 무기력증을 동시에 나타낸 것이다. 비극성은 '거울 밖의 나'와 '거울 속의 나'는 하나가 될 수도 없고, 그 둘의 통합에 이를 수도 없는, 자아 분열의 비극에서 말미암는다. 현실적 자아(persona)와 내적 자아(soul) 사이의 원천적인 모순과 비애를 표층의 현실과 심층의 순수의식(거울 속)이 교차하는 의식의 흐름을 좇아 기술한 시라 하겠다.

자유연상시는 비문법적 언어가 아닌, 외견상 정상적인 구문으로도 구현될 수 있고, 이상과 조향, 김춘수의 상당수 시가 보이는 기존 기하학적 도형과 표현주의적 형태시 등으로 나타나기도 한다. 가령 백석의 시 「나와 나타샤와 흰 당나귀」도 그러하거니와, 「흰 바람벽이 있어」의, 새하얀 바람벽이 마치 영화 스크린과 같이 몽상적 영상들— 궁색한 가운데서도 한없이 그리운 몽상들을 파노라마처럼 연상시키는 장면이나, 정지용의 「향수」가 고향의 몽상적 풍경들을 '그곳이 차마 꿈엔들 잊힐리야'라는 후렴으로 과거의 몽상적 시간을 플래시백 형식으로 좇아가는 형식에서도, 박두진의 「해」의 급박한 리듬과 몽상적 이미지의 전개에서도 자유연상시 양식과 그 분위기를 읽을 수 있다.

전통 서정시 중에서도 혼절할 지경의 심리상태에서 흘러나오는 듯한 비체계적 문장과 눌언(訥言), 비몽사몽간의 방언(放言)과 급박한 호흡 등 현실과 환상의 혼재상태에서의 자유연상시 형식을 찾아볼 수 있다. 지적(知的)인 형이상학시에 비해 내적 감성이 격하게 개입되는 까닭이다.

> 뭐락카노, 저편 강기슭에서
> 니 뭐락카노, 바람에 불려서
>
> 이승 아니믄 저승으로 떠나는 뱃머리에서

나의 목소리도 바람에 날려서

뭐락카노 뭐락카노
썩어서 동아밧줄은 삭아 내리는데

하직을 말자, 하직을 말자
인연은 갈밭을 건너는 바람

뭐락카노 뭐락카노 뭐락카노
니 흰 옷자라기만 펄럭거리고……

오냐, 오냐, 오냐
이승 아니믄 저승에서라도……

이승 아니믄 저승에서라도
인연은 갈밭을 건너는 바람

뭐락카노, 저편 강기슭에서
니 음성은 바람에 불려서

오냐, 오냐, 오냐
나의 목소리도 바람에 날려서

—박목월, 「이별가」

강은 이승과 저승으로 가르는 삶과 죽음 간의 경계일 터이다. 삶과 죽음,

이승과 저승을 넘나드는(듯한) 생략과 비약으로 점철되는, 비정상·비논리의 어법이다.

강 저편에서도 누군가의 간절한 음성이 건너오고는 있으나 정확한 개념을 파악할 수는 없다. 강 이편의 화자도 뭐라고 간절히 외치지만, 그 목소리 또한 흩어질 뿐인, 언어이전의 애절한 순간이다. 흰 옷자락을 펄럭이는 강 너머의 그와 이쪽의 화자, 둘 다 '하직을 말자'고, '오냐, 오냐, 오냐' 이심전심으로 간절히 마주보고 있건만 썩은 밧줄 삭아 내리는 듯, 갈망은 헛된 안간힘에 지나지 않는다. 갈밭을 건너는 바람과도 같이 허무한 이승의 인연, 저승에서 다시 이었으면 하나 저승에서도 그럴 것 같기만 한, 생사일여의 전통 생사관을 유사 혼절 상태의 의식의 흐름, 자유연상의 몸짓과 외침으로 연출한 것이다. 이에, 철부지시절을 연상시키는 고향 사투리 '머락카노'라는 순수어가 담화의 중심축이 되어 문맥적 긴장과 서스펜스를 구체화, 생생한 극적(劇的) 효과를 불러온다. 고대 그리스 수사학의 돈절법(頓絶法, aposiopesis)— 화자가 격한 감정을 표현할 때, 생각을 명료하게 말하지 못하거나, 중간에서 갑자기 멈추거나 해서 변화를 가져오는 파격구문이라 할 수 있겠다. 맥락이 닿지 않을 정도의 생략과 비약과 방언(放言)을 흘러넘치게 함으로써 심층의 내면을 형상화, 생사(生死)의 갈림길에 놓인 혈육의 아픔, 전통적 가족애와 윤리를 내포하는 시 양식은 같은 시인의 「하관」 같은 작품에서도 볼 수 있다.

이상의 「거울」과는 다른 분위기이지만 「거울」에서처럼 전체가 상황적이고 존재론적인 역설인 동시에 상황적 아이러니에 의한 시이다. 시적 에피소드를 매개어(보조관념)로 내적 심정을 나타내는 비유, 알레고리로 구성되었다는 점에서도 유사하다. 일견 단조로워 보일 수도 있는 언어들이지만 그것들이 독특한 주제와 분위기를 자아내는 것은 외견상의 단순함 속에 숨어있는, 아이러니를 위시한 일상적 문맥과의 차이 나는 비유— 비정상, 비논리의 맥락 때문이라 해야 할 것이다.

우리가 살아가는 세계는 대개 세 개의 세계로 구성되어 있다고 한다. 첫째는 뉴턴의 만유인력의 법칙으로 대표되는, 광속(光速) 이하의 속도에서 물질을 지각하는 오감의 세계, 둘째는 아인슈타인의 상대성 원리에 지배되며 생각이 빛의 속도로 이루어지는 의식의 세계, 셋째는 빛의 속도보다 빠른, 꿈이나 명상, 마약에 의해서나 도달 가능한 초의식의 세계이다. 초의식, 초광속의 세계에서는 삶의 전 구성요소들, 인간과 인간 사회의 모든 요소가 한 순간에 통합되고 과거, 미래, 현재, 전생, 현생, 내생이라는 시간 관념도 융화되어 구분이 되지 않는다.[베르나르 베르베르(Bernard Werber), 『상상력사전』, 2011] 자유연상시는 자유로운 의식의 총체적인 흐름을 좇는 초광속, 초의식의 시라 할 것이다.

상대적으로 구별하자면 형이상학시가 위의 둘째와 첫째 세계의 지성에 의한 통합적 감수성을 중심으로 이루어진다면, 자유연상시는 셋째와 첫째의 세계가 혼재하는 통합적 감수성에 의한 시라 하겠다. 이상의 「거울」, 「오감도 제1호」, 백석의 「흰 바람벽이 있어」, 박두진의 「해」, 김춘수의 「나의 하느님」, 조향의 「Episode」 등등이 우리나라 자유연상시의 길잡이가 되고 양식적 전범이 될 수 있지 않을까 한다.

물론 형이상학시와 자유연상시의 구별도 보다 충실한 시 쓰기와 읽기를 위한 것이지 일도양단 식으로 나누어지는 것은 아니다. 예술은 물론 인문학의 유형이라는 것이 그러하듯, 시도 유형적 존재인 동시에 복합적 층위의 한 층위로서 기능하기도 하는 것이다.

단정은 위험한 일이지만 굳이 시의 유형별 가치를 정해보라 한다면, 형이상학시, 자유연상시, 이 두 복합적인 유형이 관념시, 사물시 등 단순 시형에 비해 더 성숙한 시양식이라 할 수는 있을 것이다. 재미있거나 교훈적인 점(관념시), 실감이 나고 공감이 가는 표현(사물시)이란 점에서는 못 미칠 수 있어도, 차이 나는 경험들을 복합적으로 내포하는 실제적 삶의 시 양식은 진정 어린 내면으로부터의 신뢰와 감동을 이끌어낼 수 있기 때문이다.

7장

현대시의 기반, 이미지

상황과 행위와 그 결과물, 인간의 삶을 이루는 모든 것들은 이미지, 마음 속의 감각을 일으키고 저장된다. 저장된 지각 이미지는 마음 자체가 생산하는 심상(mental picture)으로 맥락화 되기도 한다. 현실적 시공을 넘어서는 상상— 몽상이나 꿈, 열병 중에나 경험하는 환상 따위 상상에 의한 이미지가 경험되는 것이다.

시적 담화는 그런 이미지들의 향연장이다. 20세기 이전 낭만주의의 시가 운율·음악성에 중점을 두었다면, 20세기 초 이미지즘운동 무렵부터는 자유로운 일상 언어를 이용한, 구체적이고 명료한 이미지 구축이 시 창작의 중심을 이루게 되었다. 이는 개인주의 문화와 도시사회의 복잡성과도 관련된다. 정형과 규칙에 얽매이지 않는 개인화, 다양화, 물리적 감각화 현상의 하나이기도 하다.

1. 상상력, 이미지

문학에 있어 이미지란 말은 통상 심상이란 말로 대체되기도 한다. 이미지란 낱낱의 감각적 지각에서부터 마음속에 생산된 이미지와 이미지군(imagery)까지를 가리키는 넓은 개념으로 사용되는 말이다. 단, 문학적 용법으로서의 '이미지'는 개념적으로 고정되고 상투화된 감각이라기보다 정신적 가동성(可動性), 창조적 활기를 지닌 심상(心像) 또는 이미저리(imagery)를 강조하는 개념이라 할 수 있다.[바슐라르(Gaston Bachelard), 정영란 옮김, 『공기와 꿈』, 1993]

미국의 시인이자 극작가 매클리시(Archibald MacLeish)는 사회 현실에도 많은 관심을 보였지만 「시작법」이란 시를 통해 시는 현실적 담론과는 달리 구체적 이미지로 치환하여 표현되는 언어임을 역설(力說)한 교사이기도 했다.

> "시는 동그란 과일처럼/만질 수 있되 말은 없어야 한다.//엄지손가락에 닿는 오래된 훈장 같은/벙어리//소맷자락에 닿는 이끼 낀 창턱/돌처럼 고요하고…//새들의 비상과도 같이/시는 묵언해야 한다.//달이 떠오르듯/시는 시간적 동작이 보이지 않아야 한다./달이 어둠에 사로잡힌 나무들로부터 가지를 차례차례 풀어놓듯이//겨울 잎새들 뒤에서 달이/추억마저 하나하나 풀어놓듯 마음마저 떠나야 한다./시는 달이 떠오르듯/시간적인 동작이 보이지 않아야 한다/시는 동일해야 하는 것이지/진실이 아니다/슬픔의 역사를 표현하기 위해서는/텅 빈 문간과 단풍잎 하나/사랑을 위해서는/비스듬히 기댄 풀잎들과 바다 위 불빛 둘/시는 의미하는 게 아니라/존재해야 한다."

—아치볼드 매클리시, 「시작법(Ars Poetica)」

시란 관념과 감정의 서술이 아니다. 이 시에서의 둥근 과일, 오래된 훈장, 이끼 낀 창턱 돌과도 같이 침묵 속에서 행위와 역사와 사랑을 감각적으로 구현할 뿐이다. 그것은 물리적 시간과 같은 논리에 따르지 않고, 구체적인 것, '과일'과 '오래된 훈장', '새의 비상', '월출', '달의 운행' 등등과 같이 독자로 하여금 자연의 오감으로 경험하게 하는 이미지이다. 이를테면, 슬픔에 대한 설명을 위해서는 독자의 연상을 도울 수 있는 <텅 빈 문간과 단풍

잎 하나>를 제시해주고, 사랑을 표현하기 위하여는, 서로 기대어 한 방향으로 기우는 풀잎들 또는, 바다 위에서 반짝이는 불빛 둘을 보여준다. 그리하여 시는 의미를 전달하는 수단에 그치는 것이 아니라 그 자체 미적인 존재가 되는 것이다.

설명적 군말을 버리고, 유추할 수 있는 이미지로 내면의 관념을 구현해야 한다는 그의 시작법은 '메마르고 딱딱한 이미지' 제시를 최선의 시법으로 삼았던 이미지즘 시인들의 시관(詩觀)에 다르지 않다. 그만큼 현대시는 관념적 서술이나 주장의 설득력보다는 물질적 이미지로 그를 대체하려는 경향 속에 있는 것이 사실이라 하겠다.

시의 이미지는 시적 상상력(imagination)의 산물이다. 상상력이란 이전에 물리적으로 감지한 경험들을 토대로 하여, 현재에는 눈앞에 없는 대상을 직관적으로 표상, 확산, 분해하며, 새로운 관계로 연계하는 능력이다. 상상과 현실, 추상적인 것과 구체적인 것, 일반적인 것과 특수한 것 등등 대립적인 요소들까지 종합하고 변용한다. 논증할 수 없는 심층의 의미와 연계되기도 한다. 상상력과 심상이 부재한 시는 시라 할 수 없다 해도 과언이 아니다. 시가 궁극적으로 '자아와 세계의 동일성'을 지향, 상이한 체험들을 종합하며 통합하는 언어라 할 때[김준오, 『시론』, 1982] 이는 상상력을 통해 이루어지는 결과인 것이다.

상상력의 세 단계 또는 세 종류를 들자면, 먼저, 선행 경험이 재현되는 단계, 즉 기억을 마음에 떠올리는 경우를 '재생적 상상'이라 한다. 이는 작품 차원에 이르지 못한 단계이다. 대부분의 시적 상상력은 이미 경험한 것들을 해체 분리 통합하여 재구성하는데, 이 단계는 '연합적 상상'이라 한다. 특정의 대상, 관념 혹은 정서와 이미지들이 연계되면서 나름의 질서를 갖춘다.

연합적 상상에 다른 선행 경험들이 축적되고 창의적으로 작용하여, 실재하지 않는 새로운 의의를 갖는 이미지가 창조된다면 이는 '창조적 상상'이라 하여 연합적 상상과 구별하기도 한다. 창조적 상상에는 형이상학적 의의가 결부된다.[C. T. Winchester, 『Some Principles of Literary Criticism』, 1899]

가을밤, 차가운 감촉이 살에 닿네 –
나는 집 밖으로 나가 걷네,
불그스름한 달이 울타리 위에 기댄 것을 보았네,
마치 붉게 그을린 농부의 얼굴 같았네.
난 멈추지는 않았지만, 말을 걸려고 고개를 끄덕였네,
그러자 주위의 별들이 못내 아쉬워하며
도회 아이들 같이 창백한 얼굴을 하고 늘어섰네.

—T. E. 흄, 「가을」

T. S. 엘리엇이 예로 든 이미지즘 시의 대표작이다. 군더더기 없이 통제된 언어로 가을밤의 정취를 표현하고 있다.

화자는 살에 닿는 쌀쌀한 가을을 느끼며 야간산책중이다. 울타리 너머 달이 마치 붉게 그을린 농부의 얼굴 같다. 자신도 몰래, 아는 체 고개를 끄덕인다. 낯익고 다정한 정취와 함께. 가을하늘의 별들을 통해 하얀 도시 아이들의 얼굴을 연상한다. 연민이 고개를 든다. 재생적 상상에 의해 가을밤의 유사 경험들이 결합한 '연합적 상상'이다. 여러 이미지들을 취사선택하여 형이상학적 인식– 경쾌한 가을밤 산책과 농부의 친근한 얼굴과 도시 아이들의 창백한 얼굴을 대비, 문명에서의 불안과 소외의식을 구현하는 단계는 '창조적 상상'이라 할 수 있다.

참고로, 낭만주의의 비현실적 감상(感傷)에 반기를 들면서 일어난 20세기 초 이미지즘 시인들의 '이미지스트 선언'을 요약해보면 ① 일상어를 쓸 것. ② 자유시를 쓰되 음의 효과나 억양을 고려한 새로운 리듬을 창조할 것.

③ 제재를 자유롭게 선택할 것. ④ 명확한 이미지를 중시하고 이미지 자체의 표현을 존중할 것. ⑤ 견고하고도 명확한 스타일로 쓸 것. ⑥ 집중에 시의 정수(精髓)가 있음을 명심할 것 등이다. 현대시의 창작요강으로도 익혀 둘 만하다 하겠다.

한편, 넓은 의미에서의 상상(력)은 오늘날 공상, 환상, 몽상 등을 포괄하는 개념이다.

경험에 의하지 않는, 가공의 이미지를 이끌어내는 경우, 공상(fancy) 또는, 환상(fantasy)이라 하는바, 그중 공상(空想)은 실현 가능성이 전혀 없지는 않지만 현실성이 떨어지는 경우이고 환상(幻想)은 일어날 수도 없고 일어난 적도 없는 비현실적 이미지이다. 예컨대 '세계의 황제가 되어 천하를 다스리는 인간'이 공상이라면, '코끼리를 이고 날아가는 나비' 같은 비현실은 환상이다. 좁은 의미에서의 상상이란 '그립고 아쉬움에 가슴 조이던/머언 먼 젊음의 뒤안길에서/인제는 돌아와 거울 앞에 앉은/내 누님같이 생긴 꽃이여'(서정주, 「국화 앞에서」 일부)에서처럼, 누님과 국화의 결합으로 인격적 성숙미가 주는 희열을 현재적으로 표현하는 것과 같이, 특별한 정신적 정서적 가치를 형상화하는 힘이라 하겠다.

또 몽상(夢想, daydream)이란 원래 중세 시인들의 꿈의 알레고리 서술양식인 바, 꿈속에서 사람이나 동물의 안내와 협조를 받는, 말 그대로 '꿈속의 생각' 같은 것이다. 가끔은 헛된 망상으로 비하되기도 하지만, 몽상은 꿈속의 상상으로서, 무의식적 상상인 환상과 유사한 개념으로 쓰이기도 한다.

이나저나 진정성 없는 가식(假飾)에 의한 상상은 크고 깊은 감동을 불러오는 데에 한계가 있을 수밖에 없다. 때로 예술사적 의의를 내세워 전위시로서의 명분으로 장식되기도 하지만 대개 감동유발 동력이 부족한, 창의라기보다는 사조사적 모방, 맹목적 흉내 내기에 그치기 마련이다. 시인에게 창의력과 함께 진정성이 요구되는 이유는 그것이 이미지 생산력, 상상력 제고

(提高)의 기반이 되기 때문이다. 실재적 고뇌와 결핍에 의한 진정성에서 우러날 때 상상력은 더 깊고 큰 활성도를 발휘하게 되는 것이다.

6·25전쟁 당시의 위기상황에 대한 이미지들을 만나보자.

아직 목숨을 목숨이라고 할 수 있는가
꼭 눈을 뽑힌 것처럼 불쌍한
사람과 가축과 신작로와 정든 장독까지

누구 가랑잎 아닌 사람이 없고
누구 살고 싶지 않은 사람이 없고
불붙은 서울에서
금방 오무려 연꽃처럼 죽어갈 지구를 붙잡고
살면서 배운 가장 욕심 없는
기도를 올렸습니다.

반만년 유구한 세월에
가슴 틀어박고 매아미처럼 목태우다 태우다
끌내 헛되이 숨져간 이건
그 모두 하늘이 낸 선천(先天)의 벌족(罰族)이더라도

돌멩이처럼 어느 산야에고 굴러
그래도 죽지만 않는
그러한 목숨을 갖고 싶었습니다.

—김남조, 「목숨」

시인의 초기 시로서, 서술상 거친 데가 없지 않으나, 이미지들은 화제(話題)에 잘 부합하고 있다.

사람과 가축과 신작로와 장독까지 눈이 뽑힌 듯한 공포과 불안, 지구가 통째 연꽃 같이 오므라들고, 온 세상이 잿더미가 되는 비극 속에서 욕심 하나 없는 기도- 평생을 매미처럼 울며 살아온 이나 천형을 짊어지고 산다 해도 죽지만은 않기를, 목숨만은 부지하기를 기도한다. 결핍된 세계와 그만큼 결핍된 존재로서의 기원이 한층 절박하다. 1연 첫 행 <아직 목숨을 목숨이라고 할 수 있는가>의 모순된 진술이 내포하는 진실- 사람과 가축과 신작로와 정든 장독에 이르기까지의 모든 생명이 눈을 뽑힌 듯 위태로운 참상과 존귀한 생명의 진실이 연계되는 역설, 또는 상황적 용언의 비유가 서정의 극점을 가리키는 창조적 상상의 시이다. 수사법상 과장진술(overstatement)이든 역설(paradox)이든 이미지들이 연합하여, 특정 상황 속, 특정 존재의 존귀한 가치, 차별적 실재를 잘 드러내는 비유적 이미지의 시라 하겠다.

이미지의 중요한 기능은 다음과 같이 요약할 수 있다.

첫째, 사물의 의미를 발견, 확장, 변화시킨다. 이미지는 다른 이미지와 연동하여 대상의 일반적인 개념이나 속성이 아닌, 새로운 인식과 의미창조의 수단이 된다. 흄의 「가을」은 싸늘한 감촉의 가을밤과 붉게 그을린 농부의 얼굴을 하얀 도시아이들의 얼굴과 대조하면서 농촌마을 가을의 친근함을 그려내고 있고, 「목숨」은 가축, 신작로, 장독, 불타는 서울, 돌멩이 등등이 어떤 이념이나 고난으로도 맞갚지 못할 목숨의 의미를 각인시킨다.

둘째, 참모습을 형상화 한다. 의미와 관념의 전달을 넘어 시인이 체험한 대상의 진면모를 형상화한다. 「가을」의 '집 밖 산책, 울타리 위의 농부 얼굴, 고개를 끄덕거렸네, 못내 아쉬운 별들, 늘어선 도회아이들의 하얀 얼굴들'. 그리고 「목숨」의 '가랑잎, 연꽃, 매미' 등등의 이미지들은 산문적 설명을 넘어서는 체험 그 실재의 모습을 구체화 하고 있다.

셋째, 전체 의미를 통일하거나 확산시킨다. 통일은 시의 독특한 분위기와 주제를 조성하고, 확산은 추상적인 대상에 대한 이미지가 여러 어구들로 나열, 병치될 때 발휘된다. 「가을」은 각각의 이미지들이 독특한 가을밤의 분위기를 형성하기 위해 통일되는 동시에 우주적으로 확산되는 예이며 「목숨」에서는 1연, 2연, 3연, 4연과 각 행의 이미지들이 통합되어 전쟁의 참상을 드러내는 동시에 모든 존재들의 비극으로, 모든 목숨의 존귀함으로 확산된다 할 수 있다.

넷째, 대상을 미적으로 풍부하고 적확하게 재현한다. 「가을」의 '가을밤' 이미지들도 「목숨」의 '전쟁' 이미지들도 표준의미 밖 특정의 의미와 언어미를 발산한다. 재현대상은 물론 의식 밖 사물일 수도, 의식 속의 관념일 수도 있다.

다섯째, 현실적 논리가 닿지 못하는 사유의 세계를 감각적으로 구체화한다. 예를 들어 <눈을 뽑힌 것처럼 불쌍한>, <반만년 무구한 세월에 매미처럼 목태우다> 등은 눈앞을 알 수 없는 위기의 존재들과 긴긴 세월 울음으로 지새어 온 생명에의 연민을 감각화 한다.

여섯째, 독자의 입장에서는 시적 의의를 보다 생동감 있게 받아들일 수 있는, 시 이해의 열쇠를 제공받게 된다.

그렇다면 시인이 이미지를 탐구하고 생산하는 이유는 무엇일까?

뭐니 뭐니 해도 이미지를 생산하는 일이 시인 자신에게 독특한 희열을 주기 때문일 것이다. 또한 남다르면서도 적절한 이미지의 생산은 자기만족을 줄 뿐 아니라 자신의 체험을 사회와 공유하는 연대의 행복감에 젖게 하고 나아가 새로운 모색과 도전의 용기를 고양시키기 때문이기도 하다. 세계에 대한 공동주체성 획득 순간의 희열이다. 그리고 그것이 시인과 독자가 물적 이미지와 정신적 대상과 함께 어우러지는 순수 놀이행위의 즐거움을 주기 때문이기도 할 것이다.

2. 감각, 비유, 상징

이미지는 대개 세 가지로 유형화된다. 첫째, 지각적(mental) 이미지: 시각적, 미각적, 청각적, 후각적, 촉각적, 근육운동, 공감각 이미지 등. 둘째, 비유적(figurative) 이미지: 직유, 은유, 환유, 제유 등. 셋째, 상징적(symbolic) 이미지: 관습적 상징, 원형적 상징, 개인적 상징 등.[Alex Preminger(ed), 『Princeton Encyclopedia of Poetry and Poeties』, 1965] 그 외 바슐라르에 의하면 고정적이고 상투화한 의미를 가지는 '구성적 이미지'와 창조력에 의해 정신적 가동성(可動性)을 발휘하는 '문학적 이미지'로 구별되기도 한다.

(1) 지각적 이미지

인간의 감각기관을 통해서 지각되는 이미지이다. 그중 인지과정의 감각 70%를 담당하는 시각이미지는 다시 명암, 색채, 동작 등 이미지로 나눌 수 있다. '붉게 그을린 농부의 얼굴' '도회 아이들의 창백한 얼굴'은 시각적 색채이미지인 동시에 명암, 동작이 복합적으로 작용하는 시각이미지이다. 이들은 보름달을 주지(主旨)로 하는 비유적 이미지이기도 하다.

시각이미지의 주요 요소인 색(色)은 알게 모르게 다양한 의미로 변주되면서 사회규범과 금기, 편견 등을 표현해왔다. 노랑 이미지는 질곡과 인내 또는 희망과 연대의 이미지이며 영원성, 태양, 권위, 욕망, 낙천, 이상과 야망, 욕구불만 정신분열 등을 의미한다. 빨강의 이미지 역시 질곡과 인내를 의미하고, 희생과 고통, 유혹, 흥분, 강렬함, 투쟁성, 성스러움 등을 의미하는 색채이미지이다. 하양의 이미지는 억압과 단절, 고통과 공포의 이미지이며 지조와 순결, 무욕의 감정, 환희, 순종, 청결, 기쁨, 긍정 등을 의미한다. 하양의 순수와 고결의 이미지는 노랑과 빨강이 상징하는 질곡과 인내 이후의 깨달음과도 같은 것이라 할 수 있다. 하양은 극한의 위험, 공포, 권위와 규율, 힘, 단결력, 공포, 금욕, 복종, 악 등을 의미하기도 한다.

시각 외 청각, 후각, 미각, 촉각 등의 감각이미지도 있다. 여기에 기관(organic)이미지와 근육감각이미지를 더하기도 한다. 이중 촉각이미지는 열도이미지, 냉각이미지, 감촉이미지 등으로 나누어지고, 기관이미지는 고동과 맥박, 호흡, 소화기관 등. 근육 감각 이미지는 근육의 긴장과 이완 등에 의한 감각이다. <걸음을 멈추지는 않았지만, 말을 걸려고 고개를 끄덕였다>는 시각이미지의 동작이미지, <가을밤, 차가운 감촉>은 촉각의 냉각이미지, 박두진 시인의 <이글이글 애띤 얼굴 고운 해야 솟아라>(「해」에서)는 촉각의 열도이미지이다.

공감각적(synesthetic) 이미지를 추가하지 않을 수 없다. 단일한 감각이 아니라 둘 이상 감각의 복합적 전이를 통해 풍부한 의미를 창출한다.

① 하얀 총소리 (전봉건, 「속의 바다」에서)
② 모가지가 길어서 슬픈 짐승이여/관이 향기로운 너는 (노천명, 「사슴」에서)
③ 꽃처럼 붉은 울음을 밤새 울었다 (서정주, 「문둥이」에서)
④ 분수처럼 흩어지는 푸른 종소리 (김광균, 「외인촌」에서)

①은 시각과 청각, ②는 시각과 후각, ③은 시각과 청각, ④는 시각과 청각 등 공감각에 의해 보다 차이 나는 비유를 연출하고 있다. 공감각적 이미지는 시적 자아의 감각과 정서를 더욱 입체적으로 형상하고, 의미의 신선도를 높이며 역동적인 공감력을 이끌어낼 수 있다.

(2) 비유적 이미지

시인은 유추와 전이를 통해 발견적 체험을 오롯이 담을 수 있는 언어체계를 계발하고 구성한다. 시의 언어는 특별한 의미 효과를 위해 그때그때 표준의 의미나 어순(語順)에서 정도껏 일탈한 언어구사라 할 수 있다. 그런 의미에서 시의 언어는 모두가 비유적 또는 상징적 언어이며 시 텍스트는 그 집합 체계라 할 수 있다.

이른바 직유법, 은유법, 제유법, 환유법, 의인법, 활유법, 알레고리, 상징 등이 그 동안 알려진 대표적 비유어법들이다. 이들은 주지(主旨, tenor)와 매재(媒材, vehicle)의 결합을 통해 복합개념을 연상시키거나 유추하게 하는데, 결합의 원리는 유사성 또는 인접성에 있다. 은유가 연상적 유사성에 의한 주지와 매재의 결합이라면 환유와 제유는 논리적 인접성에 의한 결합이다. 논자에 따라 은유, 환유, 제유 중 한두 개를 들어 비유의 기본양식으로 강조하기도 한다. 모든 비유가 주지와 매재 간의 동일화를 목표로 유추된다는 점에서, 'A는 B이다' 식의 은유를 비유의 기본 양식으로 내세우는 것이 거의 관행이 되고 있다.

직유에서는 익히 알려진 것처럼, 주지와 매체어의 관계가 '~같이', '~처럼', '~인 듯', '~안 양' 등으로 직접 연결되고, 은유에서는 'A는 B', 또는 'B의 A' 식으로 주지가 암시된다. '~같이', '~처럼' 따위 부사격 조사로 연결되면 직유이고, 그렇지 않고 직접 연결되면 은유라는 구별은 다소 허망한 형식논리이긴 하다.

환유는 하나의 사물이 경험상 또는 논리상 그와 밀접하게 연관되는 것을 가리키는 경우이고, 제유는 부분이 전체를 가리키거나 전체가 부분을 가리키는 경우이지만, 둘 다 논리적 인접성에 의한다는 점에서 제유도 환유의 일종으로 취급하는 견해 역시 두루 받아들여지고 있다. 그렇지 않고 제유를 따로 떼어내어 존립시키거나 심지어 제유를 비유의 기본양식으로 여기는 경우도 있다. 의인법은 무생물이나 추상적 관념이 마치 인간적인 감성이나 생명을 가진 것처럼, 활유법은 무생물이나 추상적 관념이 활동력을 가진 생명체인 것처럼 표현을 하는 경우이다. 알레고리는 구문이나 이야기 전체가 특정 의미의 매재가 되는 경우이다.

이들 모든 비유가 매재(들)를 내세워 주지(원관념)을 나타내는 동일한 구조를 가지므로 이들을 통틀어 '비유' 또는 '은유'로 호명하거나 은유를 그 대표 양식으로 취급해온 것이다.

비유는 그 구성 양태에 따라 유형을 나누기도 한다. 첫째는 '내 마음은 호수요'처럼 하나의 주지에 하나의 매재어와 연결된 단순비유(은유), 둘째는 하나의 주지에 두 개 이상의 매재어가 연결된, <눈부신 초록의/노래처럼/향기처럼>(이해인, 「유월 숲에는」에서)과 같은 확장비유, 셋째는 비유 속에 또 비유가 들어 있어 이중 삼중의 현상을 나타내는 액자식 비유— <황금의 꽃같이 굳고 빛나던 옛 맹세는 차디찬 티끌이 되어서 한숨의 미풍에 날아갔습니다.>(한용운, 「님의 침묵」에서)에서 '옛 맹세가 차디찬 티끌이 되어 날아갔다'는 비유 속에 '황금=꽃'이란 비유를 품고 있는 것과 같은 액자식 비유이다. 또 '함축적 비유'란 주지가 밝혀지지 않고 문맥 안에 내재된, <붉게 그을린 농부의 얼굴>에서 '달'이 감추어진 것과 같은 비유이다.

기능 면에 있어서는 언어적 차원의 부분적 수사에 집중하는 '언어적 비유'와 텍스트 전반에 기능하는 '상황적 비유'로 나눌 수 있다. 그 외 '사랑마저 달아나고' 같은 동사적 비유, '하얀 총소리' 같은 형용사적 비유도 있다. 덧붙여, 죽은 은유(dead metaphor)란 '책상다리'나 '핵심문제'라는 단어처럼 한때는 비유어였으나 오랫동안 흔히 사용되어 비유어의 기능을 잃어버린 어휘나 관용어를 말한다.

> 이것은 소리 없는 아우성
> 저 푸른 해원을 향하여 흔드는
> 영원한 노스탤지어의 손수건

순정은 물결같이 바람에 나부끼고
오로지 맑고 곧은 이념의 푯대 끝에
애수는 백로처럼 날개를 펴다.
아아 누구던가.
이렇게 슬프고도 애달픈 마음을
맨 처음 공중에 달 줄을 안 그는.

―유치환, 「깃발」

첫 행은 '소리 없는 아우성'이란 모순어법(역설)을 포유한, '이것(깃발)은 아우성'이란 액자식 은유로, 매체어(깃발)의 특성에 주지(슬프고도 애달픈 마음)를 투사한 모순어법의 비유, 유사성보다 차이성이 큰 비유라 할 수 있다. 동시에, 먼 거리에서 심하게 나부끼는 깃발을 표현한 단순비유이기도 하다. 나아가 <소리 없는 아우성>은 <노스탤지어의 손수건>, <이념의 푯대 끝>, <백로의 날개> 등으로 확장되는 확장비유이기도 하다. 이러한 이미지들은 깃발―'이상향을 향한 향수와 비애'의 의미를 내포하는 개인적 상징인 깃발 이미지로 통합된다. <노스탤지어의 손수건>, <이념의 푯대>, <백로의 날개> 등이 깃발의 관념을 비유하는 매재라면 이들과 깃발의 관계는 언어적 비유라 할 수 있고, 거꾸로 '깃발'을 그들 관념의 매재라면 깃발과 그들, 시의 전반적 매재들과의 관계는 상황적 또는 구조적 비유라 할 수 있다. <푸른 해원>은 이상세계를 상징하는 원형적 이미지이다.

비유를 여러 유형으로 나누고 상징이며 역설을 따로 구분 하고는 있지만 사실은 이들 모두가 심층적으로는 비유 또는 은유와 같은 기능을 한다. 시에 있어 모든 언어들은 그 주지(主旨)를 따로 갖는 비유어에 다름 아니며 동시에 논리적 모순을 범하는 역설(逆說, paradox)이며 예상 밖의 결과를 가리키는 아이러니이기도 하다. 바꾸어 말하면, 비유를 포함한 모든 시의 언어는 역설 또는 아이러니이기도 한 것이다.

역설이란 보편적 논리로는 모순되지만 그 속에 진실이나 진리를 내포하는 언술이다. 과학자는 역설이 제거된 언어를 요구하지만 시인이 말하고자 하는 진실은 확실히 역설을 통해서만 가능해진다고도 한다.[Cleanth Brooks, 『잘 빚어진 항아리』, 1975] 아이러니와 역설은 이미 현대시의 구조적 특질로 보편화되어 가고 있는 추세라고도 진단된다.[문덕수, 『시론』, 1996]

아이러니컬한 비유로 하여, 청마의 「깃발」은 그 비유의 개방성과 확장성으로 아슬아슬한 시적 긴장을 보여준 당대의 대표적인 작품이 되었다 할 수 있다. 공중에서 나부끼는 깃발 본래의 형태에 독특한 주관이 투사되어, 이상세계를 향해 동경의 끈을 놓을 수 없는, 인간의 실존적 비극성을 남다르게 표현한 것이다.

(3) 상징적 이미지

두루 알다시피 상징이란 주지가 문면에 드러나지 않는, 매재만의 비유를 가리키는 말이다. 바꾸어 말하면 비유란 주지를 문면을 통해 파악할 수 있는 상징이라 할 수 있다. 은유 중심의 비유가 <내 마음은 호수요.>처럼 매재어(호수)의 성질이 주지(내 마음의 그리움)에 전이되는 기능을 하는 데 비해, 상징은 어떤 대상이나 사건만을 가리킴으로써 문면 밖의 어떤 정신영역을 연상하거나 유추하게 한다. 당연히 주지가 단순하지 않고 모호하고 다의미적이라는 점에서, 매재어만 드러나되 매재와 주지가 1:1의 관계에 준하는 알레고리, 제유, 환유 등과도 구별된다고 한다. 하지만 심층적인 실재에 있어 상징과 여타 비유와의 경계를 분명히 할 수는 없다. 은유 뿐 아니라, 알레고리, 제유, 환유의 매체어도 관점에 따라서는 다의미적일 수 있고 상징 역시 단순한 주지를 내포할 수도 있어 실제 시에 있어 그 변별점은 불투명하다 하겠다. 이는 '단순비유'와 '언어적 비유' 중심의 고대 수사학적 전통을 답습한 논리로서 현대시의 실천적 이해에서는 별 의미가 없는, 형식논리가 아닌가 한다.

아무튼 상징은 크게 세 유형으로 나누어진다. 이는 비유적 유추 과정의 세 축이기도 하다는 점에서 유념할 만하다.

'보편적(universal) 상징'은 제도적 상징이나 관습적 상징과 같이 타인이 비교적 쉽게 공감할 수 있는 문학적 관습이나 종족적 문화적 약속 같은 것에 의한 상징이다. 이상향을 상징하는 '해원(海原)', 허무를 상징하는 '공중' 등은 보편적 상징이라 할 것이다.

'개인적(personal) 상징'은 특정한 작품이나 한 시인의 시세계에서 특별한 의미를 갖는 창의적 상징을 말한다. 시와 시 의 문맥을 통해서 또는, 시인의 경험에 의해 특별한 의미를 암시받을 수 있다. 유치환의 '깃발'은 시의 제목이자 전체 텍스트의 주지를 내포하기도 하고, 이상향을 향한 화자의 숙명적 염원을 담은 은유이자 개인적 상징이다.

'원형적(archetypal) 상징'은 제도나 관습을 넘어 역사나 문학, 종교, 풍습 등에서 수없이 되풀이되어온 인류 공통적 이미지나 모티프, 주제 등을 가리킨다. 인류의 삶 속에서 반복적으로 나타나는 정신적 잔존물로서 조상들의 생활 속에 되풀이되어온 이미지이며, 심층심리학에서 보면, 유전되는 집단무의식의 선험적 결정자(apriori determinant)이기도 하다. 태양, 바다, 어둠, 밝음(불) 등이 대표적 이미지이고 아버지, 어머니, 사악한 뱀과 무정한 바위 등이 대표적 인격 이미지이다. 출생, 성년, 유혹과 사랑, 고독과 황량함, 파멸과 죽음 등 원형적 주제와 양식도 이 범주에 든다.

> 매운 계절의 채찍에 갈겨
> 마침내 북방으로 휩쓸려 오다.

하늘도 그만 지쳐 끝난 고원
서릿발 칼날 진 그 위에 서다.

어디다 무릎을 꿇어야 하나
한 발 재겨 디딜 곳조차 없다.

이러매 눈 감아 생각해 볼밖에
겨울은 강철로 된 무지갠가 보다.

—이육사, 「절정」

원형적 상징에서 겨울과 북방은 험난함, 사멸(死滅) 등을 상징한다, <매운 계절의 채찍>, <서릿발 칼날 진>, <무릎 꿇을 곳>, <강철로 된 무지개> 등은 죽음과 같은 일제강점기의 암흑을 초극하려는 염원과 의지가 육화된 은유 또는 차이성 강한 역설적 비유이자 개인적 상징이다. 여기에 분노와 적개심마저 넘어선 자기 관조의 여유, 가열 차고 준엄한 선비의 자세, 대륙적이고 당당한 목소리가 대조적인 울림을 준다. 특히 <강철로 된 무지개>란 역설적(또는 은유적 또는 아이러니컬한) 표현은 규범 맥락에 모순되거나 차별되면서도 독자적(獨自的)인 상황의식과 진실을 가리키는 차이성과 긴장도가 높은 비유라 할 수 있다.

앞에 든 시 「목숨」과 「깃발」이 존귀한 존재의 몰락이나 운명적인 상황에 대한 비장미(悲壯美)의 시라면 「절정」의 자세는 초인적 숭고(崇高)를 잃지 않고 있음도 주목할 만하다. 하버마스(Jürgen Habermas)는 아우라 즉, 예술 작품의 독특하고 고고한 분위기는 기본적으로 자아와 타자, 인간과 자연의 일체감 그 위에 잠재된 인간적 경륜이 더하여 불러온다고 하였거니와 감동이 큰 시란 숭고미나 비장미를 함유하고 아우라를 발산하는 시가 아닐까 한다.

시인은 새롭고 차별적인 체험을 이미지를 통해 수용하여 재맥락화 한다. 독자는 자신의 체험과 연계하여 이에 반응한다. 이때의 감동 어린 상상력은 역시 시적 진정성과 창의력에서 우러나오고, 더욱 풍요로운 창의력을 재요구하는 계기가 된다. 진정성(sincerity)은 인간의 실존을 위해 우선적으로 요구되는 마음의 자세이기도 하고, 시의 복잡한 요소들을 통일시키는 성공요인이기도 하며, 그것을 갖춘 시는 지나친 감상(感傷)도, 불필요한 과장도 필요로 하지 않을 수 있다.[C. Brooks, R. P. Warren, 『Understanding Poetry』] 그것은 자발적으로 차별적인 시적 체험, 비유적 언어를 생성하기 때문이다.

상상(력)은 시적 진정성에 부합하는 이미지를 발견하고 그것을 핍진하게 구성하는 정신작용이다. 비유의 동력이기도 하고, '지금 여기'를 넘어서는 시공을 지향하는 인간의 본성적 에너지이며, 나아가 인간사회 발전의 원천 동력이기도 하다.

상상력과 이미지를 축적하고 활용하는 것은 재능에 따른 문제이기도 하지만, 실천적 노력이 요구되는 문제이기도 하다. 창작적 수련을 위해서라면, 일과 후나 여행 후 또는, 독서와 사색 후, 이미지들의 목록을 작성한다든지, 그 잔상들을 정리하고 서로 짝지어보는 것이 도움이 될 것이다. 그 능력은 어휘력에 따라 심화, 확장될 수도 있으므로 새로운 어휘목록, 예컨대 순우리말이며 민속 문화어, 기상(氣象)언어, 형용어, 감각어 등등 주제별 목록을 작성한다든지, 특정 주제를 무연(無緣)한 이미지들의 연결을 통하여 표현한다든지 하는 등등의 남다른 노력도 필요한 일이지 않을까 한다.

8장

차이성의 비유

시가 갖는 발견적 맥락은 종교적 교리나 법적 장치, 수치적(數値的) 통계에 대한 지식과 다르다. 그들의 고정화 계량화하는 앎의 세계와 달리, 시는 공동주체적 자아와 세계가 동일성을 이루는 궁극의 원망(願望)에 이르고자 한다. 이를 위해 기성 언어의 문맥을 조정, 비유화, 상징화한다. 유추와 전이를 통해 발견적 원망을 오롯이 담을 수 있는 언어체계를 계발한다. 비유(또는 상징)의 언어를 통해 새롭고 구체적이며 특수한 인식과 경험을 표현하는 것이다. 시 언어 뿐 아니라 모든 언어의 첫 모습은 그런 의미에서 비유였다 할 수 있다. 언어가 존재하지 않거나 부족한 상태에서는 시각적 청각적 의미론적 유추에 의해 전용(專用)하지 않고는 표현이 불가능했던 것이다. 미지를 지향하는 시의 언어는 당연히 비유적이며 상징적인 체계를 갖출 수밖에 없다. 시가 언어예술이면서 언어를 넘어서는 예술이라 함은 이래서이다.

그런데 온갖 권위에 의해 대중적 일체감이 확보되었던 근대이전 유사성 중심 비유의 시에 비해, 개별적이고 자유분방하며 복잡다단한 삶을 살아가는 현대의 시인으로서는 자아와 세계의 공동주체적 동일성을 이루기가 훨씬 더 어려운 지경이다. 그래서 현대시의 비유는 유사성이나 인접성에 의한 기교적 동일성에 의존하기보다 기존의 인식을 부정하거나 반(反)하거나 불합리한 유추를 구현함으로써 현실에 균열을 가한다. 개인화한 사회에서는 더욱 요원해진 공동주체성 지향의 의식을 현재에 대한 차이성 중심의 비유로 효율적으로 탐사하는 것이다.

1. 유사성에서 차이성으로

시의 언어는 비유의 언어이다. 모든 언어가 지시적 의미 외 이면의 의미(주지)를 다소간은 가진다는 말이다. 예컨대, <어디다 무릎을 꿇어야 하나>(이육사, 「절정」에서)라는 행간에서도, '어디'에서는 구조적으로 '살벌한 현실 속 평안의 시공' 정도의 주지(主旨)가, '무릎 꿇기'에는 '잠깐의 평온' 또는 '기도의 장소'라는 주지가 유추되는 것이다.

프라이(H. N. Frye)는 비유의 동기를, 인간이 자기의 마음과 외부 세계를 결합·동일화하고자 하는 욕구에 있다고 적시했다. 자기동일성이란 좁게는 사물이 자기 자신과 같아야 한다는 욕구, 넓게는 복수(複數)의 사물 간에 유사성 및 상등성(相等性)을 이루고자 하는 욕구에 의한다. 비유는 기존의 의미와 다른, 새롭고 특수한 의미와 자아를 동일화하고, 그로써 사회적 공유를 이루고자 하는 욕구의 결과라는 것이다. 이 과정에 비유의 세 가지 기능이 발휘되는 바, 첫째는 기존 의미의 확장이요, 둘째는 새로운 의미의 창조이며 셋째는 미지의 가능한 의미 탐색이다.

그런데 자아동일성을 지향하는 비유는 야콥슨 이래, 연상적 유사성에 입각한 '은유'(직유, 상징, 의인 등 포함)와, 논리적 인접성에 입각한 '환유'(제유 포함) 등 크게 둘로 나누어져 논의되는 것이 일반이다. 이 둘은 새로운 언어 생성의 축(軸)이기도 하다는 것이 오늘날 구조주의언어학과 인지언어학의 논리인 것이다. 이를 더욱 단순화 하여, 은유, 환유, 상징의 구분 없이 통틀어 은유(metaphor)라는 근본비유 하나를 내세우기도 한다. 연상적 유사성에 의하든(은유) 논리적 인접성에 의하든(환유), 주지가 문면에 드러나든 드러나지 않든, 모든 비유가 심층적으로는 유추에 의한 'A=B'의 형식으로 동일화를 지향한다는 이유에서이다.

하지만 이들 논리가 기술(記述)의 편의를 제공하고, 비유의 방법을 논리화

하는 데는 도움이 된다 할지라도 현대시의 비유체계를 실제적으로 이해하는 데는 지나치게 단순한 논리가 아닌가 한다.

은유론 또는 은유·환유의 양극론은 고대 수사학– 일방적 지시와 전달로 일정한 청중의 선동을 효과적으로 달성하고자 한 고대 그리스의 변론술을 계승한 것이기 때문에, 대중들과의 동일화를 손쉽게 이루던 시절의, 유사성 중심의 수사기법 논리일 수밖에 없는 것이다. G. 레이코프가 설명하듯 비유란 언어발생의 원천인 동시에 일단 통용된 언어는 인간의 사고와 개념체계를 구성하는 근본체계가 된다면[G.레이코프, M.존슨, 『삶으로서의 은유』, 2011], 오늘날의 시, 매일같이 자극적인 정보 앞에 놓이는 독자를 향하여 개별적이며 복합적인 현대적 삶을 표현해야하는 현대시의 시성(詩性)을 해명하는 데는 한계가 있을 수밖에 없는 것이다. 이른바 '동일성의 시론'을 내세워 현대 시론의 정립을 도모했던 김준오의 저서 『시론』(1982)이 현대 시의 체계를 다 포용할 수가 없어지자, 판을 거듭하면서 차이성 혹은 비동일성을 소개하고, 시 유형의 다양성, 시적 담론과 수사학 등으로 논의를 확장하여, 현대시 구성의 목록으로 환유성과 메타성, 인유적 상상력과 패러디, 아이러니와 모순, 희극적 태도와 풍자, 소외기법 등등 잡다하게 거론하였던 것도 [구모룡, 「동일성의 시론」, 2024] 현대시를 '자아와 세계의 동일성' 또는 은유를 중심으로 이해하는 논리체계의 한계를 자각하였기 때문이었다 할 수 있다. 김준오는 오랫동안 비유에 있어 주지와 매재 사이의 연동과정을 '유사성 또는 연속성' 아니면 '동일성'으로 규정하였던 바,[김준오, 『시론』, 2000] 그것으로는 비유적 언어의 본질을 전반적으로 조명하지 못하는 한계에 봉착할 수밖에 없었고 그를 보완하기 위하여, 유사성이나 동일성으로 핵심을 규정할 수 없는 현대시의 양식적 목록을 따로 열거하였던 것이다. 이는 그가 일반 시론에 따라 변론술로서의 전통적 관점, '처럼, 듯이 ~인양'(직유)이나 'A=B'(은유) 등 형태론적 비유의 정의와 분류 기준을 은연중에 고수하고자 한 까닭이기도 할 것이다.

그러나 그가 제시한 현대시 관련 기타 목록의 시 양식도 나름의 주지(主旨)를 갖는, 심층적으로는 비유 양식이었음은 주목할 필요가 있다.

모름지기 시의 비유를 형성하는 요소는 주지, 매재, 유사성, 차이성 등 4가지이다. 모든 비유는 이 네 가지 요소의 길항을 통해 맥락적 정체성을 확보한다. '순정은 물결 같이 바람에 나부끼고'[유치환, 「깃발」]라는 시구를 예로 들면, 주지는 순정, 물결은 매개어, 유사성은 '바람에 나부끼고'와 관련된다. 차이성은 순정과 물결 간의 현실적 차이로서, 소위 직유에 있어서의 '같이' 또는 '처럼'과 같은 부사격조사가 그 증거가 된다. 이렇게 보면 비유에는 그 네 가지 요소가 다 드러나는 경우(직유)와, 주지와 매개어만이 드러나는 경우(은유)가 있고, 매개어만이 겉으로 드러나는 환유, 제유, 상징 등의 경우가 있다.[문덕수, 『시론』, 2002]

비유는 이와 같이 모든 의미와 의미 사이, 실체(entity)와 실체 사이, 의미와 실체 사이에서 차이성을 전제로 유사성을 등치시킴으로써 기존 언어맥락의 한계를 극복하고, 대상과 시인과 독자 간 공동주체성을 이루고자 하는 언어양식이다. 그리고 본질적으로 자아와 세계의 공동주체성을 추구하는 시에서는 주지와 매개어가 유사성(인접성 포함) 중심으로 연계되는 경우가 있고 차이성을 중심으로 하는 경우가 있다는 점, 유사성이 완전히 배제된 차이성도, 차이성이 완전히 배제된 유사상의 비유도 존재할 수 없다는 점도 이해할 수 있다.

그런데, 비교적 수월하게 군중을 선동하고 일체감을 도모할 수 있었던 고대사회의 시에 비해. 집단화, 객관화가 어려운 중층적이고 특수한 상황에서 새로운 맥락을 발굴하고자 하는 현대시는 반어, 역설, 암호, 구체어, 극한의 은유, 상징 등등 유사성을 중심으로 하지 않는, 세계에 대한 차별적 인식으로 차이, 모순, 부정 등 차이성이 중심이 되는 과정을 거치게 된다. 유사성보다 차이성을 중심으로 하는 비유양식의 주류화이다.[신진, 「야콥슨의 양극론 비판」, 2006] 모든 서정적 언어행위가 세계와의 동일성을 지향한다고 하더라도 삶과 문화적 가치가 전면적으로 개인화 내면화 다층화 하는 현대사회, 현대시에 있어서의 시적 발견은 일방의 유사성에 의한 수사로는 담보되지 못하고, 개별성, 차이성을 중심으로 구체화됨으로서 새롭고 탄력성(tension) 있는 공동주체 지향성을 이룰 수 있게 되었다는 것이다.

① 나는 해바라기, 그대를 바라보네
② 나는 한 톨의 먼지, 그대 주위를 맴도네

①은 은유의 형태를 띠고 있지만 심층적으로는 내 마음과 해를 따라다니는 해바라기의 속성이 논리적으로 근접하는 환유이기도 하다. 그런데, 이런 표현은 처음 썼을 때의 참신함은 이미 마모되었고 주지와 매재 간의 유사성은 관용(慣用)에 가까운 것이 되었다.

하지만 ②의 경우는 일단 기존의 공통감을 넘어선 차별성 내지 불합리성을 내표한다. 유사성보다는 차이성이 중심이 된 은유이자 역설적이고 아이러니컬한 비유이다. 이런 현상은 현대시의 특징이기도 하고, 갈수록 일반화되는 현상이기도 하다.

수준 있는 시인은 현재에서 새로운 삶과 이미지를 발견하고 구체화함으로써 생명력을 부여한다. 다원화 한 현대에 들어 더욱 간극이 큰 주지와 매개어, 주지와 매개어의 협동이 예상과 상식에서 벗어나는 차이 중심의 비유를 쓰게 된 것이다. 일방적 설득과 토로를 위한 유사성 중심의 동일화에서, 발견적 인식에 의한 차이성 중심의 비유로의 이동인 셈이다.

무척 짧은 시이지만 당대의 주목을 받았던 1970년대의 시 한 편을 보자.

사람들 사이에 섬이 있다
그 섬에 가고 싶다

—정현종, 「섬」

첫 행은 누구도 예상치 못할 명제이다, 사람들 사이에 섬이 있다니. 섬은 주지가 표면에 드러나지 않는 이른바 함축적 은유이자 창의적 상징어이다. 그 섬의 의의는 전체 문맥을 음미한 후에야 조금씩 그려진다. 차이성 중심 비유의 특징이기도 하다.

일반적으로 섬은 외로움의 이미지를 갖지만 이 시에서는, 사람들 사이에 있는 가고 싶은 곳 즉, 연대적 삶의 아름다움이 깃든 곳이란 의미의 개인 상징이다. 동시에, 일반의 예측과는 차이가 나는 아이러니, 또는 불합리한 표현의 이면에 진실을 감춘 역설의 언어이기도 하다. 무척이나 짧은 시인데도 불구하고, 은유, 상징, 아이러니, 역설 등 복합적인 언어과정을 거쳐 섬은 요동치는 세파를 무릅쓰고 시적 자아의 애틋한 인간애와 외로움과 사랑이라는 다층적 욕구를 구체화 하는 차이성 강한 문맥의 중심에 놓이는 것이다.

같은 연대에 초현실주의 시에 감각적 실감을 더하면서 나름의 차이성 강한 시를 모색한 시들도 있다.

마개를 빼면
화약 냄새가 나는 지구

언젠가
거울 앞에 앉은 아내의 향수병을
채색한 일곱가지 무지개 빛깔

맥주병 안으로 침몰한 태양
어둠이 피부에 기면
피가 나도록 긁는 쾌감, 빈대

카실카실 카시오피아 성좌에서
카실히 지는 낙엽소리

질풍신뢰(疾風迅雷)의 속도로 도는 지구 위에서
현기증과 구토가 메아리 치고

뛰어 내리기 전에
쓰디 쓴 이별의 커피맛.

—구연식, 「감각A」 전문

첫 연에서 시인은 지구를 둥근 사과나 달걀에 비유하지 않고, 술병이나 꽃병에다 화약을 넣은 화염병에 비유하였거니와 이는 이질적 대상 사이의 충돌의 미학, 데페이즈망 수법을 응용한 것이라 할 수 있다.

1~6연은 각각 후각, 시각, 촉각, 청각, 기관감각, 미각 등 감각적 이미지가 병치되어 있는데, 폭력이 난무하는 세계에 대한 허무의식을 감각화 하는 외에도 <카실카실 카시오피아 성좌에서/카실히 지는 낙엽소리> 같은 언어감각도 이용된다. 4연의 '카'와 '실'에는 격음, 마찰음으로서의 성질도 있어 목젖에 걸리는 그 반복은 문명에 대한 허무의식을 은유하는 압운의 효과를 발휘한다고도 것이다. 기성 의미의 해체와 청각영상을 통한 언어유희, 기표놀이라 할 수도 있다.

이 시의 원천은 이상이나 조향에게서 찾을 수도 있겠지만 마개, 화약 냄새, 아내, 빈대, 카시오피아 성좌 등등의 이미지는 유사성에 의한 비유나 고정적 관습상징이 아닌, 의미가 모호하면서도 참신한 긴장상징(tensive symbol) 또는 환상적 상징어들로서, 고의적으로 사용한 차이성 중심의 비유어임에 분명하다 할 것이다.

「섬」이나 「감각A」 두 편 다 이른바 비유적 표현에 있어 '낯설게하기(ostranenie)'를 실천한 시라고도 할 수 있다. 낯설게 하기는 대상에 대한 표현을 의도적으로 친숙하지 않고 난해하게 해서 지각 과정을 어렵게 하는 20세기 초 러시아 미래파(futurism)의 언어적 특성을 가리킨 말이다. 넓은 의미에서 차이성 중심 언어운용의 형태라 할 수 있다. 시의 언어는 세월이 갈수록 유사성에서 차이성 쪽으로 중심이 옮겨져 온 것이다.

일찍이 중세 수사학은 언어적 표현법을 은유, 환유, 제유, 아이러니 등 네 가지 형식으로 나누고 있었다. 수백 년 전, 비코(G. B. Vico)와 보시우스(G. J. Vossius)는 시의 네 개의 주요한 원형적 문채(figure)들을 창안 순서에 따라 은유, 환유, 제유, 아이러니 등으로 든 바 있다. 맨 끝 아이러니는 그 후 표현상의 문채, 다른 말로 가(假) 비유(pseudo-trope)라 해서 비유의 본령에서 제외되게 되었고 비유는 러시아 형식주의자들, 특히 야콥슨에 이르러 은유, 환유 등의 양극론으로 자리를 잡게 되었다.[김현 편, 『수사학』, 1985] 환유가 논리적 인접성에 의한 결합인데 비해 제유는 부분으로 전체를, 전체로써 부분을 비유한다는 점에서 환유와 변별점을 갖긴 하지만 그 역시 논리적 인접성의 범주에 있어 위상을 따로 부여받지는 못하고 환유에 편입된 것이다.[로만 야콥슨, 「언어학과 시학」] 여기에, 일찌감치 유사성 중심의 수사적 비유에서 탈락했던 가(假) 비유, 아이러니가 특정 인물에 의한 삶의 극적인 비유라는 관점에서주목 받게 되고, 극적인 맥락을 총괄하거나 대표하는 특징으로서의 제유의 개념도 중요시되게 되면서, 바야흐로 16세기 비유의 네 유형이 다시금 주목받는 때가 되었다.[H.하이트, 천형균 역, 『메타역사』, 1991, K. Burke,

『A Grammar of Motives』, 1969]

현대시인은 한 층 더 개방적인 태도로, 복잡다양하고 내밀한 현대인의 삶과 정서를 탐색한다. 시시각각 놀라운 사태에 직면하고 사는 독자 역시 더욱 신기(新奇)를 선호하는 한편, 웬만한 깊이의 진정성이 담보되지 않는다면 신뢰하지 않는 안목을 갖추게도 되었다. 오늘의 시인에게는 중층적인 삶을 개방적 언어로 표현하되 차이성이 큰 은유와 긴장 상징, 넓은 의미에서의 아이러니, 인유, 표절, 메타시(시에 관한 시) 등 일반적 인식에서 차이가 나는 인식과 표현의 능력이 요구되게 된 것이다.

2. 또 하나의 비유, 차유(差喩)

가(假) 비유, 아이러니의 격상과 비유의 위상이 재고된 이유는 첫째, 시적 인식대상인 세계 자체 단순치 않고 복합적이며, 모순과 부조리로 가득 차있기 때문이고, 둘째, 자극적인 현실에 살면서도 현실 이상의 경역을 좇는 시인으로서는 현실에 반항하거나 일탈하거나 부정할 수밖에 없는 까닭이며 셋째, 시민권이 신장되면서 수사(修辭)의 미려함보다 실제적 담화와 같은 어조와 어투가 현장적 소구력을 발휘할 수 있다는 점, 넷째, 정형적인 서술을 지양하고, 세계를 포괄적이고 주지적(主知的)인 통찰에 의해 받아들이는 현대정신문화에 부합한다는 점 등이라 할 수 있다. 이렇게, 한때 '가짜 비유'로 취급되었던 광의(廣義)의 아이러니는 20세기 들어 이른바 형이상학시(랜섬)나 로고포에이아(파운드)의 핵심 언어전략이 되었고, 현대시다운 중층적(重層的) 언술로 받아들여지게 되었다. 현대시는 동일하거나 유사한 경험의 주입에서 벗어나, 대립, 갈등, 모순 등 상충적인 경험에서 새로운 질서를 발견할 때 실감나는 감동력을 발휘하게 된 것이다.

중층적 언어는 현재에 대한 차별적 인식에서 발생하며 그 표현은 차이 중심의 비유에 귀결될 수밖에 없다. 이는 자기중심적 상업주의에 의한, 복잡하고 자극적이며 부조리한 세태에 적응하고 저항하는 역동적 창의의 언어이다. 다다이즘 시인들의 '데페이즈망', T.S 엘리엇의 '폭력적 결합', I.A. 리처즈와 C. 브룩스가 강조한 아이러니와 역설, A. 테이트가 지적한 시적 자질로서의 '긴장(tension)' 이러한 충돌과 모순적인 진술들에 대한 엠프슨(William Empson)의 모호성(ambiguity) 등등이 이런 현상을 반영한다. 이렇게 하여, 발신자와 수신자 사이의 상황적 요소나 문맥적 정황을 고려하여 해석해야 하는 가(假) 비유들— 갖가지 아이러니와 긴장상징, 낯선 은유, 고의적 표절, 논리가 인접하지 않는 특수한 환유(또는 제유)와 인유 등 차이성 중심의 중층적 비유가 시적 언어의 중심으로 격상하게 된 것이다.

필자는 '차이'의 비유, 다시 말해 모순, 불합리, 비상식 등 매개적 언어가 특정의 주지를 유추하게 하는 경우, 이 역시 비유의 본성을 갖는다는 점에서 이를 차유(差喩, transphore)라 부르기를 제안한 바 있다. 차유는 수사(修辭) 위주의 비유가 실제 삶의 성찰에 닿지 못하는 한계를 넘어서는 언어전략이자, 은유·환유와 함께 언어형성상의 세 축이 된다.[신진, 「시적 기능의 세 번째 축, 차유론」, 2003] 또는 은유와 더불어 비유의 두 축이라 할 수도 있다.

물론, 비유인 이상 어떤 환유도 다소 은유적이거나 차유적이며 어떤 은유도 차유적, 환유적 색채를 띤다. 단독으로 작동하는 단순 언어는 가치중립적 산문이나 비문(非文)의 기표놀이에 떨어지고 만다. 은유, 환유, 차유는 언어 생성의 세 축(軸)이요 비유를 이루는 세 축이며 시적기능의 세 방향인 것이다.

은유와 차유로 한정하여 비유의 두 축으로 보는 관점도 가능하다. 하지만 가능한 현재의 언어관을 존중하면서 비유양식을 보다 섬세히 한다는 의미에서 세 축으로 나눌 필요가 있다. 비유의 세 축 또는 세 층위의 주지와 매재 간 유추의 특성을 대비해보자.

은유	환유	차유
유사성	유사성(인접성)	차이성
자아중심적	세계 중심적	공동주체적
유추	대체	개방과 긴장
연상	실제	위트, 기상(奇想)
서정적	설명적	복합적(극적)
선택적 재현	논리적 연계	부정과 역동
사물시. 표현론	관념시. 효용론	형이상학시· 교언론
직유.은유.의인 외	제유.환유.관습상징 외	아이러니.긴장상징,은유 외

형이상학시의 핵심, 기지(wit)와 기상(conceit)은 차유의 발상법을 대표한다. 차이, 상반(相反), 모순, 중의(重義), 과장, 축소, 시침 떼기 등 갖가지 중층적 이질감을 이용하는 위트에 의한 착상이 차유의 핵심이다. 관례화 되지 않은 긴장상징이나 낯선 은유와 환유도 포함된다. 이에 더하여 현대시에서는 운율 형식에서도 정형률을 탈피, 극단의 자유시, 산문시 양식으로 나아가고, 그 외 민담, 민요, 회화와 음악 등 주변부 양식을 차용하기도 하며 파격적인 형식을 창조하기도 하는 바, 이 역시 차유의 맥락을 형성하거나 그 자체 차유의 기능을 한다 할 수 있다.

차유는 차이 중심의 개방적이고 역동적인 언어로 긴장감 있는 의의(주지)를 공유하고자 한다. 바슐라르(Gaston Louis Pierre Bachelard)의 상상력 이론을 빌면, 유사성에 의한 종래의 은유가 대상에 대한 표면적이고 감각적인 반응인 '형태적 상상'에 의한 것이고, 환유(제유 포함)가 대상에 대한 부피와 무게를 느끼며 공존하는 '물질적 상상'의 영역에서 작동한다면, 차유는 그를 넘어 원망(願望)의 무한한 가능성에서 우러나는 의지를 반영하는, '역동적 상상'에 의한다 할 수 있다. 바슐라르에 의하면 역동적 상상력은 자발적이고 무상(無償)한 것이며 인간 원초의 정신기능이고 미래를 향해 열린 존재의 근본적 동력이다.[곽광수·김현, 『바슐라르연구』, 1981]

가령, 김광균의 <낙엽은 폴란드 망명 정부의 지폐>(「추일서정」에서)라든지 김춘수의 <하나님 당신은 …… 놋쇠항아리다>(「나의 하나님」에서)와 같은 비유는 컨시트, 또는 독특한 은유나 역설로 불릴 수 있지만 '차유'란 명칭이 용인된다면 차유란 말로 통일될 수 있다. 주지와 매재 간에 기존 인식에 대한 부정과 인식상의 모순 따위 차이성이 두드러지기 때문이다. 물론, 유사성과 차이성의 강도(强度)에 따른 구별은 궁극적으로 주관에 달린 문제일 것이다. 하지만 원래 문학과 예술의 가치 판단치고 궁극적으로 주관성에 따르지 않는 경우란 없지 않은가.

성북동 산에 번지가 새로 생기면서
본래 살던 성북동 비둘기만이 번지가 없어졌다.
새벽부터 돌 깨는 산울림에 떨다가
가슴에 금이 갔다.
그래도 성북동 비둘기는
하느님의 광장 같은 새파란 아침 하늘에
성북동 주민에게 축복의 메시지나 전하듯
성북동 하늘을 한 바퀴 휘돈다.

성북동 메마른 골짜기에는
조용히 앉아 콩알 하나 찍어 먹을

널찍한 마당은커녕 가는 데마다
채석장 포성이 메아리쳐서
피난하듯 지붕에 올라앉아
아침 구공탄 연기에서 향수를 느끼다가
산 1번지 채석장에 도로 가서
금방 따낸 돌 온기에 입을 닦는다.

예전에는 사람들을 성자(聖子)처럼 보고
사람 가까이서
사람과 같이 사랑하고
사람돠 같이 평화를 즐기던
사랑과 평화의 새 비둘기는
이제 산도 잃고 사람도 잃고
사랑과 평화의 사상까지
낳지 못하는 쫓기는 새가 되었다.

— 김광섭, 「성북동 비둘기」

1960년대 말, 산업화와 경제력 제고를 위해 일로 매진하던 시대. 번지(番地)의 지정 자체 조국 근대화의 일환이던 때에, 시적 자아는 주거지를 잃어버린 비둘기를 발견한다. 비둘기는 쫓겨난 주민의 생명력과 인권에 대한 긴장상징이다.

비둘기가 평화를 가리킨다는 관습적 상징은 부차적인 것이다. 원래 번지를 가질 수 없는 비둘기가 가지고 있던 번지를 잃었다는 진술의 불합리성 속에는 자연 파괴의 진실 즉, 생태복원을 향한 역설이 있고, 그 아이러니적 상황이 가로놓여있다. 비둘기는 새벽부터 돌 깨는 산울림(산업화, 환유)에 살

수 없을 지경이지만 성북동(삶의 터전, 환유)을 떠나지 않는다. 결국 비둘기는 평화의 관습적 상징을 넘어 산업화의 폐해, 파괴된 인권에 대한 존중심과 연민을 다층적으로 불러일으키는 차유에 이르는 것이다.

차유에 대한 각성은 시를 관념시, 사물시, 교언시 등 단순 시형에서 벗어나, 언어들이 그들의 상호작용에 의해, 예기치 못한 관념의 춤을 생성하는 E. 파운드의 로고포에이아, 철학적 내면의 복합경험을 형상화하는 J. C. 랜슴의 형이상학 시, 그리고 내면적 의식의 흐름을 반영하는 자유연상시 같이, 시를 새롭고 다층적이고 성숙한 모습으로 이끄는 동력이 된다. 대상의 환치를 통한 의미의 단순한 이동이나 확장에서 나아가 새로운 가능성의 역동적 탐색, 베르그송(Henri-Louis Bergson)의 생명 철학을 대표하는 개념 '창조적 진화'의 언어적 이행이다. 생명의 약동은 인과론이나 목적론적 당위에 따라 주어지는 것이 아니라 예단하거나 규정할 수 없는 유기체로서의 중층적이며 개방적인 운동인 것이다.

뇌 과학을 빌자면, 논리와 계산을 담당하는 좌뇌(左腦)는 예상 밖의 이질적인 정보에 맞닥뜨릴 때 일시적인 고장상태에 빠져서, 그 정보를 직관적 예술적 사고를 담당하는 우뇌에 이월하게 되는데, 좌뇌가 이질적인 정보로 일시 고장이 난 그때, 사람에게는 사랑의 행위를 할 때와도 같은 엔도르핀이 분비된다고 한다. 시에 있어, 기존의 논리적 예측에서 벗어나 그를 뒤집어 놓는 차이성 중심의 비유, 차유도 그와 같이, 독자에게 일시적 당혹감과 동시에 기묘한 쾌락, 엔도르핀을 선물할 수 있다 할 것이다.

새로움에 대한 주목은 인간의 본성이자 진화의 결과이기도 하다. 미국 MIT대학교수이자 『하이퍼 머신』(2022)의 저자인 시난 아랄(Sinan Aral)도 성공적인 문화를 일구기 위해서는 새로운 아이디어와 비판적 사고가 필수적인 것이라 하고, 인간은 정보의 진위나 중요도를 떠나 남이 모르는 새로운 소식, 자극적인 뉴스에 더 열광하기 마련인데 이는 언제 있을지 모르는 돌발 상황에 신속히 대처하려는, 오랜 진화의 산물이기도 하다고 한다.

고향에 돌아온 날 밤에
내 백골(白骨)이 따라와 한 방에 누웠다.

어둔 방은 우주로 통하고
하늘에선가 소리처럼 바람이 불어온다.

어둠 속에 곱게 풍화 작용하는
백골을 들여다보며
눈물 짓는 것이 내가 우는 것이냐
백골이 우는 것이냐
아름다운 혼(魂)이 우는 것이냐

지조(志操) 높은 개는
밤을 새워 어둠을 짖는다

어둠을 짖는 개는
나를 쫓는 것일 게다.

가자 가자
쫓기우는 사람처럼 가자
백골 몰래
아름다운 또 다른 고향에 가자.

—윤동주, 「또 다른 고향」

시인의 사후(死後)에 간행된, 1948년 시집 속, 그의 대표작으로 손꼽히는 작품이다. 그의 다른 시들에 비해서도 당대의 다른 시들에 비해서도 그만큼 새롭고, 일반의 인식이 부정되는 등의 차이성이 강하게 느껴진다. 제목 '또 다른 고향' 자체 차유적 매재이다. 그곳은 실제의 고향이 아님은 물론 지상의 장소도 아닌, 쫓겨서 가는 곳이지만 아름답게 실재하는, 당대까지의 우리 시에서 볼 수 없었던 시공인 것이다. 그와 함께 <고향에 돌아온 날 밤에 내 백골이 따라와 한방에 누웠다>는 시적 상황 자체 차이 나는 맥락을 가지는 생경한 매재이며 문면(文面)에 주지가 드러나지 않은 함축적 은유라 하겠다.

그 위에, <소리처럼 바람이 불어온다>거나 <쫓기우는 사람처럼> 같은 유사성 중심의 직유, 은유가 부가되고, <백골이 따라와 한 방에 누웠다>든지, <방은 우주로 통한다>든지, <풍화작용을 하는 백골을 들여다본다>든지 하는, 은유와 과장진술(overstatement)과 모순어법이 중첩되어 인상 깊은 '상황적 차유'를 이루고 있다.

물리적인 측면에서 '백골'은 현실적 육신을 가리키는 인접성에서 환유로(제유), 밤새 짖어대는 '개'는 어둠을 경계하는 본성적인 생명력을 연상한다는 점에서 환유적 은유로 볼 수 있다. 하지만 이들의 주지와 매재 간 인접성과 유사성은 그에 못지 않게 차이성 또한 갖고 있는 것이 사실이다. 이렇게 유사성과 차이성이 엇비슷한 비중으로 작용하는 경우에는 불가피 '경계(境界)의 비유'란 말로 부를 수 있을 것이다.

나 보기가 역겨워 가실 때에는
말없이 고이 보내 드리오리다

영변에 약산 진달래꽃
아름 따다 가실 길에 뿌리오리다

가시는 걸음걸음 놓인 그 꽃을
사뿐히 즈려밟고 가시옵소서

나 보기가 역겨워 가실 때에는
죽어도 아니 눈물 흘리오리다

—김소월, 「진달래꽃」

나 보기가 싫어서 가는 임을 말없이 보내드리는 행위도 일상과는 다른 모순적 행위이지만 시의 중심소재 진달래꽃은 또 어떤 꽃인가?

임의 일이라면 떠남마저 축복하면서 뿌려지는 진달래 꽃잎—, 그 순정한 사랑을 의미하는 매재가 진달래꽃이다. 그 경지가 외면적 맥락과 실제의 의미가 다른 아이러니와, 겉으로 드러나는 불합리하고 모순적인 문맥 속에 진실을 내포하는 역설이 중첩되는 차유에 의해 구축되고 있다.

전통 민요시의 정서에 맥이 닿아있다고는 하나 이 시는 당대의 신체시, 선전시 등 일제하 근대화 시기의 시로서는 남다른 민중정서를 보인 시이고, 그 후 오래 동안 광범위하게 감동을 불러일으켜온 우리의 대표적인 근대 서정시라 할 수 있다. 세월이 지나면서 시적 매재로서의 진달래꽃 자체 '이별의 한의 승화'란 의미와 유사성 내지 인접성을 갖는 은유로, 차유가 아닌 은유로 변하게 되었다. 차유의 차이성이 마모되면 은유(또는 환유)로 변하게 되고 그 과정의 중간지층은 불가피 '경계의 비유'라 일컬을 만한 위치를 갖는 것이다.

또 한 가지, 「또 다른 고향」, 「진달래꽃」 두 편의 언어 표현 분석에서만 보더라도 우리가 현재 은유, 환유, 아이러니, 역설 등으로 구획을 나누듯 하는 비유의 유형 구분이 얼마나 무모한 것인지, 얼마나 근시안적인 도식에 의한 것인지 알 수가 있다. 현재의 비유법을 기준으로 한다면 실제의 시적 표현에 있어서의 비유의 유형은 중첩되어 나타나기 마련이다. 비유의 유형을 무 베듯 뚜렷이 구분할 수야 없지만 지금의 유형분류보다는 자아와의 동일성을 추구하되, 유사성이나 인접성을 중심으로 추구하는 은유와 환유 그리고, 차이성을 중심으로 공동주체적 자아의 동일성을 추구하는 차유로 나누는 것이 논리적으로 합당할 뿐더러 보다 실제적인 체계가 되리라 판단된다.

3. 차유의 특성과 의의

인간은 자기와 유사한 대상보다는 특이하면서도 호감이 가는 대상을 만날 때 더 관심을 갖게 되어 스스로 풍부해지기도 하는 본성을 타고 난 생명체이다. 여성의 수태과정에 있어서도, 우리들은 오랫동안 난자(卵子)가 수많은 경쟁자를 물리친, 가장 빠른 정자를 받아들인다고 이해해왔지만 근래의 연구는 이를 뒤집어 놓았다. 수백의 정자가 난자 주위에 다다라 편모(鞭毛)를 살랑거리며 기다리고 있을 때 난자는 그 가운데 하나, 자기 것과 가장 차이나는 유전적 특성을 지닌 정자를 고른다는 것이다. 인간의 염색체는 자기와 다른, 차이 나는 것과 결합함으로써 근친결합을 피하며 더욱 풍요해진다는 말이다. 그와 같이, 차이성 중심의 비유가 생래적으로 유사성 중심의 비유보다 공명을 크게 울릴 수 있는 것이라 한다면 지나친 논리의 비약이 될까?

당대의 수준 높은 시들이 갖추게 되는 차이성이 큰 비유, 차유는 일상대화에 있어서도 흔히 볼 수 있다. 실제 소통의 장에서는 발화자의 태도나 표정, 어투, 몸짓 같은 것들이 표면상의 언어보다 진의를 더 잘 전하기도 하듯, 차유는 언어상의 엉뚱함과 낯설음, 불합리와 모순을 이용하여 화자의 진의를 보다 실제적이게, 핍진성 있게 나타내고자 하는 비유적 표현인 것이다. 실제 담화에서 발화자의 몸짓이나 어투가 보통의 태도에서 차이가 나게 실연됨으로서 평상과 다른 의미를 실감나게 전하는 것과도 같은 이치다.

차유의 기능을 대비적으로 요약하자면, 은유와 환유가 유사성 또는 인접성에 의해 세계에 대한 자기동일성을 꾀하면서 '언어적 비유'로서 텍스트의 부분적 수사에 집중한다면, 차유는 공동주체성을 지향함으로 텍스트 전반에 영향을 비치는, 차이성 중심의 '함축적 비유' 또는 '상황적 비유'의 기능을 한다. 공동주체적 언어는 시적 화자나 시인에 의해 의미가 강요하는 명령이나 독백이 아니라, 화자와 독자, 시인과 사회가 함께 해명하는 개방성과 그 선택과정의 긴장성을 속성으로 하는 것이다. 이는 초인적 자아로 자기동일성을 실현하거나 아니면, 사회적 존재로서 공동체를 지향하는 일방향의 추상에서 나아가, 중층적이면서 실제적인 공동주체로서의 삶의 언어를 통해 오류와 독선 따위 확증편향의 함정에서 탈출하게 하며, 진선미의 이상적 경역을 향하는 시의 힘을 얻게 한다고 할 수 있다.

기존의 수사법을 들어 말하자면, 차유에는 새롭고 다의미적인 은유, 환유, 제유 등을 포함되며, 특히 아이러니와 역설, 그리고 효과적인 대조, 대구, 알레고리, 인유 등 일견 낯설고 부조화한 수사 방법들이 동원된다. 개인주의적이고 무잡한 시대에서는 그만큼 다층적인, 위선적이거나 위악적(僞惡的)인 인식과 언어라야 시적 체험을 포착할 수 있는 것이다. 차유는 시인이 자신의 결핍을 해소하면서 동시에 공동주체 지향이란 인간의 기본윤리를 찾는 과정의 수확물이라 할 것이다.

시인은 비본질적이고 비인간적인 현실에 대해, 본질적이고 인간적인 순수성으로 대응하는 시간에 시인이 된다. 차유의 능력은 현실의 관행에 저항하면서 선입견 없이 그 이면을 성찰하고 명상하는 시간에 성숙한다. 성찰과 명상의 과정에는 동서고금의 인문학과 문화사에 대한 이해와 성찰이 밑받침 될 것이다. 인간과 문화사에 대한 비판적 이해가 실제 삶의 순간순간에 창의적 지성으로 살아날 것이기 때문이다. 이는 시와 시인에게, 주체 공동체 속의 주체적 자기정체성을 성숙시키며 진실한 갈증과 열린 긴장을 갖게 하고 그를 언어적으로 실천하게 하는 계기를 마련하게 되리라.

차유의 구사에는 물리적인 면과 정신적인 면, 양면의 세련을 동시에 요구하므로, 그 숙련을 위해서는 기존의 시구(詩句)를 패러디해보는 놀이도 유용한 과정일 수 있겠다. 예를 들어, 안도현의 「너에게 묻는다」를 "얼음판 함부로 깨지 마라/ 너는 한번이라도 투명하고 냉철하였느냐"로, 나태주의 「풀꽃」을 "대충 보아도/예쁘다//잠깐 보아도/사랑스럽다"와 같이 패러디 놀이를 이어가는 것이다. 유명 시들에 대한 비평적인 메타시, 기성 시구의 인용으로 새로운 목표에 이르는 시 놀이도 유용할 것이다. 단, 시 놀이라 할지라도, 혀끝 말놀이 자체에 열중하기보다는 상황에 부합하는 언어, 가능한 자신의 정체성에서 우러나오는 독자(獨自)의 놀이가 효과적일 뿐 아니라 더 즐겁고 신선한 신명으로 이끌 수 있지 않을까 한다. 한편, 기성작품에 대한 패러디가 일신의 명리를 위해 쓰인다면 '표절'이라는 부덕(不德)에 그칠 수도 있음도 기억해두자.

9장

현대시의 근성(根性)

자연의 순리에서 이탈하여 기계적인 논리와 효율의 감옥 속에서 탐욕 실현을 위해 살아가는 현대사회. 그 이기적이고 도구적인 문화 속에서 시인은 불신과 부조화, 결핍과 단절의 미궁 속을 헤맬 수밖에 없다. 시적 인식과 언어는 기존의 관례를 좇는 데서 나아가 더욱 적극적이고 성찰적인 인식과 표현으로 반전을 꾀함으로써 본연을 회복하고자 한다. 뿐만 아니라, 미래적 전망마저 넘본다. 시적 주체는 기계적 연상과 연계를 넘어 공동주체적 새로운 체험, 새로운 의미, 새로운 시공을 향한다. 더욱 기발한 착상, 독특한 기지(奇智, wit)를 필요로 한다. '기지'는 일반에서 차이나는 기발한 표현으로써 새로운 의미, 정서, 미학 등을 발견하고 일깨우는 능력이 아니던가.

기상(奇想, conceit), 또는 기지의 극단적인 형태는 다다이즘, 초현실주의에서 예술적 관습과 전통을 부정하고자 평범한 사물을 낯선 곳에 비치, 결합함으로써 충격적인 효과를 노리는 기법인 데페이즈망, 그 대상으로서의 오브제(object), 이질적 사물들을 이질적인 환경에서 만나게 하는 몽타주 등에서 극단적인 형태로 시도되었다. 이들 기법들은 그대로 포스트모더니즘의 해체시, 기존 시에 대한 표절시, 시에 관한 시적 성찰인 메타시 등등으로 이어지기도 한다. 이는 후고(Hugo Friedrich)의 논의 – 현대시는 은유를 통해 대상들의 유사성을 환기시키는 것이 아니라 서로 떨어지려는 것들을 강제로 결합시킨다는 관점에서, 기존의 유사성 중심의 비유와는 완전히 다른 새로운 비유로 '몽타주'를 들고, 현대시의 비유는 몽타주와도 같이 실험실과도 같은 자율적 세계를 구축하며, 세계와의 관련성마저 단절한다고 한

휴고의 논의와도 상통한다.[장희창 옮김, 『현대시의 구조』, 2013]

하지만 전술한 바, 인간의 자아란 세계와 단절한 채 존재할 수 없다. 시도 소통을 필수 과정으로 하는 공동주체의 본성에서 완전히 벗어날 수는 없고, 시적 비유가 '세계'에서 벗어나 진공관 속에 있을 수도 없는 것이다. 오브제, 데페이즈망, 몽타주 등의 기법도 관습 너머의 공동주체성을 향한 도전이거나 그 과정적 방안의 하나들에 불과하다 할 것이다.

이런 관점에서, 현대시의 특성이라 할 '차이성'의 세 요소 또는 세 축(軸)을 들자면 차이와 모순과 부정, 이 셋이라 할 수 있다. 이 셋은 현대를 살아가는 시적 기지의 과정이자 결과이며 현대시의 생리적, 형태적 근본 성향(tendency)이다. 차이와 모순과 부정, 이들은 시 양식상의 근본윤리－자아와 세계의 공동주체성을 지향하는, 인간의 기본윤리이자 시적 표현의 본래적 의의인 '시적 윤리'를 또 다른 한 축으로 하여 차유적 언어의 네 기둥을 이룬다.

1. 차이와 모순 그리고 아이러니

모든 생명체는 모순과 충돌의 길항(拮抗) 속에 있다. 삶과 죽음, 신과 인간, 이성과 감성, 자아와 세계 등의 갈등과 충돌의 긴장 속에 있는 것이다. 그 중에서도, 개별 현대인은 더욱 투쟁적인 삶 속에서 끊임없이 자신의 욕망과 결핍을 보충, 변경하고 있고, 시인은 언어를 통해 그에 대응하고 표현한다. 하지만 표현은 언제나 완전에 이르지는 못하고 빗나간다. 시적 원망(願望)은 그만큼 기성의 언어에 갇히지 않는 경역에 있기 때문이다. 시인은 복잡미묘한 상황과 내면을 구체화하기 위해 더욱 개방적이고 탄력성 있는 기지를 발휘하고자 한다.

기지는 지력(知力)이나 창의력 등에 의한 정신능력으로서, 익살스럽거나 놀라운 쇼크를 주는 표현능력이다. 기지에 의한 놀라움은 말과 의미 사이의 예견치 못했던 연관성과 차이성이 작용한 결과이다.[M. H. 에이브람스, 『문학용어사전』] 넓은 의미에서의 비유는 언어적 기지가 발휘되는 대표적인 언어전략이다. 시적 긴장(tension)이란 말도 A. 테이트(Allen Tate)가 겉으로 드러나는 문자적 의미(extension)와 내포된 비유적 의미(intension) 사이의 서로 끌어당기는 인력(引力)을 표현한 말로, 외연과 내포 각각의 접두사 'ex'와 'in'을 떼어내어 비유로서의 시적 언어의 성질을 가리킨 조어이거니와, 이들 모두 비유에 있어 차이성의 중요성을 강조할 수 있는 용어라 할 수 있다.

타자들의 내면과 속 깊은 소통을 이루기 위해서는 비유적으로 개방되면서도 적확한 언어, 실제 담화에서의 얼굴표정이나 언어적 행위 이상의 탄력적인 언어전략을 요구 받는다. 그래서 관습적 문법, 표면적 의미에서는 차이나거나 모순되거나 부정적인 언술로써, 한마디로 차이나는 매개 언어를 이용하여 내면의 실체를 드러내고자 한다. 이를 위하여 차이성을 중심으로 언어적 탄력을 한층 더 높이고 그로써 새로운 시적 체험을 공유하고자 하는 것이다. 단 그 개방적 긴장의 목표는 해석 불가 상태에 떨어지지 않고 사회적 공유가 가능한, 비유로서의 기본 윤리를 지킴으로써 차유로서의 위상을 갖는다 할 것이다.

고대 서구인들은 일반의 인식과 예측에서 벗어나는 특정 의미를 표현하기 위한 긴장의 언어를 상징, 또는 비유라 불렀다. 그 중에서 언어 체계에 의한 비유를 아이러니, 또는 '문채적 비유'라 불려졌거니와 이 문채의 비유, 넓은 의미에서의 아이러니가 20세기에 와서 시적 기지에 의한 비유, 지적인 언어 전략으로 대접받게 되었다. I. A. 리처즈, 클리언스 부룩스, R. P. 워렌 등 20세기의 대표적 문학연구자들이 인간다운 생각과 행위는 아이러니를 통하여 광범위하게, 진실 되게 다루어질 수 있다고 하면서, 아이러니를 상호 대조되는 충동을 통해 균형에 이르게 하는, 수준 높은 언어양식으로 받들기에 이른 것이다.

세칭 아이러니의 유형에도 여러 가지가 있다. 작동되는 언어의 범위에 따라 언어적 아이러니와 상황적(구조적) 아이러니로 나누어지는데, 언어적 아이러니는 언어적 진술의 기법과 관련되는 반어법, 중의법(pun), 낮춘 진술과 과정진술, 겉으로는 칭찬하지만 실제로는 비난하는 냉소적 아이러니 등등에서 볼 수 있고, 상황적 아이러니(situational irony)는 독자가 예상할 수 있는 결과를 엉뚱한 방향으로 뒤틀어 버리는 전반의 상황에 의한 것으로, 이는 다시 상충하고 대조되는 요소들의 종합과 조화를 통해 발생하는 구조적 아이러니, 독자는 알고 있으나 화자 또는 등장인물은 알지 못하는 상황에서의 극적 아이러니, 현실과 이상, 유한한 것과 무한한 것, 신과 인간 등 이원론적 대립에서 초래되는 낭만적 아이러니, 헛된 희망을 가지게 한 후 그 희망이 불가항력적인 힘에 의해 망가뜨려지는 우주적 아이러니, 부조리한 현실을 순진한 아동적 시점에 대조함으로써 생성되는 순진성 아이러니, 무지를 가장하여 상대방의 허점을 짚어내는 소크라테스적 아이러니 등등의 용어들에 의해 구별되기도 한다.

아이러니는 그 외에 역설(逆說), 반어법, 중의법(重義法), 과장진술, 낮춘 진술(축소), 패러디, 미화법, 곡언법 등등의 갈래들로 구별되어 호명되기도 한다. 그 중에서도 역설(paradox) ― 보편적 논리에는 모순되면서 그 이면에 어떤 진리 또는 진실을 내포하는 역설의 경우, 그 표면적 '모순성'이 아이러니 현상의 '표면과 실제의 상충'과 함께 가장 극적인 언어장치로 인정되어, 아이러니에 버금가는 지위를 부여받기도 한다.[C. 브룩스, 「잘 빚어진 항아리」, 1997]

중요한 것은 아이러니의 유형을 세분화하고 세세히 익히는 일이 아니다. 유형구분의 경계가 명백한 것도 아니다. 중요한 것은 아이러니의 정신과 기능을 이해하는 일이다. 이미 언급한 바와 같이, 아이러니야말로 현존의 사실에 의존하는 완고하고 협소한 사유의 틀을 파괴하고, 보다 개방적인 공간으로 해방시키는 상황적 비유의 언어이며 그 과정의 반전과 서스펜스가 시적 긴장을 더하는 전략적 사고의 언어이다. 아이러니의 유형은 언어적 아이러니와 상황적 아이러니 둘 정도로 간명히 나누어 이해하되, 아이러니의 무한한 가능성을 체감할 해야 할 필요성은 얼마든지 강조되어도 지나치지 않으리라.

아이러니의 주요 특성이기도 한 차이와 모순은 모든 비유의 시작점이자 특성이기도 하다. 가령 <내 마음은 호수>란 비유만 하더라도, 실제에 있어 내 마음이 호수란 말 자체 모순이다. 그렇게 보면 은유 역시 일반의 인식에 대해 차이 나고 모순된 표현을 내세워 이면의 주지를 가리키는 역설에 다름없는 표현이 아니겠는가.

> 내 마음은 호수요,
> 그대 저어 오오.
> 나는 그대의 흰 그림자를 안고, 옥같이
> 그대의 뱃전에 부서지리다.
>
> —김동명, 「내 마음은」 일부

<내 마음은 호수요>는 호수와 같은 물이 특정의 마음상태를 표현하는 관습적인 상징이자 은유법이다. 물론 역설적 표현이기도 하고, 구조적 또는 상황적으로는 예기치 못하게 호수가 그대가 탄 <뱃전에 부서지>는 포말이 되는 아이러니이기도 하다.

이 시의 호수는 '산산이 부수어질 때까지 그대를 기다리는 사랑과 그리움'의 매재이다. 호수의 크고 빈 공간에서 어렵지 않게 연상되는 비유이다. 또 <옥같이>란 직유도 관습적 유사성에 의한 수사적 표현이다. 관습적 유사성에 의한 비유로 근대적인 낭만성을 표출했다는 점에서 이 시의 비유를 '차유'라 규정하는 데는 무리가 따를 것이다. 차유는 원칙적으로 관습과 관례, 유(類)와 종의 일반적 성질에서 한층 기발하고 차별적인 차원에 의하

기 때문이다. 하지만 그대를 기다리거나 그대를 만나는 데서 그치지 않고, 흰 그림자를 안고 부수어지겠다는 차별적 정황으로 나아감으로써 남다른 차원의 기지 내지 기상(conceit)을 엿볼 수도 있다. 그런 점에서 이 시의 전반적인 비유적 특성을 규정한다면 은유와 차유의 혼재 또는 그 경계의 '개방(開放) 비유' 정도로 부를 수도 있을 것이다.

각설하고, 차이와 모순은 '부정'과 함께, 현대시 양식의 근성을 이루는 세 극점이라 할 수 있다.

우리 근현대시의 고전이 된 「알 수 없어요」를 다시 보자.

바람도 없는 공중에 수직(垂直)의 파문을 내며 고요히 떨어지는 오동잎은 누구의 발자취입니까?

지리한 장마 끝에 서풍에 몰려가는 무서운 검은 구름의 터진 틈으로, 언뜻언뜻 보이는 푸른 하늘은 누구의 얼굴입니까?

꽃도 없는 깊은 나무에 푸른 이끼를 거쳐서, 옛 탑(搭) 위에 고요한 하늘을 스치는 알 수 없는 향기는 누구의 입김입니까?

근원은 알지도 못할 곳에서 나서 돌부리를 울리고, 가늘 게 흐르는 작은 시내는 굽이굽이 누구의 노래입니까?

연꽃 같은 발꿈치로 가이 없는 바다를 밟고, 옥 같은 손으로 끝없는 하늘을 만지면서, 떨어지는 해를 곱게 단장하는 저녁놀은 누구의 시(詩)입니까?

타고 남은 재가 다시 기름이 됩니다. 그칠 줄을 모르고 타는 나의 가슴은 누구의 밤을 지키는 약한 등불입니까?

—한용운, 「알 수 없어요」

시의 전반적인 골격은, 시적 자아가 깨닫게 된 사실에 대해서 <알 수 없어요>라고 부정하는(시치미를 떼는) 소크라테스적이며 상황적인 아이러니,

언어적으로는 반어적 아이러니 또는 낮춘 진술(understatement) 등이 표현의 골격을 이루고 있다.

화자의 속뜻을 파악하기 위해서는 <바람도 없는 공중에서의 수직(垂直)의 파문>, <오동잎 같은 발자취>, <언뜻언뜻 보이는 푸른 하늘같은 얼굴>, <꽃 없는 깊은 나무>며 <탑 위의 하늘같은 입김>, <작은 시냇물 같이 노래하는 이>, <바다를 밟는 아름다운 발꿈치>, <떨어지는 해를 단장하는 시>, <다시 기름이 되는 재> 등등의 확장은유를 이해한 후, 시의 내외 맥락과 연계함으로써 절대적 존재로서의 '님'이란 주지를 이해하게 된다. 또한 임의 모습인 오동잎이 바람도 없는 공중에서 파문을 일으킬 뿐 아니라(모순) 연꽃 같은 발꿈치로 끝없는 바다를 밟고 옥 같은 손으로 끝없는 하늘의 저녁노을을 단장한다는(과장진술) 상식에서 벗어나는, 차이와 모순의 표현들이 '절대적 존재를 향한 동경과 구도적 정진'이란 주제를 형상화함인 것을 알 수 있게 한다. <그칠 줄을 모르고 타는 나의 가슴은 누구의 밤을 지키는 약한 등불입니까?>의 '나의 가슴=등불', '누구의 밤을 지키는 약한 등불' 등의 은유와 낮춘 진술의 복합적 작용이 당대의 차이 나는 비유, 차유의 기능을 발휘하였다 할 것이다. 물론 이 과정에 시중의 은유, 직유, 의인, 설의 등 수사법이 혼재되고 있음은 물론이다.

현대시의 기상(奇想)과 위트에 의한, 차이와 모순의 축은 대표적으로 아이러니와 역설을 구축할 뿐 아니라, 차이성 중심의 일견 불합리한 비유를 생성한다. 나아가 새로운 비유, 비현실적 환상, 언어유희와 문법 파괴, 장르 패러디 등등 온갖 차이와 모순의 미학을 추구하기도 한다.

피아노에 앉은
여자의 두 손에서는
끊임없이

열 마리씩
스무 마리씩
신선한 물고기가
튀는 빛의 꼬리를 물고
쏟아진다.

나는 바다로 가서
가장 신나게 시퍼런
파도의 칼날 하나를
집어 들었다.

—전봉건, 「피아노」

여성피아니스트의 연주를 감상하는 정황이 초현실주의적 돌발적 이미지로, 감각화 되고 있다. 의미 초월의 미학적 시공에서, 피아노소리가 물고기가 되어 열 마리씩 스무 마리씩 떼를 지어 빛(소리)의 꼬리를 물 듯 화음을 이루는, 일반 상식에 대한 차이, 또는 모순된 표현으로 미적 진면모가 서술된다. 기지 또는, 기상(寄想)에 의한 차유들이다. 마지막 <가장 신나게 시퍼런/ 파도의 칼날 하나를/ 집어 들었다>라는 돌발적이고 강렬한 이미지는 쏟아지는 피아노소리와 화자의 내면이 일체에 이르는 순간을 기상에 의해 표현한 것이다. 피아니스트와 피아노 선율과 화자가 미적(美的) 물아일체에 든다.

한용운의 「알 수 없어요」의 차이와 모순이 일반의 '앎'에 대한 부정과 차이에서 비롯되었다면, 「피아노」의 비현실적 자유연상은 현실적 판단과 논리의 부정에서 비롯된다 할 수 있다. 차이와 모순의 극은 부정의 극과 길항하면서 차이성이 강한 비유, 차유 형성의 원동력이된다 하겠다.

2. 부정과 차유의 윤리

현대시의 성향을 이루는 세 가지 축 중에서도 '부정'은 차이와 모순의 전제적(前提的)인 축이라 할 수 있다. 현재적 삶과 시공(時空)에 대한 부정, 보편과 객관에 대한 부정, 차이와 모순과 부정에 대한 재 부정 등등에서 개방적 주체와 표현적 긴장이 발생하고, 인지작용이 활성화 하는 것이다.

부정은 기존의 양식을 전복시키고, 제 3의 새로운 현존을 드러내고자 한다. 파격적이거나 퇴폐적이거나 난해하며, 환상적이고 유희적이기도 하다. 미학적으로는 '추(醜)의 미'나 그로테스크와도 같아서, 무형식, 부정확, 기형(畸形), 왜곡 등과 관련된다. 퇴폐주의, 입체파, 다다이즘, 초현실주의. 해체주의 등등 현대 과격 모더니즘 시들의 핵심 언어전략들의 바탕의식이기도 하다.

이름성르은와다 그러마입소울다 돌아아녀와그다 구두에자이덕서 식물집하죄이자
도도는소잤 지세술녀었 앉서냄서린 끌밤갈는에 채을자나짓
모눈녀 요좀는 소샐쪼 이처언 랑하많
이 줘 구 럼 아
맑 요 역 차 얀
질
하
니
까
까
만
죽
음
이

— 조향, 「물구나무선 세모꼴의 抒情」

읽을 때는 1연에 해당하는 <이름도 성도 모르는 눈이 맑은 소녀와 잤다 그러지 마세요 입술 좀 줘요>에서부터 다섯 개의 역삼각형을 상하로 왕복하면서 읽어야 한다. 전체 형식은 복판의 긴 역삼각형을 중심으로 대칭을 이루는 꼴이다. 양식적 틀을 깨는 '파격(破格)'은 그 이전 우리 문학사에서 김병연(삿갓), 이상(李箱) 등의 시에서도 볼 수 있었거니와, 위의 시는 인쇄 형태로 남근의 모양을 나타낸 구체시(concrete poetry) 형식을 취하면서, 초현실주의 회화의 데칼코마니 기법을 차용한 장르패러디이자 전통 시양식에 대한 부정이다. 내용상으로도 프로이트의 본능적 성애(性愛)를 추구하는, 1950년대 우리나라 대학교수의 고상한 풍속을 전면 부정하고 있다. 관능적이고 퇴폐적이다. 이는 주제적인 면에서도 형식적인 면에서도 이후의 적잖은 후배 시인들에 의해 모방되는 바가 된 것이 사실이다.

그런데, 시인의 미학적 정서적 부정에 의한 기호와 운율배치의 놀이 양식, '수사적 형식적 차유'에 대한 독자의 반응 지평은 시간적 공간적으로 한정적이어서, 관례화 되고 답습이 되면 성찰적이고 극적인 차유로서의 기능과 자질은 현격히 떨어지고, 따라서 감응의 폭이 좁고 일시적이며 아류나 모방 같은 느낌을 주게 된다 할 수 있다.

인간은 이상(理想)을 좇지만 그것을 실현하지는 못한다. 그래서 이상은 늘 재설정되고 자아는 그 주변을 맴돈다. 라캉(Jacques Marie Émile Lacan)의 정신분석에 의하면, 거울단계의 자기 동일화도, 또는 상상계(현실적 법식과 윤리)와의 동일화도 결코 완전에 이르지는 못하고, 따라서 만족할 수가 없는 것이다. 특히 시인은 현재적 법식의 권위를 거부하거나 부정함으로써 순간적으로나마 환상, 현실 너머의 시공을 지향하며 성찰하기도 한다 할 것이다.

사랑도 현실적 논리로는 닿지 못하는, 부정의 심연에서 맴 돌기만 하는 것일까?

물속에는
물만 있는 것이 아니다
하늘에는
그 하늘만 있는 것이 아니다
그리고 내 안에는
나만이 있는 것이 아니다

내 안에 있는 이여
내 안에서 나를 흔드는 이여
물처럼 하늘처럼 내 깊은 곳 흘러서
은밀한 내 꿈과 만나는 이여
그대가 곁에 있어도
나는 그대가 그립다

—류시화, 「그대가 곁에 있어도 나는 그대가 그립다」

사물도 자아도 단독으로 주체적으로 존재한다는 세간의 인식을 부정하는 데에서 시작되는 시이다. 물이 물만이 아니고 하늘이 하늘만이 아니고 내 안에 나만 있는 것이 아님을 깨닫는 부정의 시간에, 내 사랑과 전 우주와 나와의 공동주체가 이루어진다. 사랑하는 그대는 내 안에 있을 때도 고정되지 않고 물처럼 흐르거나 은밀하게 숨는 모순의 존재이므로 '그대가 곁에 있어도/ 나는 그대가 그립다'는 극적인 역설의 전율에 닿게 한다. 이에 부정과 차이와 모순의 축이 연동하여, 설득적 수사로는 미칠 수 없는 서정의 역동을 불러오는 것이다.

'부정'의 언어가 두드러졌던 예술 사조는 기존 역사와 현실에 대한 초토화(焦土化)를 공표했던 다다이즘과 무의식의 이론으로 그것을 합리화 했던 초현실주의로 이어진 바 있다.

소 한 마리 달려 나온다
그 목소리 길게 눕는다

성냥을 그으면
손뼉 치는 소리 들린다

소 한 마리 달려 나온다
무너지는 복숭아밭 그 아득히

갈매기
자전거 탄다

—신진, 「바다·B–목저(木笛)있는 풍경」

1970년대 당시 다다이즘내지 초현실주의의 세례를 받은 시라는 평을 받기도 한 연작시 '목저(木笛) 있는 풍경' 중 한 편이다. 목저는 원시의 동굴 상징이자 무의식적 태내공상(胎內空想)— 뭇 생명이 자유와 화해를 누리는 요람 상징의 이미지이다. 표현상으로는 초현실주의의 절연(絶緣)의 이미지를 좇으면서, 내심 초현실주의를 넘어, 집단 무의식의 원형적 이미지를 통해 절대의 자유와 평등이 공존하는 화해의 시공을 지향하는 의도에서 쓰인 시였다. 달리는 소의 목소리(양陽, 남성), 복숭아밭(음陰, 여성), 성냥, 손뼉(어울림, 화해), 자전거 타는 갈매기(평화) 등의 이미지를 시공(時空)의 동시성(simultaneity)에 의해 배치한 시이다.

하지만 이런 추상논리의 언어가 과연 '한국적 민주주의'를 내세우며 인권을 짓밟던 당대의 위정자들과 그에 억눌린 채 살아가던 시민들의 삶 앞에 내놓을 만한 것인가? 암암리에 당대의 폭력에 야합하는 지적 놀음에 불과한 것은 아닐까, 결국 이 시는 추상의 무릉도원과도 같은 논리를 따르는 시로서 현실도피이거나 자기변명의 야합에 불과하다는 자기검열에 봉착하고 말았다.

요즘에도 자크 데리다의 '차연(差延, Différance)'의 끝없는 의미의 지연-이상적 의미에 대한 기표(signifiant)의 맴돌기와 미끄러짐의 논리가 명분을 얻고 있는 것이 사실이다. 의미의 파괴, 해체, 부정이다. 그러나 시는 실재하는 구체적인 삶에서의 발견, 미와 진실의 체험을 공유하고자 하는 언어적 생명체임을 과연 한때의 논리가 부정할 수 있을까.

개개의 인간은 어떤 조건에 대해서도 취약하다. 인간 존재는 완전 자율에 의해서가 아니라 타자와의 연대를 통해 존재 의의를 형성한다. 우리의 자아는 타자와의 취약성 연대를 통해 형성되는 것이다.[버틀러(Judith Butler), 『불확실한 삶(Precarious Life:-)』, 2004]

우리가 살고 있는 현실은 원천적으로 가능의 세계를 포유하고 있다. 현실, 상상, 환상, 해체 등 가능의 세계는 시인의 내면에서 충만하다. 동시에 충만하게 장전된 시의 언어는 다른 주체들과의 연대를 위한 교집합적 소통 영역을 잃지 않는다. 타 주체, 독자들의 형이상학적 욕망을 향하여 공감의 기능을 발휘하고자 하는 의지는 시라고 하는 언어 행위의 근본윤리(master moral)라 할 수 있다. 독자들은 시 속 인물들과 상황을 통해 현실과 다른, 낯설고 새로운 경험을 하게 되고, 당연히 자신들이 믿고 따르던 관행과 전통에 대한 의심과 혼란을 겪게 된다. 그 과정에서, 새로운 보편성, 근원적 가치의 진면모, 의외의 진실과 아름다움을 만나게 된다. 그리하여 시를 읽은 독자는 그 이전과는 다른 차원의 새로운 감성과 사유능력을 제고하게 된다. 이런 의미에서 새로운 의미로서의 주지와 그 표현으로서의 차별적인 매재를 갖는 차유는 그 자체 시적 윤리의 구현이요 시 양식의 목표라 할 수 있으리라.

시를 포함한 모든 개체는 상호의존적으로 연계되는 주체로서의 공동체, 공동주체성을 띄게 된다. 그 연대를 거역하고 단독으로 중심에 놓이고자 하는 욕망은 이기적 망상이거나 생태 파괴적 허영이라 할 만하다. 실천적 시 행위가 자신만의 의도된 무의식에 맹목이 되어 의미의 끝없는 미끄러짐에 매달린다면, 그리하여 독자와의 취약성의 연대를 희롱한다면 그것은 한낱 아집의 미혹이거나, 인간으로서의 윤리를 방기한 자기애의 발로에 불과한 것이 아닐까 한다.

현실에 야합하지 않고, 진실하고 선량하며 아름다운 삶으로의 거듭남－. 현실과 이상, 개체와 공동체 간 공동주체성의 체험은 시적 진정성을 제고하고 극적인 차유의 경지를 연다. 그것은 형식적 아류나 모방이 아닌, 생명력 넘치는 감응을 역동하게 한다. 공동체와 주체가 상생의 연대를 이루는 시적 성찰은 시 양식을 물론, 인간문화의 책임윤리이기도 하다. 시가 자유로운 선의지(善意志)에 의한 차별적 언어임을 인정한다 할지라도, 그 차별적 긴장이 사회적으로 개방되어야 하는, 공동주체적 책임윤리를 포기하거나 희롱해서는 안될 것이다.

시인의 '시적 허용'이란 것도 유아론적(唯我論的) 맹목을 창조로 가장하거나 손쉬운 모방을 전위로 둔갑시키는 위선을 허용하자는 말은 아니다. 시의 '부정의 정신'이란 것도 외곬의 타자성이나 유아론(唯我論)에 입각한 폐쇄적 독선을 부정하고, 타자성과 자아의 연대를 통한, 보다 개방적이고 확장적인 정체성을 지향함에 있는 것이지, 주체의 취약함에 대한 표피적이고 기회주의적인 변명일 수는 없다. 공동주체로서의 창의적 새로움과 진정 어린 상상력의 실재적 공유는 현대시에서도 유효한, 언어예술로서의 책임 윤리임을 잊지 않았으면 한다.

3. 차유의 시 쓰기

시인은 정형화된 기준, 자동화된 명분 속에 감추어진 위선과 불확실성을 성찰하여 그 이면의 진실을 표현하고자 성의를 기울이는 존재이다.

현재적 인식과 기준에 대한 차이와 모순과 부정은 유사성 중심의 비유가 드러낼 수 없는 전체적이고 구조적인 미학과 진실을 향한 차이나는 열망을 구현한다. C. 브룩스가 시에는 역설이 적합하고도 불가피한 언어라고 하고, 역설의 기미가 제거된 언어를 요구하는 사람은 과학자이고, 시인이 말하는 진리는 확실히 역설을 통해서만이 가능하다고 한 것도[『The Well Wrought Urn』, 1947] 이와 맥락을 같이 하는 말이다. 아이러니나 역설 등 차유의 발현은 공동주체화를 지향함으로써 유사성(인접성)의 축과도 결합하여 현대시 양식을 이루게 된다. 차이성이 유사성과 극적으로 결합함으로써 '매재 + 주지'라는 비유, 공동주체로서의 지기동일성을 꾀하는 비유가 차유이다. 비유에 대한 실천적 논리는 '비유 = 은유 + 환유 + 차유'라는 등식을 염두에 두고 이해할 필요가 있다.

현대시 또는 차유의 네 기둥, 차이와 모순과 부정 그리고 시적 윤리에 대한 재고(再考)는 시 쓰기와 읽기에서는 물론, 현대시 교육 현장에 있어서도 실질적인 변화를 가져올 수 있으리라 생각된다.

우선, 시란 언어 표현기술로 제작한다는 강박관념에 의해, 창의적 인식을 도외시 하는 문법적 표현주의와 추상적 논리나 사상(事象)을 모사하는, 모방론적 시 쓰기가 갖는 창의력 부실의 한계를 극복할 수 있다. 나아가 시가 새로운 정신, 열린 윤리, 진정 어린 체험을 사회화함으로써, 인간정신의 본질과 삶의 결핍을 탐색할 뿐 아니라, 궁극적 지향점인 공동주체적 진선미를 향하는 양식임을 깨닫게 할 것이다. 이는 시 양식의 발생론적 전통을 계승하는 길이자 감동을 사회화 할 수 있는 계기를 마련하게 할 수 있을 것이다.

그리하여 삶을 상업적 명리의 수단에서 건져내어, 시가 가진 진실하고 아름다운 삶으로 개방적인 소통 매체로서의 구실을 할 수 있게 할 것이다. 이는 현재의 개인화 현상과 위선과 모순을 성찰하고 극복하는 방향이기도 하다. 차유의 언어는 주체적 자유인 동시에 공동체적인 삶과 필연적으로 연동하는 공동주체의 이상(理想)을 향한 기원이요 미적 도전인 것이다.

차유의 표현에 쉽게 숙달되는 방법이 있을까?

왕도가 있을 리 없다. 하지만 초보자라면 대상(관련상황)의 표현에 있어, 일반의 선입견을 좇는 타성을 버리고, 새로운 안목과 표현으로 일종의 서프라이즈를 일으키는 과정을 학습할 필요가 있지 않을까한다. 가령, 바다를 볼 때에는 불을, 불을 표현할 땐 물결을, 고독에 대해서는 꽃향기를, 행복에 대해서는 가시철망을 연상하는, 대칭적이고 탄력성 있는 연상 놀이를 통해 사고의 깊고 너른 품을 조금씩 열어갈 수 있을 것이다.

가령, "다리 중에는 돌다리가 가장 튼튼하다."는 말은 근대이전의 물리적 과학적 사실이고 "돌다리도 두드려보고 건너라"는 속담은 나름의 고뇌와 발견이 낳은 역설의 언어였다. 하지만 지나친 노파심과 불안감 속에 살아야 하는 세태에 있어서는 "철다리도 구부러뜨려보고 건너라." "돌다리는 두드려보고 나무다리는 불태워보고 건너라" 등등 풍자적 역설마저 가능해지는 것이다.

우리 인생을 반영해온 속담의 패러디놀이도 도움이 될 것이다. 가령, "가는 말이 고와야 오는 말이 곱다."라는 속담 대신 "가는 말이 고우면 오는 말이 거칠다."라든지 "가는 떡이 많으면 남는 떡이 없다"라든지 하는 나름의 진실을 내재하는 속담 뒤집기놀이도 있다. 정직을 최상의 가치로 여기던 시대의 파격적인 발상 "말 한 마디로 천 냥 빚을 갚는다."라는 속담이 요즘은 '거짓말쟁이 기르기'를 위한 표어가 될 수도 있는 것이 현실의 상황적 아이러니이거니와, 시의에 맞추어 "삼년 말잔치도 한 끼 빚 못 갚는다."라든지, "밉다, 밉다 하니까 숨 쉴 때마다 미운 말 한다."는 식의 풍유(諷諭)로 뒤집어봄직도 하다. 속담집을 펴놓고 할 수 있는 속담패러디 놀이는 자신의 시적 체험을 새롭고도 소통력 있는 언어 능력을 도모할 수도 있고, 시적 명상을 이끄는 화두를 제공할 수도 있을 것이다.

이때에도, 수면(水面) 아래에서의 자기갱신의 발헤엄, 현실에 대한 인간적 성찰과 함께 차이, 모순, 부정, 비유의 윤리 등 네 극점 사이를 길항하며 치열하게 행해져야 함은 물론이다. 그렇다 하더라도 왕도는 있을 수 없을 테지만.

10장

메시지의 형성과 그 의의

음악은 곡의 진행에 따른 시간예술이고, 미술이 설치와 전시를 전제로 한 공간예술로서 둘 다 물리적 양식인데 비해 시는 음악적 요소와 미술적 요소 즉, 시간과 공간이 통합되는 시공간의 정신예술이라 할 수 있다. 시간과 공간의 공존은 스스로 세계를 성찰하는 주체 즉, 실존의 존재라는 말이고 어딘가를 향하는 가치의식 즉, 메시지를 갖는다는 의미이기도 하다. 시가 언어를 재료로 한다는 본성 역시 메시지의 표현과 전달이라는 양식적 본질과 불가분의 관계에 있다. 인간의 생각이 언어로 표현되었을 때는 사회적 실존적 생명을 가지게 마련인 것이다. 이는 자신을 향한 독백일 때에도 마찬가지이다.

그러므로 시에 있어 내용면, 메시지를 도외시하는 것이 예술로서의 본도를 따르는 길인 양하는 일각의 풍조는 마치 피부 관리나 체력단련이 인간학의 중심인 양 우기는 것과도 같은 단견이다. 인간의 육체와 정신의 관계가 그렇듯 시에 있어 메시지와 표현적 요소는 떼려야 뗄 수 없는 통일 상태, 유기체적 생명으로 연동한다.

생각해보라. 애초에 미술이 기념과 기록의 창작적 행위였고 음악은 원래 의례와 단합을 위한 창작행위였다면 시는 세계를 향한 의미 부여와 소통의 행위가 아니었겠는가? 시는 미적(美的)이고 정서적인 표현에서 나아가 진실을 말하는 성찰적, 사회적, 치유적 기능까지 하고 있고 또 그렇게 할 때 양식적 의의를 갖추게 된다. 음악과 회화와 건축과 문자의 기능을 총동원하는 생명의 언어— 서술적, 묘사적, 환상적, 해체적 언어는 물론, 부분적 전반적 분위기와 주제와 소재 등이 모두가 의사소통을 위한 시적 문맥의 단위들이라 할 밖에 없다.

1. 주제와 소재

시란 마음속에 있는 뜻을 말로 나타내는 것이다.(詩者 志之所之也 在心爲志 發言爲詩『詩經』大序)할 때, 마음속의 뜻이란 것도 여러 질이다. 환경에 따라 또는, 사상, 감정, 감각의 흐름에 따라 메시지는 천태만상이다. 시는 이 천태만상에 관한 메시지를 표현하고자 하지만 현실의 언어 즉, 개념 한정적인 언어는 시적 메시지를 적확히 표현하기에 턱없이 부족하다. 시인은 이 어휘 부족의 한계를 소위 '언어운용능력'이란 것으로 극복하고자 한다. 한정적인 언어로써나마 특정의 새로운 의미를 적확히 표현하고자 설명, 서술, 비유, 환상 등으로 요리조리 운용하하는 것이다. "시는 메시지 전달의 도구다"라고 단언할 수는 없다 할지라도 "시는 발견적 메시지를 사회화하고자 한다." 라고는 말할 수 있다. 또한 시는 언어기호를 꾸미고 이어붙이는 표현기술 작업이 아니라, 순정(純正)의 의식을 지향하는 특수한 메시지를 효과적으로 표현하는 창의적 언어운용이라 할 수는 있는 것이다.

메시지의 중심이 주제이다. 주제(主題, theme)는 시인이 표현하고자 하는 핵심 내용, 사상이나 관념 등이고 시 구성상의 중심 모티프이다. 내용적 형식적 요소들을 이끄는 주도자(主導者)이기도 하다. 기존의 인식과 관습을 뛰어넘는, 새로우면서도 공감력이 있는 주제의 설정과 소재 구성과 그에 따른 적절한 언어 윤용이 수준 높은 시의 조건일 수밖에 없다.

문학작품 속에 자주 나타나는 사건이나 상황이나 주제의 유형, 이러한 것들은 양식적 주제 또는 양식적 모티프라고 한다. 우리 서정시의 경우, 이별 후의 아픔과 새로운 만남, 자연 찬미, 과거에 대한 그리움이나 아쉬움,

일상생활의 가치와 고뇌 등등이 흔히 볼 수 있는 양식적 주제 또는 모티프이다. 개개 시의 주제는 전래의 양식적 주제를 계승하면서도 그를 거역하는 새롭고 특수한 지경을 향한다 할 수 있다.

삼월보다 따스한
네 손을 달라

백목련 보다 하이얀
네 가슴을 달라

불보다 불보다 뜨거운
네 심장을 달라

시방 거리에는
음악 같은 실비 내리고

실비 내리는 속에
동백꽃 뚜욱 뚝 지는 소리 들려오고

돌멩이의 체온도 그리운
죽음보다 외로운 오후

음악같이 내리는 실비 속에
나는 산처럼 서서 널 생각한다

—신석정, 「서정소곡(抒情小曲)」

이별의 슬픔이라는 서정시의 양식적 주제를 계승하면서도 각별하고 구체적인 이미지로 근대성을 획득하였다고 볼만한 작품이다. 3월, 백목련, 실비 등 봄의 온기와 생명력에도 불구하고 산처럼 부동의 자세로 청자인 너를 갈망하는 화자의 대조적 정황이 '한결같은 그리움과 사랑의 마음'이란 중심 메시지를 더 간곡하게 한다. 레비나스(Emmanuel Lévinas)의 사유를 빌려 말하자면, 너라고 하는 타자는 지배를 위한 의지로 전체성, 동일성을 이루기 위한 '도구적' 이성(instrumental reason)의 대상이 아니다. 너라는 세계는 나로서는 본질적으로 불가침적인 것이고, 그래서 둘 사이에는 간극이 있을 수밖에 없는 초월적 존재이다. 화자로 하여금 지속적인 윤리를 요구하는 절대의 타자인 것이다.

3연까지, 화자는 청자의 손과 가슴과 심장 즉, 모든 것을 뜨겁게 갈망하고 있다. 너는 삼월의 훈풍보다 따뜻하고, 백목련보다 순결하며 불길보다 뜨거운 자아 초월의 존재이다. 화자는 산과 같은 남성인 동시에 분방한 소년으로서의 명령조 토로와 반복 어투를 구사하는 순진한 어른이기도 하다. 청자는 음악 같은 봄비와 같고 동백꽃 뚜욱 뚝 떨어지는 소리 들리는 처절한 그리움의 대상이다. 화자는 결국 돌멩이의 체온조차 그리운 외로움을 감수해야 한다. 산처럼 변함없는 자세로 무한의 타자를 향한 윤리를 잃지 않는 것이다. 전통의 양식적 주제를 계승하면서도 자연과 일체화한 감각을 구사, 나름의 메시지를 곡진하게 형상화 한 것이다.

> 울지 마라
> 외로우니까 사람이다
> 살아간다는 것은 외로움을 견디는 일이다
> 공연히 오지 않는 전화를 기다리지 마라
> 눈이 오면 눈길을 걸어가고

비가 오면 빗길을 걸어가라
갈대숲에서 가슴 검은 도요새도 너를 보고 있다
가끔은 하느님도 외로워서 눈물을 흘리신다
새들이 나뭇가지에 앉아 있는 것도 외로움 때문이고
네가 물가에 앉아 있는 것도 외로움 때문이다
산 그림자도 외로워서 하루에 한 번씩 마을로 내려온다
종소리도 외로워서 울려퍼진다

—정호승, 「수선화에게」

주제문은 <살아간다는 것은 외로움을 견디는 일이다>라고 할 수 있다. 그 행간의 의미가 인간을 비롯한 모든 존재의 조건으로, 역설적인 이법(理法)으로 확장되는 시이다.

두루 알다시피 소재란 시의 주제를 구현하는 재료들이다. 제반 물질과 정신 영역, 시적 관습과 언어, 특정 정황 등이 선택된다. 선택된 소재 중에서 주제와 직접적으로 관련되는 핵심 소재를 제재라고 한다. 시 「수선화에게」의 제재는 제목 자체 '수선화'라고 밝힌 바, 미청년(美靑年) 나르키소스가 샘물 속의 자신에 홀려 물가를 떠나지 못하고 죽어서, 수선화(나르키소스)로 피어났다는 신화를 배경설화로 하고 있는 셈이다. 이는 외로움을 존재의 숙명으로까지 심화, 확장하는 중심계기이기도 하다. 이에 더하여 시적 자아는 모든 존재가 아집에서 헤어나지 못하는 외로운 존재임을 구체화하기 위하여 여러 가지 소재를 동원한다. 일상으로 손에 닿는 '전화'라는 물질을 예로 드는가 하면, 눈길, 빗길 등으로 서정의 확산을 꾀하고, 갈대숲의 가슴 검은 도요새, 하느님까지 동원한다. 그 위에 감각적 대상일 뿐인 종소리의 울림까지 동원, 새롭고도 친숙한 정황을 제시한다. 그 결과, 외로움은 반드시 해소되어야 하는 부정적 감정이 아닌, 전 생명의 공통의식으로까지 확대

심화되어, 모든 존재가 가지는 삶의 당위로서의 울림을 주기에 이른다.

시 「서정소곡」과 「수선화에게」의 메시지, 소재와 주제는 개인적 서정의 세계를 중심으로 형성되고 있다. 이는 전통 서정시의 양식적 주제를 계승한 것이라 할 수도 있다. 하지만 두 편 시의 메시지는 전통을 개인적으로 계승하는 데 머무르지 않고 양식적 전통과 개인의 사정을 넘어 내남 없는 근원적 차원의 그리움과 외로움을 보여주고 있다. 유념할 만한 지점이다. 수준 있는 현대시는 기존의 관습적 인지와는 다른 새로운 의미, 이미지와 상황에 의해 구축되기도 하거와 개인적 창의가 보편적이고 근원적인 확장력을 가질 때 또는 주체적인 체험이 공동체적일 때, 더욱 탄력적이면서 개방적인 울림을 획득할 수 있다는 점이다. 공동주체로서의 시적 체험은 시인의 언어적 감수성과 내적 결핍과 불만, 또는 분노와 절망을 토대로 하여 형성된다 할 것이다.

그런데 극단의 포스트모더니즘 시, 해체시 등 기표 배열의 교언시류, 반동시는 기괴한 포즈를 취하기는 하나, 주제나 의미 자체를 거부하거나 조롱의 대상으로 삼는다. 개인도 사회역사도 무화하면서 주제도 맥락도 없는 미적(美的)기호의 연쇄를 유희한다. 기성의 권위와 전통을 해체하고 가치를 전도(顚倒)하므로, 기성품에 대한 별 의미 없는 차용(패스티쉬)을 허용할 뿐 아니라, 진지함과 고상함을 거부하는 남루함(키치)으로, 작가와 독자 사이의 경계를 허물어뜨리기도 한다. 시도 대중적 소비물, 언어의 무덤을 쌓는 일의 하나로 본다. 고의적인 문맥 파괴, 우연한 언어충돌, 공허한 기호놀이요, 상식 파괴, 관념 해체의 유희이다.

첫 번째는 나
2는 자동차
3은 늑대, 4는 잠수함

5는 악어, 6은 나무, 7은 돌고래
8은 비행기
9는 코뿔소, 열 번째는 전화기

첫 번째의 내가
열 번째를 들고 반복해서 말한다
2는 자동차, 3은 늑대

몸통이 불어날 때까지
8은 비행기, 9는 코뿔소
열 번째는 전화기

—박상순, 「6은 나무 7은 돌고래, 열 번째는 전화기」

일정한 맥락이 없는 데도 뭔가 있는 듯이 서술되는 것이 성공한 이 계열시의 특징이다. '나', '자동차', '늑대' 등 소재가 첫 번째, 두 번째, 세 번째 등 순차적으로 항목화 되어 우연히 엮여 있다. 당연히 은유와 환유의 유추나 연상을 찾기는 힘들다. 뭔가 있을 듯한 느낌을 주는 것은 이유 없는 암송의 반복이 넷째 연의 '몸통이 불어날 때까지' 계속되는 효과인 듯하다. 몸통이 불어난다는 것은 성숙을 의미하는 환유적 발상이 아닐까? 그렇다면 맹목적으로 암기력이나 검증받으며 살아야 하는 사회 현실에 대한 풍자의 시일 수도 있다. 하지만 이는 어디까지나 독자의 의미생성 본능에 의한 과잉해석일 수 있고, 이 시는 어디까지나 기존의 질서에 대한 '거부감 표출' 자체가 목표인 반동, 관습과 개념의 권위가 해체되고 작가와 독자의 입장이 해체되고, 사회와 작품의 권위마저 인정하지 않는 반동의 시일 가능성이 크다. 반동적인 언어유희가 흥미롭고 섬세한 경지를 체험케 하는 측면이 있는 것도 사실이긴 하다.

주제의 해석과 가치 판단은 어디까지나 독자의 능력과 기호에 달린 문제이다. 하지만, 대개의 경우 메시지가 없는 시는 음험한 자본주의 문화의 속임수일 수 있다. 어떤 시이든 주제를 단순하게 확정지을 수는 없는 일이긴 하지만, 그럼에도 불구하고 시는 형식적 내용적 소재들, 관련 모티프들의 협동으로써 메시지를 구축하고자 하는 언어체계라는 사실을 부인할 수는 없을 것이다. 주제를 종잡지 못하는 경우라 하더라도 또는, 시인 스스로 주제의 무화(無化)를 주장한다 하더라도 그 자체가 주제일 수 있는 것이다. 만일에 주제가 없거나 비인간적인 주제의 시가 있다면, 그 시가 지속적으로 깊은 감동을 불러올 수는 없다는 점 역시 분명하다 할 수 있지 않을까 한다.

시보다 훨씬 의미를 부차적인 것으로 여길 수 있는 양식, 회화(繪畵)의 경우를 예로 들더라도, 피카소의 '게르니카'나 에드바르 뭉크의 그림 '절규'는 원근법, 객관성 같은 회화의 묵은 관행을 깨고, 공포와 불안의 내면을 새로운 방식으로 도형화 색채화한 실험적인 작품이다. 물리적인 색채와 형상을 통해 특수한 메시지를 표현한 작품들이다. 시는 회화에 더하여, 언어라는 매체 자체 태생적으로 감각과 의미의 작용에 의한 특수한 메시지를 갖는 것이어서, 양식적 본질상 의미와 더 밀접히 연동되기 마련이다. 언어 자체 의미내장의 존재이기 때문에 필연적으로 메시지에 연동되는 것이다. '언어예술'이라는 말을 내세워 '의미 없는 언어작란'을 목표로 한다는 논리에는 본질적인 무리가 따른다 하지 않을 수 없다.

주제를 떠난, 물리적 변형의 기술만으로는 시 텍스트를 성립시킬 수 없다. 성리학 용어를 빌어 구별하자면, 미술이나 음악이 기발이승(氣發理乘) 즉, 질료나 형질 같은 현상적 요소인 기(氣)의 발동에 이(理)가 탄(乘) 양식이라면, 시는 이발이기수지(理發而氣隨之), 형이상의 실재인 '이'가 발동하고 '기'가 그를 따르는 양식이라 할 수 있다. 기호 유희로 일관하는 시, 그것은 몸이 빠져나간 허물에 불과하거나, 사회적 의의를 포기한 즉자적(卽自的) 아집이거나 비정상에 대한 모방이라고나 해야 하지 않을까.

아니, 색채와 선이라는 물리적 도구를 쓰는 회화 그 중에서도 추상적인 회화의 대표작들도 작가가 품고 있던 남다른 의미를 표현하였다. 뿐만 아니라, 음악에 있어서도 그 연주음이 의미화 될 때에야 온전한 저작물로 존재하게 된다. 무릇 모든 예술은 새로운 언어체계 즉 의미 형성을 위한 창작임이 분명하다. 태생적으로 무의미한 자연현상의 하나인 색채나 소리조차 특정의 의의와 의미맥락으로 감동력을 발휘하지 않던가.

2. 비전, 태도, 객관적 상관물

시의 메시지는 시인 또는 시적 자아의 비전과 태도에 따라 형성된다. 비전(vision)은 사물을 꿰뚫어보는 정신능력으로, 시인의 세계관, 인간관, 우주관, 사상, 태도, 감정 등등으로 형성된다. 시인의 감수성과 성찰이 배태하는 가정(假定)들이 비전이며, 그것은 그때그때 임시적으로 정해지는 시적 자아의 실체로서 시를 생산하고 조정한다. 공상이나 환상의 형태로 나타나기도 한다.

시의 비전과 내용이 가정적이거나 임시적이라는 말은 시적 발견과 진실이 본성적으로 가변성과 개방성을 띈다는 말이다. 영원불변을 전제로 하는 관념이나 논리가 아니고 외부로부터 주입되는 법식이 아닌, 삶의 과정에서 끊임없이 지양하고 개선하며 단련되기를 거듭하는 창의적이고 발견적인 의식이다.

시인은 온갖 소재로 시 텍스트에 당시의 비전– 시적 인식과 태도와 세계관을 담고, 시를 읽는 독자는 내포 시인의 시적 비전과 자신의 감상력이 일치되는 지점을 목표로 반응한다. 현실적 사물과 현상에 끊임없이 낯설고 새로운 의미를 부여하는 시인과 현실적 일상 속에 있는 독자 간에 완전한 일치란 어려운 일이다. 하지만 시가 독자의 반응을 전제로 존재하는 텍스트라 할 때, 시인은 끊임없이 독자와의 교류, 상호협동이 가능한 맥락과 소재와 이미지를 선택하고 구성하기 마련이고, 비전과 태도는 그 창작 행위 전반을 이끄는 근간이 된다.

보고 듣고 품고 느낀 대로 표현하는 것은 사실의 진술에 지나지 않는다. 시는 새로운 경험의 메시지를 공감력 있게 표현하기 위해 주객이 함께 공감할 수 있는 사물과 현상을 동원한다. 독자와의 협동을 위해 시인이 선택하는 한 무리의 사물이나 특정의 상황, 일련의 사건 등 시적 사상이나 감정을 나타내기 위한 정서적 등가물(等價物)을 엘리엇은 객관적 상관물(Objective correlative)이라 했다. 시란 고의적인 착각과 착오에 장식을 입히는 기술가 아니라, 특정 사상이나 감정을 그나름 암시할 수 있는 객관적 상관물 창조의 언어인 것이다. 엘리엇의 객관적 상관물은 추상적인 관념이나 감정을 구체화하기 위한 비유의 매개어에 별 다름이 없다는 지적을 받기도 하고, 시의 언어를 객관적인 상관물로 공식화(公式化)함으로써 지나치게 단순화한다는 비판을 받기도 한다. 하지만 객관적 상관물은 그의 몰개성(沒個性) 이론과 시적 구체성을 중시하는 태도와도 연관되면서, 현대시 창작상의 소중한 미덕으로 널리 받아들여지고 있다. 비유의 관점에서 말하자면 그것은 수사적 비유의 차원을 넘어 상황적, 구조적, 함축적 비유를 포함하는 개념으로서 유사성에 의하든 차이성에 의하든 시의 언어는 그 메시지가 분명하면 분명하게, 종잡지 못할 것이면 종잡지 못하게, 추상적인 것이면 추상적인 대로 객관적 상관물들을 통해 사회적으로 공유하는 데 목표를 두는 것이 당연하다는 의미를 갖고 있다 할 것이다.

저것은 벽
어쩔 수 없는 벽이라고 우리가 느낄 때
그때
담쟁이는 말없이 그 벽을 오른다

물 한 방울 없고 씨앗 한 톨 살아남을 수 없는
저것은 절망의 벽이라고 말할 때
담쟁이가 서두르지 않고 앞으로 나아간다

한 뼘이라도 꼭 여럿이 손을 잡고 올라간다
푸르게 절망을 다 덮을 때까지
바로 그 절망을 잡고 놓지 않는다

저것은 넘을 수 없는 벽이라고
고개를 떨구고 있을 때
담쟁이 잎 하나는 담쟁이 수천 개를 이끌고
결국 그 벽을 넘는다

—도종환, 「담쟁이」

자발적 공동체의식으로 현실을 극복할 수 있는 용기와 지혜, 그리고 생명력을 일깨우는 시이다. 부조리한 현실의 장애를 여럿이 함께 힘을 모아 넘어서고자 하는 소망과, 솔선하고자 하는 태도가 시적 비전이요 메시지이다. 이를 담쟁이가 벽을 기어오르는 상황적 알레고리를 통해 구현한다. 개인과 사회, 역사가 만나는 무수한 접점 중 한 지점의 시적 체험이다. 주제는 현실적 장애를 극복하는 자발성과 협동성 또는 그러한 생명 본연의 생명에 대한 경이감 정도.

공명(共鳴)이 큰 시의 주제와 제재는 주체와 공동체가 연동하는 지점에서 발견되고 독창적인 비전으로 구체적인 삶을 성찰하는 동안 획득된다. 이때 객관적 상관물의 발견되고 결합되어 사회적 감응력을 갖추게 된다. 그 과정에 끊임없이 내포 시인의 시적 태도(attitude)가 작용한다.

시에 있어서의 '태도'란 현실적인 행동으로 실행하지는 못한 충동이나 사물을 보는 방식으로, I. A. 리차즈가 본격 거론한 말이다. 실제로 행동화되지는 않은 것이므로 불완전한 행동이라고 할 수도 있으나 시인에게 있어서는 실제행위 못지않은 중요한 의미를 가진다. C. 브룩스와 R. P. 워렌은 이를 더 구체화 하여, 시인이 생각하는 방식과 시인이 취하는 독자에 대한 자세 그리고, 시의 제재와 주제의 성향 등등을 통틀어 '태도'라 했다. 태도야 말로 시의 주제 또는 메시지의 핵심을 이루는 원천이라는 말이다. 브룩스는 시에서의 태도는 전달되어야만할 중요요소이며, 비유적 언어는 이를 표현하기 위해 사용된다고 하였다.[『Understanding Poetry』, 1976]

시의 비전과 태도는 유사한 개념으로 쓸 수도 있는 말이다. 비전과 태도는 객관적이거나 항구적이지 않고 임시적이고 주관적이어서 기성의 언어나 논리로 다 담을 수는 없는, 그러나 실재하는 진실이기에 은유, 환유, 차유 등 변용적 양식으로 구현된다.

산속에서 길을 잃고 헤매었던 이
차후에는 산 기운 떨쳐낼 수 없으리
가슴속에 산맥이 들앉은 까닭에

바다 물밑을 기며 길을 찾아 헤매던 이
차후에는 바다 숨소리 잊을 수 없으리

그 속살 몸 안에서 출렁거리는 까닭에

사람에 빠져 길을 잃고 허우적이었던 이
차후에는 그 신열 떨쳐낼 수 없으리
곳마다 그 사람, 미리 와 있는 까닭에

—신진, 「길을 잃고 헤매었던 이」

길을 잃고 헤맬 때에는 불안감과 고립감을 느끼는 것이 보통이다. 그런데 시적 자아는 그런 상식이 부정되는 모순의 체험을 토로한다. 산을 잃었을 때는 산이, 길을 잃었을 때는 길이, 사람을 잃고 헤매었을 때는 그 사람이 오히려 마음속에 가득 차는 것이다. 잃고 헤매는 행위는 성찰과 고뇌의 가중을, 가득 들어차거나 미리 와있는 상태 등은 온전한 앎, 또는 성숙한 지성을 가리키는 상황적 차유라 할 수 있다. 산과 산맥, 바다와 사람 등은 세계를 가리키는 제유 또는 환유라 할 수 있고, 바다의 숨소리와 출렁거리는 속살, 사람에 빠지다 등과 길은 사랑과 지혜를 가리키는 은유라 하겠다. '길'은 행위의 과정과 목표의 환유요 상징이다. 이러한 표현을 통해, 목표를 잃고 방황하는 고뇌와 절망은 오히려 풍요로운 삶의 계기가 될 수 있다는 시적 비전을 드러낸다. 이러한 시인의 차이 나는 체험은 독자에게 전이되어 인생의 진정한 행복이란 평안과 안락 그 자체에 있지 않고 결핍과 고뇌의 결실임을 잠언적 어투로 개진하고자 하였다 할 것이다.

신석정의 「서정소곡」이 초월적 타자를 향한 열렬한 그리움을 형상화 하고, 정호승의 「수선화에게」가 외로움과 그리움을 모든 존재의 조건과도 같이 승화하는 비전을, 박상순의 「6은 나무 7은 돌고래, 열 번째는 전화기」가 현실 해체의 반동적 유희의 태도를, 도종환의 「담쟁이」가 절망을 극복하는 본래적 생명성의 의의를 되새기게 한다면, 시 「길을 잃고 헤매었던 이」

는 방황과 고독에 대한 역설적인 옹호이며 능률주의와 편의제일주의에 대한 비판의식을 나름의 객관적 상관물을 통해 개진하고자 하였다 할 것이다.

3. 시인의 태도와 퇴고

시인도 현실 속에서는 진선미의 궁극의 가치를 잊고 이익을 좇아 타협하면서 살아가는 평범한 시민이기 십상이다. 그에게도 세계는 온갖 모순과 고통과 결핍이 충돌하는 성찰의 대상이다. 그러나 한 걸음 한 걸음 사람의 참모습, 사람의 아름다움을 만나는 순간 그는 시인으로 거듭난다. 시적 자아는 세계를 자아화하기도 하고, 자아를 세계화하기도 하는 다양한 스펙트럼을 갖지만 이들의 궁극적이고 공통적인 지향점은 세계와 자아의 공동주체화에 있다 할 수 있다. 그럼으로, 풍요 속의 빈곤을, 빈곤 속의 풍요를 만날 수 있고 군중 속의 소외를, 고독 속의 평안을 체험하기도 한다. 기존의 법식에서 이탈하여 주체적 비전에 의한, 임시적이나마 참하고 아름다운 시공을 향한, 시적 메시지를 가설할 수 있는 것이다. 유리한 방향을 택하기보다는 그의 결핍은 진정으로 소망하는 옳고 바르고 아름다운 방향, 조금은 더 아름답고 이상적인 비전을 택하고 태도를 갖추게 된다. 메시지에 의한 공감과 감동의 크기는 당시의 진정성의 깊이에서 우러나, 특별하면서도 적절한 소재들, 이미지와 상황으로 구체화되고 강화되는 데서 결정된다. 이렇게 하여 시인에게나 독자에게나 시는 성찰과 반성의 계기가 되고, 위로와 배려의 선물이 되는 것이다. 일견 혼란한 내용이라 할지라도 객관적 상관물로 구체적으로 제시되므로 시는 설득력과 공감력을 발휘한다. 반대로, 논리정연한 언어라 할지라도 상투적이거나 가식적인 느낌을 주거나, 추상적 관념에 떨어지면 외면당하게 된다. 시의 메시지는 자신을 알리기 위한 타산(打

算)에 의한 것이 아니라 나만의 새로운 진실과 감동을 사회화하는 순수 놀이행위인 것이다.

이렇게 시 창작의 과정은 모티프의 발견과 메시지의 가설(假設)에서부터 적절한 표현, 퇴고와 새로운 발전 그리고 그 반복에 이르는 전 과정이다. 시적 영감(靈感)이 스치는 순간부터 시인은 집필과 퇴고라는 구체화 과정에 들어선다고 할 수 있다. 퇴고의 과정은 시 쓰기 과정의 처음에서부터 끝까지 부단하게 가해지는 필수 과정이라 할 수 있다.

퇴고(推敲)는 첫째, 내용을 압축하거나 생략하여 더욱 밀도(密度) 있게 다지는 일이고 둘째, 결여된 내용을 보충하거나 언술의 진전에 따라 더욱 확산 심화시키며, 셋째, 독자가 진정으로 공감할 수 있는 핍진성(逼眞性) 강화를 위해 시어, 리듬, 이미지, 구성 등을 최선의 객관적 상관물이 되도록 배치하는 일이다. 아울러, 관습적 모티프 또는, 진부한 고정상황(stok situation) 등 상투적 내용과 표현에 도취하는 아집과 안일에 빠지지 않았는지 점검할 필요도 있다. 자신의 회고담 또는 사변적 단상이 알고 보면 남들이 두루 아는 사실이거나 두고두고 우려먹었던 소재, 인물, 상황은 아닌지, 영혼 없는 객기로 사투리나 관념어, 외국어 따위를 동원, 외화내빈(外華內貧) 교언영색 하는 데 언어를 낭비하지나 않은 것인지, 자신으로서는 첫 경험이고 첫 표현이지만 남들에겐 새로울 것도 흥미로운 것도 없는 고향부모생각, 과거 회상, 사랑 이야기는 아닌지, 그 주변에 사는 이들로서는 전혀 새로울 것 없는 답사기, 여행기 등 안내문이나 설명문에 지나지 않는 건 아닌지, 항시 겸허하고 냉철한 자성(自省)이 가해져야 한다.

성실한 창작과 퇴고를 위해, 시인으로서 갖추어야 할 덕목을 덧붙여보자.

우선 시적 비전을 주체적이면서도 풍부하게 갖추기 위해 일상생활과 직무, 독서, 여행 등을 통해 당대의 사회 문화적 가치를 섬세하게 습득하고, 더욱 심화할 수 있는 학습과정과 명상의 시간에 흥미를 가질 필요가 있다.

특히 개인주의적 아집이나 수사에 진력하기보다 개인적 삶과 사회역사적 삶 사이의 길항을 통해 세계내 존재로서의 갈증과 회의와 풍요를 체험할 수 있어야 한다. 개인 생활의 미화나 언어적 장식에 머무는 시집을 내놓고 자잘한 감투와 명리를 도모하는 기회주의적 타산에서 벗어나야 한다. 참시인의 자질은 이의 실천에서부터 여물어가는 것이리라.

기질 탓으로 또는 낭만주의적 신념에 의해, 퇴고에 별로 신경을 쓰지 않는 습관을 가진 시인도 없진 않다. 그러나 필자의 경험상 이는 반드시 지양되어야 할 잘못된 태도임을 강조하고 싶다. 퇴고의 과정 역시 시인의 창작력과 해석력과 비판력이 총동원되는 본질적이고 소중한 창작행위임을 잊지 말아야 할 것이다.

모든 인간이 타자들에게 존경 받아 가며 그 위에 군림하기 위해 살았다면 인류사는 오래 전에 종말을 보았을 것이다. 약육강식에 자동화된 인간은 금수(禽獸)에 다름없거나, 입력된 목표에 외곬의 모방을 감행하는 기계에 지나지 않는다. 시인은 시인으로 군림하는 것이 아니라, 언제나 금수나 로봇 같은 비인간적 탐욕과 상업주의에서 탈출하는 순간순간에 거듭나는 존재임을 잊지 않아야 한다.

시의 메시지와 관련하여 유념하고 음미할 만한 발언으로 캐나다의 배우이고 시인이자 가수인 루이스 포르탈(Louise Portal)의 '탁월한 글쓰기의 세 가지 특징'을 들 수 있다. 그 첫째는, 저마다 다른 순간들과 인간들을 자신과 사랑으로 연대시킬 것. 둘째는 타성에 젖은 매일의 삶에 대해 새로운 삶을 나타낼 것. 그리고 영혼과 영혼을 정화시키는 항아리 역할을 할 것 등이다.

[임종찬, 「남다른 해석법으로 세상보기」, 2025]

시 쓰기의 계기는 길을 걷거나 버스를 타거나 음악을 듣거나 밥을 먹는 시간 등 언제라도 찾아온다. 화두(話頭)를 정하고 명상에 드는 시간도 시상(詩想)을 맞이하고 그 성숙과 참신성을 제고하는 계기가 될 수 있으리라.

일상의 논리를 허물고 정진하는 선불교에서처럼, 논리 초월의 화두를 붙잡고 명상에 드는 것이다. 예를 들어 "나는 나를 알고 있나?", "사람이 음악을 들을 때 음악이 듣는 사람은 누군가", "하루를 잊어라, 그러면 하루가 찾아오리라.", "책이 불에 타서 재가 되면, 책속에 있던 글들은 어디 가는가?", "자유는 즐거운 것인가, 외로운 것인가" 등등의 화두를 두고 명상 정진하는 일도 정형화되고 배타적인 권위에서 해방되어 보다 새롭고 풍요로운 성숙을 맞는 계기를 제공할 수 있지 않을까 한다. 새가 스스로 알을 깬 후에 세계 내의 존재로 거듭나듯 시인은 순수 생명력으로 현재와 나의 틀을 깰 때, 날개 없이도 날 수 있는 시인이란 존재로 거듭날 수 있지 않은가 한다.

11장

구성과 운율

1. 시의 구성

모든 저작에는 주도적 맥락이 있고 그것을 이루는 짜임새가 있다. 이 짜임새가 구성(plot)이다. 시의 구성은 언어운용능력을 최대한 발휘, 음악적 회화적 물질적 상황적 이미지를 운용하여 시적 메시지를 체계화한다. 구성은 작품의 성패를 가늠할 만큼 중요한 국면임은 물론, 한 작품 또는 한 단락, 한 연, 한 행을 이루는 원리로 작용하는 것이다.

시의 구성을 이루는 요소로는 단어, 시구, 행, 연, 운율, 이미지 등 외재적 요소들과 시적 비전, 태도, 주제, 소재 등 내재적 요소들이 있다. 그런데 전(前) 시대의 시가 정형적 운율과 품위 있는 분위기를 중심으로, 주체적 개인 또는 집단이, 일방적으로 토로하는 양식이었다 한다면, 현대시는 자유롭고 개별적이며 다층적인 사회를 반영하는 만큼 더욱 치밀한 구성－ 발음(리듬), 소재, 주제, 이미지, 태도 등 각 요소들을 연동시키는 치밀을 더욱 요구 받는다. 실감이 없거나 치밀하지 못하거나 밋밋하고 단순하거나 어울리지 않게 과장되거나 이유 없이 부족해서는 공감대를 이루는 데 실패하고 마는 것이다.

시의 구성도 은연중에 논리적인 맥락에 바탕을 두고 이루어진다. 흔히 말하는 3단 구성, 4단 구성, 5단 구성 등이 논리적 맥락에 의한 구성법이다. 시보다는 산문, 소설이나 희곡 등에서 더욱 중심이 되는 구성이긴 하지만 논리적 구성은 시에서도 맥락적 심리적 기반이 된다. 3단 구성은 정-반-합

혹은 대전제-소전제-결론, 서두, 중간, 결말 등으로, 4단 구성은 기-승-전-결, 5단 구성은 발단, 전개, 위기, 절정, 결말 등 5단계이다.

시의 논리적 구성의 경우, '결말'은 예상을 뛰어넘는 새로운 발견 또는 뜻밖의 역전(逆轉)을 불러오기도 하는, 아주 중요한 국면이다. 또 비논리의 반동시라 할지라도 논리적 구성이 반동의 대칭점에서 작용할 때 시적 성취에 이를 수 있다.

어떤 구성은 찬양과 찬미를 위해, 어떤 구성은 위로와 격려를 위해, 또 어떤 구성은 해학과 풍자의 효과를 위해 짜여 진다. 그 속에 앞으로 전개될 내용에 조마조마한 불안감을 가지게 하는 서스펜스(suspense)가 있고, 예상 밖의 놀라움(surprise)이 있다. 효과적인 서프라이즈, 이른바 '의외의 결말'(surprise ending)은 독자의 예측을 넘어서는 의외의 통합이나 반전의 경우에 또는, 앞의 맥락에 원인이나 해답이 있음을 시사 받을 수 있는 경우에 일어난다. 대립과 갈등이 깊을수록 의외의 결말은 그 효과를 크게 발휘하고, 언어적으로는 유사성보다 차이성이 큰 비유가 동반된다.

제목 또한 중요한 구성단위가 된다. 짧고 응축적인 시 양식에 있어서는 행과 연과 함께 제목도 시 구성의 주요 요소가 된다.

1.

하늘에 깔아 논
바람의 여울터에서나
속삭이듯 서걱이는
나무의 그늘에서나, 새는 노래한다.
그것이 노래인 줄도 모르면서

새는 그것이 사랑인 줄도 모르면서

두 놈이 부리를
서로의 죽지에 파묻고
따스한 체온(體溫)을 나누어 가진다.

2.
새는 울어
뜻을 만들지 않고,
지어서 교태로
사랑을 가식(假飾)하지 않는다.

3.
포수는 한 덩이 납으로
그 순수(純粹)를 겨냥하지만

매양 쏘는 것은
피에 젖은 한 마리 상(傷)한 새에 지나지 않는다.

—박남수, 「새」

1959년 작으로, 변명과 가식과 폭력이 횡행하는 현실을 비판하면서 '새'의 생태를 통해 위선 없는 순수한 삶의 단면을 보여준 시이다. 새는 시의 제제이자 문화적 상징인 동시에 개인적 상징이다.

논리적 구성의 과정을 시작, 중간, 결말로 단순화할 때, 「새」의 1, 2, 3은 각각 주관적 발견과 서정이 병치되면서, 일종의 영상 겹침(overlap)으로 전개되고 통합된다. 1의 '새의 노래'와 '체온 나눔'의 발견, 2의 언어 이전의 진정어린 소통과 사랑의 단계, 3의 폭력을 무색케 하는 숭고한 순수에 의한 결말 등 각각이 독립성을 가지면서도 점진적 반복(incremental repetition)－연의 핵심어만 바꾸어가며 반복함으로써 의미맥락을 조금씩 더 진행시키고 종합하는 점진적 반복의 구성법을 보인다 하겠다.

안정적인 결말 효과를 '시적 종결' '문학적 종결'이란 말로 표현하기도 한다. 하지만 더러는 반종결, 미해결을 가리키는 '종결 거부'의 경우도 볼 수 있다. 전개되어온 문제나 갈등이 해결되지 않을 것임을 나타내는 경우이다. 「새」의 종결은 1, 2, 3의 점진적 반복과 병치에서 시적 종결로서의 놀라움을 불러온다. 포수의 총을 등장시켜, 절대 순수의 경지를 긴장 속에 각성하게 하는 것이다. 동시에 이 시는 더 이상의 구차한 설명을 생략, 과제에 대한 최종 해답은 독자 스스로 해결하도록 종결거부의 틈 또한 열어두고 있다. 직접적인 명령이나 권유 역시 생태적 순수를 훼손하는 강제일 수 있다는 시적 비전을 견지함에서이기도 하고 전지적 관찰자의 시점이 불러오는 극적 효과이기도 하다.

구성상의 섬세한 면을 더 살피자면, 1의 '새는 노래한다'라는 구절은 나무의 그늘이란 장소적 상황인 동시에 '노래인 줄도 모르고'의 주어와 서술어이기도 하다. 이렇게 앞뒤 행에 걸쳐 기능을 하는 행을 월행시행(run-on line)이라 한다. 월행시행(越行詩行)이란 어떤 구절의 의의가 해당 시행에서 끝나지 않고 다음 행까지 넘어가는 특별한 경우를 가리키거니와, 그 특정 시행을 만드는 방법을 양행걸침(enjambment)이라 한다.

그리고 시 「새」의 서정적 시간은 보다시피 주관적 현재, 가상 현재(specious present)이다. 가상 현재란 상상에 의해 과거와 미래, 우연과 필연의 구분이 없는 내면의 시간이다. 1, 2, 3은 기계적이고 물리적인 시공을 넘어선 주체적 상상의 시간에, 주제에 부합하는 장소에서 정서적 등가물(等價物)로 선택된 정황들이다. 연 구분과 행의 길이와 음성적 요소들에 따른 여백도 생명의 속삼임과 1, 2, 3 시공(時空)의 간극과 폭력의 비극성을 실감하게 하는 구성요소이다.

전체적으로 보아 「새」는 가상적 시간과 공간에서의 형이상의 발견을 1: 기, 승, 2: 전, 3: 결 또는 1: 시작, 2: 중간, 3: 결말 등으로 구성한다 할 수 있고, 각각의 시공은 병치적으로 제시되면서 내적으로 통합되는 형태를 취하고 있다 하겠다.

2. 시간과 공간

모든 사상(事象)은 공간 속에 놓여있기 마련이고, 공간의 의의를 규정하는 조건은 시간이다. 따라서 시간과 공간은 사물을 인식하는 기반적 근거이다. 특히 현대시는 정형의 형식이나 문맥상의 논리에 따라 구성된다기보다 메시지, 또는 주도적 태도에 맞추어 시간과 공간을 배치함으로써 자율적으로 구성한다는 특징을 가진다.

문학작품에서의 시간은 대개 세 가지 층위로 나눌 수 있다. ①이야기의 시간 ②설정된 시간 ③정지된 시간이 그것이다. ①이야기의 시간이란 시간의 불가역성을 전제로 과거 → 현재 → 미래 또는 소년기 → 청년기 → 노년기 등 순차적으로 진전하는 시간이고, ②설정된 시간이란 재구성된 텍스트상의 시간이며 시적 연상에 의해 제시되는 시간이다. 이 둘은 함께 진행되기도 하고, 함께 진행되면서 어긋나기도 하고, 서로 어긋나기만하기도 한다.[조동일, 『문학연구방법』, 1982] 여기에 ③정지된 시간을 하나 더 들 수 있을 것이다. 정지된 시간이란 ①과 ②와는 다른, 서정적, 정물적 시간이기도 하고, ①과 ②가 부정되는 관념적 미학적 시간이라 할 수도 있다. 시의 시간구성은 ①, ②, ③ 중 어느 하나가 중심이 되거나 전경(前景)과 후경(後景)이 되거나 혼합되어 이루어진다. 그 과정에 추상(追想)과 예측, 지속시간과 빈도(頻度), 비약과 일관(一貫) 등의 과정을 거치게 된다. 이들은 다시 순차적인 순행구성과 역행구성, 그리고 순행 역행이 뒤섞이면서 글의 초점을 좇는 입체적 구성 그리고 ③을 중심으로 미학적 유희를 좇는 반동구성 등으로 나누어질 수 있다.

앞서 말한 바와 같이 시(문학)는 시·공간 융합의 예술이다. 시에 있어서의 시간은 공간성을 동반하기 마련이고, 시의 공간은 시간성을 동반하기 마련이다.

공간에는 당연히, 심리적 정서적인 면이 깊이 개입되고 동시에, 논리적 구성 방식들과도 상호 연동한다. 공간은 우선 ①실제의 공간과 ②가치적 공간 등 두 층위로 나눌 수 있다. ①이 실제 보편적 환경으로서의 객관적 공간이라면 ②는 이념과 가치의식에 따른 상상의 공간이다.[N.하르트만, 하기락 편역, 『존재학원론』, 1989] ①과 ②는 물론 시 속에서 각각 따로 존재하는 것이 아니라 이합집산하고 통합 융합하는 상태로 존재한다. 이에 더해, ③미학적(美學的) 공간 하나를 더 들 수 있다. ③은 언어의 음악성에 의한 미적 공간이며 기존관념에 대한 언어적 전복을 목표로 하는, 시공간 무화(無化)의 시라든지 언어예술 외 음악, 미술 등 타 장르 표절시의 경우에 볼 수 있다.

> 여승은 합장하고 절을 했다
> 가지취의 내음새가 났다
> 쓸쓸한 낯이 옛날 같이 늙었다
> 나는 불경처럼 서러워졌다
>
> 평안도의 어느 산 깊은 금점판
> 나는 파리한 여인에게서 옥수수를 샀다
> 여인은 나어린 딸아이를 때리며 가을밤같이 차게 울었다

섶벌같이 나아간 지아비 기다려 십 년이 갔다
지아비는 돌아오지 않고
어린 딸은 도라지꽃이 좋아 돌무덤으로 갔다

산꿩도 섧게 울은 슬픈 날이 있었다
산절의 마당귀에 여인의 머리오리가
눈물방울과 같이 떨어진 날이 있었다

—백석, 「여승(女僧)」

1930년대 중반의 시이다. 이야기의 시간으로는 맨 뒤의 시간이 맨 앞에 설정된 역행구성을 보인다. 이 시보다 9백여 년 전, 유배 중이던 소동파(蘇東坡)가 우연히 절에서 아리따운 여승을 보고는 그녀의 소녀시절을 상상하며 기박한 운명을 읊었다는, 세칭 가인박명(佳人薄命) 시의 배경서사와 흡사한 시간구성이기도 하다.

1연은 화자가 여승을 만나는 현재시간에 화자가 늙은 비구니를 만나는 산사(山寺) 공간이다. 2~4연은 여인의 과거 행적으로 순행적 시간구성에 의하고 있다. 2연은 화자가 여인을 처음 만났을 때의 금광 부근의 어느 길목, 3연은 그 이후 여인의 비극적이고 한 많은 세간에서의 삶, 4연은 그로 하여 비구니가 되기 위해 산사의 한 쪽에서 삭발하던 때를 그리고 있다. 1 2, 3, 4연 모두가 상상 속의 시공일 수도 있겠지만, 형식상 1연은 실제의 공간이고, 2~4연은 주체적 가치를 표상하는 상상의 시공간 같은 인상을 준다. 아무튼 1 2, 3, 4연이 서로 드나들며 범사(凡事)와는 다른 운명적 비극성을 곡진하게 실감케 한다.

덧붙이자면, 1연의 가지취는 산에서 나는 취나물의 일종으로, 그 냄새는 속세와의 단절과 정갈함을 나타낸다. '불경'의 직유는 청각적으로, 불교에

귀의할 수밖에 없었던 여인의 간난을 뒤돌아보는, 시간의 문을 여는 기능을 한다. 2연의 금점판(금광의 일터), 파리한 여인, 옥수수, 나이 어린 딸 등은 굴곡진 삶과 '가을밤 같이 차가운 울음'을 간접화 하는 제유적 이미지들이다. 3연의 섶벌(재래종 꿀벌)도 부부의 힘들고 가난한 삶의 제유이고, 어린 딸의 죽음을 '도라지꽃이 좋아 돌무덤으로 갔다'고 한 우회적 표현은, 인고의 아픔과 고통을 강화하면서 동시에 승화시키는 환유를 빈 완곡어법(婉曲語法, euphemism)이다. 승려가 되기 위해 삭발을 하는 4연의 산꿩 울음과 마당귀에 떨어지는 머리오리(머리카락) 역시 내적 정한을 클로즈업하는 제유적 영상이라 하겠다.

주제를 효과적으로 나타내기 위해 과거 현재 미래가 불규칙적으로 드나들며 뒤섞이는 구성방식을 입체적 시간 구성이라고 하거니와, 시 「여승」은 전체적으로 역행적 시간 구성이지만, 2, 3, 4연 만은 순행구성이며 단순구성이 아닌, 입체적 구성이라 할 수 있다. 이에 더하여, 시에 있어 시간과 공간은 원칙적으로 과거, 현재, 미래, 현실과 비현실의 계량적 시공을 떠나, 놀이의 엑스터시, 몰아(沒我)의 명상과도 같은 무시간(timelessness)의 시간이며, 비현실의 실재라는 특수 공간이라 할 수 있다. 시인의 발화와 독자의 반응이 만나는 순간은 '영구적 현재'로 작용하는 것이다.

전 연이 실제 공간과 가치공간을 오가는데다 1, 2, 4연 각 연의 내부는 정지된 시간, 3연만은 이야기 시간 중심으로 구성되어 있다. 산사와 가난한 세간의 삶이 대조되어 극적 효과를 극대화 하는 대조적 공간구성이 배경이 되고 있다 할 수 있다.

「여승」의 비극적 정황은 텍스트 밖 일제강점기의 현실에 대비될 수도 있다. 한 여인의 비극적인 삶을 당대의 민족적 한으로까지 확장시키는 독특한 비유와, 공감각적 이미지, 서사의 서정적 서술은 그의 시의 남다른 구성법을 이루는 요소들이라 할 수 있다.

시텍스트는 단편적이고 임시적인 체험의 현현이긴 하지만 적절한 구성을 통하여 더욱 간곡한 진실을 개방적으로 담아낸다. 기존의 규범언어 체계에서 보면 언어도단(言語道斷)의 경지이다. 시 「여승」은 시적 비전, 분위기, 주제 등 의미적 요소와 어감, 심상, 운율 등 형태적 요소들을 섬세히 통합, 연동하여 그 경지를 구성해내고자 하였다 할 것이다. 구성력이야말로 시인의 재능과 성숙도의 수준을 가늠하는 주요 바로미터라 하지 않을 수 없다.

3. 운율

운율(韻律, rhythm)은 음악 속에만 존재하는 것이 아니다. 새소리, 물 흐르는 소리, 바람소리에도 엄연하고, 봄, 여름, 가을, 겨울 등 사계의 순환 그리고, 발아, 성장, 결실, 소멸하는 생명의 전 과정에서도 인식된다. 시의 운율은 이와 같은 자연의 존재원리를 수용하고 호응함으로써 심정적 평정상태를 유지하고자 하는 데서 비롯된다.[Samuel Taylor Coleridge, 『문학평전』] 무심히 부르는 노래, 무심히 울리는 종소리 같은 소리는 물론, 인과응보, 고진감래, 사필귀정 같은 말에도 무질서의 열정이나 파괴적 이탈을 경계하고 평정을 유지하려는 본능적 운율이 존재한다. 리듬은 자연의 질서이자 미학이며 생명현상인 것이다. 삶의 어떤 과정이 잘못되었거나 평상에서 어긋나는 대목을 두고도 리듬이 파괴되었다느니, 리듬을 회복해야 한다느니 하는 것도 그래서이다.

운율 또는 리듬이 가지는 핵심 자질은 주기성(週期性)과 반복성(反復性)이다. 특정 음이나 음성 현상이 주기적으로 반복되는 데서 오는 만족감과 그 패턴에서의 이탈이 주는 긴장감 그리고, 그 회복이 주는 이완에 대한 기대가 운율의 심미적 의미론적 효과를 불러 온다. 운율이란 시를 읽을 때 느껴지는 가락으로, 저절로 끊어 읽고 늘여 읽고 힘을 주는 곳이 생기는 그것인 것이다. 말의 소리와 뜻을 배열하여 맥락을 이루는 주기적이고 반복적인 성질이다. 그 기본 요소는 두운, 요운, 각운 등 소리 반복 현상인 운(韻, rhythm)과 운의 반복으로 생성되는 음수율, 음보율 등 율(律, metre)이다. 운의 경험을 율동(律動)이라 하고 율의 경험을 율격(律格)이라 하기도 하고, 둘을 합쳐서 운율이라 부른다.

그런데 이른바 신비평의 기초자라 할 I. A. 리처즈가 리듬을 외재적 리듬과 내재적 리듬으로 나누고, 전자는 낱말들의 소리로 실현된 실제 소리에 의한 것이요, 후자는 낱말의 실제 소리가 아니라 낱말들의 의미와 감정을 통해 이해되는 심리적 리듬이라 하였듯[『Practical Criticism』], 시에서의 운율이란 음의 주기적 반복 외 음의 강세, 자음과 모음의 성질에 따른 음상(音相)현상, 모음조화, 자음동화 등 활음조(滑音調, euphony)현상 등등, 음이 가진 온갖 소리를 이용하여, 내용, 어조, 분위기 등 맥락의 방향을 이끌 수 있는, 작품 구성상의 주요 요소이다.

이러한 논리를 전제로, 운율을 성격적인 면에서 양 극점으로 나누면 외형률과 내재율 둘을 들 수 있다.

운율이 겉으로 드러나 규칙성이 확인되는 외형률에는 음위율, 음수율, 음보율 등이 있다. 이 중 음성률은 음의 강약, 장단, 고저, 음수(音數) 등의 규칙적 반복으로, 한국어의 음성률은 일본어, 프랑스어, 이태리어 등과 함께 주로 음절수에 의존하는 음수율을 기본으로 한다. 음수율은 구(句)나 행이 일정한 음절수에 의해 구성되는 율격이다. 우리나라를 포함하는, 거의 모든 민족어 율격의 공통적 자질이다. 음수율이 음절의 수를 호흡의 단위로 삼는다면 글자 수가 아니라 구(句)나 행 같은 시간적 길이를 단위로 삼는 것이 음보율(foot metre)이다. 음보(音步)란 말 그대로 음의 걸음이란 의미로, 영시(英詩)에서는 강음절을 중심으로 어울리는 약음절들을 한 음보로 보지만 우리 시에서는 음절군(音節群)의 시간적 등장성(等長性) 즉, 자연스럽게 끊어 읽는 시간적 길이 단위를 기준으로 나눈다.

첨가어라는 특성상 한국어는 한 어절이 한 음절에서 10여 음절까지 사용될 수 있어 3.4조 4.4조 등의 음수율로 운율을 파악하는 데는 뚜렷한 한계가 있다. 그래서 근래에 들어서는 음수율보다 일정한 시간을 기준으로 하는 음보율을 우선시 하는 것이 보통이다. 우리 시행의 기본 율격은 3음보와 4음보이며, 민요에서 흔히 볼 수 있는 3음보 율격이 대체로 서민층의 세계관과 감성을 나타낸다면, 시조의 4음보는 엘리트적 세계관과 감성을 표현한다는 것이 통설이 되어 있다.

그 외 외형률인 음위율이란 시어나 시행의 같은 자리에 같거나 비슷한 음이 규칙적으로 반복될 때 느껴지는 운율로서 그 놓이는 위치에 따라 각운, 두운, 요운 등으로 구분되는 압운(押韻, rhyme)이 대표적이다. 두운은 앞부분에 각운은 끄트머리에 요운은 중간에서 반복된다. 우리말에는 일부 사투리를 제외하면 압운 생성의 주요요건인 음절 강세(악센트)가 없거나 미미하기 때문에, 우리 시엔 압운이 뚜렷하지 않은 것으로 보는 것이 일반적이다.

돌담에/ 속삭이는/ 햇발같이
풀 아래/ 웃음 짓는/ 샘물같이
내 마음/ 고요히/ 고운 봄길 위에
오늘 하루/ 하늘을/ 우러르고 싶다

—김영랑, 「돌담에 속삭이는 햇발」 1연

두운은 '돌'과 '풀', 요운은 '는' 각운은 '같이'라 할 수 있다. 유성음인 모음 ㄴ,ㄹ,ㅁ과 마찰음 'ㅅ', 연구개음(여린입천장소리) 'ㄱ'과 '싶다'의 파열음이 봄을 맞아 하늘을 동경하는 자연스럽고 고운 마음을 표현하고 있다.

뿐 아니라, '/'으로 표시하였듯 일정한 3음보를 유지하면서도 3행과 4행에서는 <고운 봄길 위에>, <우러르고 싶다> 등 자수(字數)를 변형, 서정의 간절함을 더하고 있다. 현실적 시간이 정지된, 서정적 시간과 가치적 내면공간이 맥락을 구성한다.

외형률 외 정형률이란 말도 널리 쓰이거니와, 특정 시나 시 양식에서 규칙화된 운율로 향가의 4구체, 8구체, 10구체, 평시조의 4음보, 한시의 압운법 등이 그 예이다.

근·현대시의 운율은 외형률을 포함, '지각할 수 있는 물리적 음성 현상 전체'와 이미지, 맥락적 의미 그리고 온갖 청각영상이 어우러져 연출된다. 시의 온갖 요소들이 연결되어 이루는 맥락이자, 독자로 하여금 말초의 세밀한 부분까지 체득하게 하는 흐름이 운율임을 재삼 강조해 둔다.

운율은 음보와 음색, 그리고 음절, 어절, 구, 절 등 각 언어 단위의 마찰과 반복을 기반으로 한다. 음색(音色)의 효과란 소리에 따라 다른, 미묘한 감정의 표현을 가능하게 하는 음상(音相)에 의한 효과로, 유성음(ㄹ < ㅁ < ㄴ < ㅇ)이 부드럽고 유장한 느낌을 준다면, 파열음 ㄷ, ㅂ은 폐쇄적이고 파괴의 중압감을, 거센소리(激音) ㅋ, ㅌ, ㅍ, ㅎ이 크고 탁한 감을 준다. 그리고 된소리(硬音) 'ㄲ', 'ㄸ', 'ㅃ', 'ㅆ', 'ㅉ' 등과 격음은 강하고 단단한 느낌을 준다. 음운, 음절, 어절, 구절, 행, 연 등 각 언어단위의 반복은 문의(文義)의 강조, 점층, 심화 등의 효과를 가져다준다.

4. 내재율

대부분 현대시는 내재율에 의한 자유시이다. 내재율은 규칙적인 글자 수나 음보 수에서 자유로운, 일정한 형태가 없는 마음 속 리듬이다. 시 「돌담에 속삭이는 햇발」에서도 음수율이나 음보율 등 외형률을 어느 정도 찾을 수는 있지만 그것이 일정한 규칙에 의하지 않고 내밀하고 생리적인 현상과도 같은 것으로, 내재율에 의한 자유시라 할 수 있다. 내재율이란 온갖 소리의 효과와 낱말 및 어구, 연과 행의 배열과 구성 방식, 감정과 의미들의 연동에 의해 생성되는 자유율로서, 활음조와 오음조(惡音調), 음운 변이와 반복, 대조 등 사람에게 심리적 효과를 주는 모든 청각현상을 동원한다. 정형율의 규칙에 제약되지 않고 언어의 억양과 색조, 템포와 맥락에 의해 연출되는 시의 맥박이요 숨길인 것이다.

전근대적 정형시가 정해진 형식(정형률)에 내용을 담는 것이 과제였다면, 현대시에서는 내용과 형식이 일치되게 창조하는 시정신과 언어감각과 운율의식 등 총체적인 과제가 주어진다 하겠다.

한국 전쟁기에, 기존 시인들의 귀족적 언어 편향성을 비판한 민재식의 시구를 통해 실제적으로 파악해보자.

> 2.7인취 로켈포탄이며, 3.5인취 로켈포탄이며
> 60미리 박격포탄, 80미리 추격포탄,
> 이름도 모를 포탄들의 파편과 불발탄,
> 뒤엎인 탄착점과 어질어진 철조망
>
> —민재식, 「속죄양 Ⅱ」에서

전장(戰場)의 험악함과 치열함이 무엇보다 음상 효과를 통해 쏟아내고 있다. 파열음과 마찰음, 경음, 격음은 물론 전쟁관련 용어들로써 숨 쉴 틈 없는 포격과 포연의 격전 상황과 삶의 벼랑에 선 본능적 공포심과 구토증을 입체적으로 연출하고 있다. 4음보를 중심으로 하면서, 음상의 효과 위에 음절 수를 늘임으로써 호흡을 급박하게 하는 효과는 음운적 운율적 차원의 은유와 환유, 그리고 차유의 역할을 하는 셈이다. 시간을 초월한 전장의 정지된 시간의 실제공간이다. 물론 공간적 현장성은 가치적 선택에 의한, 중의성(重義性)을 가진다.

月
　火
　　水
　　　木
　　　　金
　　　　　土
하나 둘
　　하나 둘
일요일로 나가는「엇둘」소리

—김기림,「일요행진곡」1부 일부

형태주의(formalism)의 유희성과 모더니즘적 지성주의가 복합된 시로, 정지된 서정적 시간과 가치적 공간에서 시상이 펼쳐진다. 월, 화, 수, 목, 금, 토 등의 배치는 각각 1음보의 형태를 취하고 있으며 <하나 둘>의 2음보 구령(口令)과 <일요일로 나가는 /「엇둘」소리>의 2음보 등 시각, 청각을 이용한 새로운 운율은 디테일한 의미 표현과 미적인 효과를 동시에 거두는 파격이다. 이는 가치적 시간과 정지된 미학적 시간을 아우르는 시간, 미학적 공간에서의 감각적 행진이다. 휴일의 명랑하고, 희망적인 해방감이 제유적 은유와 시각적 운율로 구체화 되고 있는 것이다. 운율은 이와 같이, 주제와 이미지와 문맥과 미적 자질들을 용해시키는 용광로이고, 시인의 능력이 적나라하게 드러내는 구성적 자질이기도 하다.

내재율은 산문시에서도 중요한 기능을 한다. 산문의 형태를 띠고는 있으나 산문시도 시인 이상 그 나름의 내재율이 생명체의 혈관과도 같은 역할을 한다. 이는 산문화 과정의 '평시조→사설시조'의 산문화 현상이 시민정신, 사실적 서정의 표현을 위한 내재율이었다는 사실에서도 알 수 있을 뿐 아니라, 근대 산문시의 선구작이라고도 하는 정지용의 「백록담」과 해방기의 대표작 박두진의 「해」의 대비를 통해서도 적나라하게 알 수 있다. 같은 산문시라 할지라도 갖은 소리현상과 문맥의 흐름이 결합하여, 「백록담」이 사실적이고 침착하며 성찰적, 명상적인 데 비해, 「해」는 강렬하고 역동적이고 이상 지향적, 의지적인 맥락을 조성하는 데 기여하고 있는 것이다.

1960년에 발표된 조지훈의 자유시 「사모」는 효과적인 내재율을 갖춘 작품이다.

사랑을 다해 사랑하였노라고
정작 할 말이 남아 있음을 알았을 때
당신은 이미 남의 사랑이 되어 있었다

불러야 할 뜨거운 노래를 가슴으로 죽이며
당신은 멀리로 잃어지고 있었다

하마 곱스런 눈웃음이 사라지기 전
두고두고 아름다운 여인으로 잊어달라지만
남자에게 있어 여자란 기쁨 아니면 슬픔

다섯 손가락 끝을 잘라 핏물 오선 그어
혼자라도 외롭지 않은 밤에 울어 보리라

울다가 지쳐 멍든 눈흘김으로
미워서 미워지도록 사랑하리라

한 잔은 떠나버린 너를 위하여
또 한 잔은 이미 초라해진 나를 위하여
그리고 한 잔은 너와의 영원한 사랑을 위하여
마지막 한 잔은 미리 알고 정하신
하나님을 위하여

—조지훈, 「사모(思慕)」

웬만한 사람이면 이 시를 읽는 것만으로도 이별한 연인을 향한 사나이의 '의연한 슬픔'에 눈물이 그렁그렁하도록 동화될 듯하다. 연인과의 이별에 대한 내적 고통과 사모의 정이 양가적으로 작용, 문면(文面)의 의미 파악에 앞서 전체적 운율에 정서적으로 빠져들게 된다. 물리적인 운율을 보면, 3음보의 분방함, 소탈함을 기반으로, 음절수 조절, 묵음, 반복 등의 변형을 통해 호흡이 조절되고 있다. 예를 들면, <하마/곱스런 눈웃음이/사라지기 전//두고두고/아름다운 여인으로/잊어 달라지만>과 같다.

이는 절묘한 음색의 효과— 유장하고 절절한 유성음의 반복이 중간 중간 마찰되면서도 지속되는 음색 'ㅅ'과 ㅈ 등을 만나는 음상 효과로 하여 이룩하는 성과이다. 예컨대 '정작, 사랑, 죽이며, 곱스런 눈웃음, 잊어달라지만' 등 음상(音相)의 매듭들은 사랑과 이별의 정한을 곱씹어 삼키게 한다. 그것은 '기쁨 아니면 슬픔, 눈흘김, 떠나버린, 초라해진'등 유성음의 흐름 위의 거센소리나 마찰음으로 이별의 슬픔을 삭일 수 없는 그리움에 닿게 한다. 특히, '손가락 끝을 잘라 핏물 오선' 같이, 유성마찰음(ㅈ)과 된소리(ㄲ)와 거센소리(ㅍ, ㅌ)를 삼켜가며 흐르는 유성음 'ㄴ, ㄹ, ㅁ, ㅇ'의 흐름은 진실한 사랑의 마음으로 맞는 이별의 운명적 아이러니와 그 심경을 소리만으로도 충분히 표현한다 하겠다. 물리적인 음악성만으로도 사랑과 이별의 경험자에겐 경험을 더욱 심화, 승화시키고, 미경험자에겐 미답의 아름다운 슬픔으로 내면을 적시게 하는 것이다. 뿐만 아니라, 마지막 연, '한 잔'과 '~을 위하여'의 점층적 결구반복(epiphora)은 '사랑의 이별'이라는 역설적 정황을 곡진하게 재현해낸다. 반복은 시의 질서를 이루고 정서와 의미의 변화와 강화, 예술미의 심화 효과를 가져 올 수 있거니와, 결구반복이란 시행 끝에 동일하거나 유사한 어구를 반복하여 의미를 강조하면서 운율의 효과를 높이는 방법이다.

「사모」는 모든 물리적인 음소들의 음상과 정서적 의미와 가치관을 융합하여 시적 생명을 형성한 예라 하겠다. 문맥적 운율만으로도, 하나님이 미리 정해놓은 듯한 절대 순정, 언어도단의 숨결을 핍진성 있게 구성하고 있는 것이다. 그 바탕에 서정적 시간의 실제 공간과 같은 가치 공간이 배경이 되어 실감을 더하고 있다.

시를 포함한 모든 문학적 구성과 표현의 성패는 핍진성(逼眞性, verisimilitude)에 달린 문제라 해도 과언이 아니다. 필진성이란 독자를 믿을 만하게 납득시키는 정도, 텍스트 내부 현실에 대한 진실성 또는 실재감의 정도이다. 시 「돌담에 속삭이는 햇발」과 「사모」와 「속죄양」은 무엇보다 효과적인 음상효과로 핍진성을 잘 살린 예가 된다. 핍진성에는 인물과 사건의 개연성과 일관성에 따른 '평범한 핍진성'이 있는가 하면, 초자연적 경이로움, 환상적 상황에 의해 사건의 비약적 진전을 이루는 '비범한 핍진성'도 있다. 시적 감성과 상상력에 의한 평범하면서도 비범한, 특수하면서도 역동적이고 공감력 있는 핍진성, 이 지점에 시적 감동의 중추가 있지 않을까 한다.

시라는 생명체에 있어, 의미가 뼈대이고 이미지가 살(肉)이라면 운율은 혈액이요 혈관이라 할 수 있다. 독자에게 뚜렷이 인지되지도 않고 시인 스스로 뚜렷이 의식하지도 않지만 운율은 시의 곳곳을 돌며 맥락이 원활하게 순환할 수 있도록 한다. 의미를 강화하고 섬세히 하여 시적 정체성을 조성한다. 그것은 첫째, 의미, 소리, 이미지, 분위기 등이 시적 체험에 따라 일정한 방향을 갖게 하며 둘째, 각 부분의 개별성이 전체로 조화를 이루는 과정의 긴장과 이완으로 언어미학을 창출한다. 셋째, 시적 테마와 배경, 주도적 초점과 그것을 떠받치는 작은 모티프들을 구별 짓고 통합하여 구성을 완성한다. 또한 독자들은 운율을 시를 읽는 즐거움과 예술미를 한층 실감하게 되고 어조와 의미를 절감하게 된다. 운율로 하여 시의 정체성은 생명력을 얻는 것이다. 오늘날의 운율학(韻律學)이 운율의 법칙을 연구하기보다, 시의 형식과 의미를 통합하는, 시의 구성에 관한 연구에 중점을 두는 것도 이러한 이유에서이다.

시적 체험의 구현 방법에 따라 현대시를 2대별 하자면 '이미지의 시'와 '운율의 시'로 나눌 수 있다. '이미지의 시'는 다시 ① 고착 이미지 시－물리적으로 고정된 이미지를 추구하는 형태주의 시, ② 비유적 이미지 시－의미를 구현하기 위한 이미지의 시 등으로 나눌 수 있고, '운율의 시'는 ① 운율 시－외형률, 내재율 등 운율에 의한 시, ② 음향 시－활음조(euphony)와 오음조(cacophony) 외 음상의 효과를 이용하는 시(대표적으로는 미래파의 시)로 나눌 수 있다. 활음조가 유쾌하고 듣기 좋은 소리라면 오음조는 거칠고 귀에 거슬리는 소리이다. 물론 근대시에 있어 이들은 보통 서로 연동되고 통합되어 나타난다.

현대시의 운율은 내용과 형식, 시인과 문화적 관습이 길항하는 과정에서 조성된다. 시적 체험에 따라 양태는 그때그때 다를 수밖에 없다. 천부적인 재능 외에, 시 이해와 읽기, 암송 등 각고의 수련의 결실이다. 그런데 외형상 아무리 매끄러운 운율을 갖추었다 해도 문맥적 의미와 이미지들과의 청각 이미지들의 결합에 있어, 결여, 과잉, 모순, 정체(停滯) 현상이 일어난다면 독자에게 불만족과 불쾌감 등 역린(逆鱗)을 거스르는 부담을 줄 수밖에 없다.[신진, 『차이 나는 시 쓰기』] 지나치게 미끄러운 정형의 운율도 부담감을 더하거나 단조롭고 공허한 느낌을 주기 쉽다는 점도 유념할 일이다. 속이 빈 강정 같이 요란하기만 한 운율도 결코 시의 성공을 보장하지 못한다 할 것이다.

운율은 시인의 재능과 성숙도의 수준을 가늠하는 바로미터의 하나이기도 하다. 시 쓰기를 위해서는 유형을 가리지 않고, 인상 깊은 시를 암송하는 것과 함께 우리의 전통 단가(短歌)과 장가(長歌), 서정민요와 서사민요, 판소리, 노동요 등의 운율부터 습득할 필요가 있다. 이는 근대시의 운율 습득을 넘어 창작적 세련을 위한 관문이 될 수도 있지 않을까 한다.

12장

언어와 언어구조

시의 언어는 객관적이고 기본적인 의미를 중심으로 하는 논문이나 산문의 언어와 구별된다. 같은 언어를 사용하긴 하지만 설명문, 논문 등 산문의 언어가 세계를 세계의 눈으로 보고 논리적으로 해명하여 보편적 인식에 이르고자 한다면 시의 언어는 주관적 감성과 이성의 통합적 작용 위에 상상력이 함께하는, 전(全) 생명적 언어이기 때문이다. 그래서 시의 언어는 가장 응축적이고 조직적으로 과학적 언어나 일상어와는 다른, 천차만별의 의미와 가치를 생성한다. 단적으로, 일반산문의 언어가 기표(signifiant)와 지시대상, 기의(signifié)의 관계가 '1:1'을 지향하는 표준의미(Langue) 지향의 언어인데 비해 문학의 언어, 특히 시의 언어는 '1:다(多)'의 다층적 관계, 주관적이고 상대적인 '가상적 생명'의 언어라 할 수 있다. 그래서 시에 사용된 언어는 그 시에서만 그 의미를 갖는다는 전제도 성립된다. 시의 언어들은 그 자체의 독립된 의미를 가지는 것이 아니라 짧고 통합적인 양식, 내적 조직을 통해 새롭게 임시적으로 재창조된 언어인 것이다. 그리고 그것은 구조(structure)에 의해 구축된다.

1. 시 언어의 세 양상

시의 언어는 객관적이고 기본적인 맥락의 파악이 불가하다는 말에도 어폐가 있을 수 있다. 모든 언어의 근거가 되는 표준 의미의 전달, 객관적 전달 작용이 전혀 없다면 정서적 용법, 비유법, 복합적인 언어 생성 역시 가능할 수 없는 것이다. 본질적으로 그리고 실제에 있어, 문학텍스트에서는 기본적(표준적) 언어 양상과 변용적 언어 양상, 두 양상이 협동적으로 작용한다. 객관과 주관을 넘나들거나 초월하여 존재하는 언어에 의해 시인은 기존의 언어에 갇힌 사고, '언어의 감옥'을 허물어뜨리고자 한다. 그리하여 작가와 독자의 심정적 인자들— 태도, 통찰, 연상, 상상, 인지 등등에 반응하여 시 텍스트라는 생명의 존재가 탄생하는 것이다.

객관적이고 표준적인 양상을 기반적 언어 양상이라 하고 비유, 상징, 아이러니 등 특수하고도 다의적인 의의가 유추되는 비유적 양상은 변용적 언어 양상이라 할 수 있다.[신진, 『우리 시의 상징성 연구』, 1994] 이 둘에 더하여, 현대문학 특히 현대시에서는 정상적인 문(文)에서 이탈한, '비문(非文)'이 언술의 중요한 위치를 차지하기도 한다는 사실도 인정해야 한다. 기반적 양상, 변용적 양상, 비문적 양상 이 셋이 현대시의 언어적 세 층위, 또는 시어의 세 축을 이룬다. 이들의 유기적 구성, 언어구조에 의하여 시의 분위기와 메시지가 표현되고 전달되는 것이다.

나 하늘로 돌아가리라.
새벽빛 와 닿으면 스러지는
이슬 더불어 손에 손을 잡고,

나 하늘로 돌아가리라.
노을빛 함께 단둘이서
기슭에서 놀다가 구름 손짓하면은,

나 하늘로 돌아가리라.

아름다운 이 세상 소풍 끝내는 날,

가서, 아름다웠다고 말하리라….

—천상병, 「귀천」

얼핏 표준적인, 기반적 언어들만의 텍스트 같은 느낌이다. 현란하거나 난해하지 않고 맑고 투명한 인식을 담백한 언어로 표현한 작품이다. 하지만 조금만 주의를 기울이면 변용적 언어의 맥락이 함께 연동되어, 죽음을 말하면서도 결코 허무나 슬픔에 빠지지 않는 남다름, 이기적 욕망에서 벗어난 무욕(無慾)의 경지를 이해하고 감응하게 한다.

'하늘'은 지상의 고통스러운 현실에서 떠나 자유와 초월을 향하는 상승 이미지이고 <나 하늘로 돌아가리라>의 반복은 무욕의 경지를 강화하는 반복구성이다. <새벽 빛 와 닿으면 스러지는/이슬 더불어 손에 손을 잡고>, <노을빛 함께 단 둘이서> 등은 소멸의 아름다움, 죽음의 순리에 순응하는 평정심의 경지를 보여주며 특히 '소풍'이미지에서는 출생에서 죽음까지의 과정을 하늘에서 지상으로의 소풍이라고 하여, 도가(道家) 내지 불교적 인생관을 읽게 한다. 언어의 기반적 양상에 변용적 양상이 혼연일체를 이룬 결과이고 그것은 미련도 집착도 없는 동양적 도(道)의 경지, 현실의 아집에서 벗어난 공동주체의 달관이 빚은 경지이다.

눈을 맞으며 비로소
눈을 생각하듯이
눈을 밟으며 비로소
길을 생각하듯이

그대를 지나서 비로소

그대를 생각하듯이

—강은교, 「벽속의 편지—눈을 맞으며」

역시 기반적 언어만으로 이루어진 듯한 시이다. 하지만 '벽속의 편지'란 제목부터 내면에 간직해온 연정을 비유하는 변용적 언어이고 그 주지(主旨)는 우리 민중시가의 전통, 한(恨)과도 관련되는 인상을 준다.

눈을 맞으면 비로소 눈을 인지하게 되고, 눈을 밟다보면 눈에 덮인 길을 인지하게 되는 역설적 정황이 전제되어 있다. 그처럼 현실적으로 헤어진 그대 역시 헤어진 이후에야 동반하게 된다는 메시지를 갖는 비유어들이다. 하얀 눈의 상징적 의미라 할 '순결성'은 그대가 없는 곳에서도 그대를 그리워하는 한의 정동을 역설적으로 심화한다. '한(恨)'이란 바라는 바를 이룰 수 없는 마음의 응어리가 삭여져 배려와 소망의 생명력으로 작동하는 심정이 아니던가.

연 구성도 내면을 고백하는 데 기여하고 있다. 1연의 4행은 의례 맞을 수 있는 눈을 처음인 듯 맞고, 눈에 묻힌 길 역시 처음인 듯 발견되는 정황을 제시하고 있고 연을 달리한 둘째 연 두 행에서는 내면에 간직해온, 절대적 연정으로 비약을 이룬다. '현실에서 만나지 못하는 그대와의 애틋한 만남'이 시의 주제요 모티프라 할 수 있다. 짧은 시이지만 기반적 양상과 운율과 여백미 그리고, 직유법에 의한 언어의 변용적 양상이 시적 공명을 일으키는 예이다.

이 시는 행과 연의 구분, 짧고 단순한 언어를 통해 여백의 효과도 거두고 있거니와, 여백은 근대 이성 중심의 기능주의적 삶에 대해 언어 너머의 열린 시공, 근원적 생명력을 느끼게 하는, 반복이나 열거만큼이나 중요한 언어적 요소이고 시 구성의 주요 요소이다. 시에 있어서의 여백은 '없음'의 백지상태가 아니라 언어 이전의 언어, 문자나 소리가 나타내지 못하는 근원의 언어로서 기능하기도 하는 것이다.

시적 언어의 세 양상 중, 비문적(非文的) 양상은 표준어법에 대한 비정상적 배열— 일반적인 유추에서 벗어난 고의적 위반, 의미론적 불통, 비논리, 문 성분의 오용 등에 의해 형성된다. 극단적인 경우, 망상장애나 실어증의 증상일 수도 있겠으나 시에 있어서는 기존의 언어체계가 우리의 사고를 한정하고 길들이는 수단에 지나지 않는다는, 기존 언어에 대한 거부의 태도에서 생성된다. 세밀히 살펴보면 대부분의 현대시에서 다소간은 감지할 수 있는 바, 파격적인 개성과 표현 자체 상품가치가 되는 사회에서는 당연히 비문적 언어 양상이 시에 개입되기 마련이라 할 것이다. 「귀천」의 <이슬 더불어 손에 손을 잡고>라는 구절이나 「벽속의 편지—눈을 맞으며」의 <그대를 지나서/비로소 그대를 생각>하는 구절에서도 일반의 추리를 넘어서는 비현실적 경험과 모순된 표현의 역설, 일종의 비문적 언어 양상이 개입되고 있음을 알 수 있다. 이런 국면은 차이성 중심의 비유, 즉 '차유'라는 비유의 특징이기도 하거니와, 차유는 유추에 의한 변용적 양상과 비문적 양상 사이의 언어를 중심으로 성립된다 할 수 있다.

시에 있어 순수 비문적 양상은 의사소통이 불투명하고, 음악적 회화적 생리적 감각 등 표피적 감각을 이용, 극단의 미적 감각과 물리적 유희성을 겨냥하는 데에 주로 쓰인다. 현실이나 현실적 상상을 벗어나는 환상과 망상, 또는 논리 이탈적 언어유희의 결과로서 교언론(巧言論)에 입각한 실험시와, 콜라주, 데페이즈망, 의미 해체의 기표 잇기 등 고의적 반동시의 중심 기법이 된다.

노랑 안에서 새빨간 뱀 한 마리가 나의 침대를 차지하고
파랑 속에는 막 불타오르는 꽃나무들
새들은 빨강 안에서 건성으로 노래한다
검정 속에는 복면을 한 아버지가 누이의 스커트를 입은 채 잠이 들고

초록 안의 어둠 속에는 늙은 개와 비밀을 한 가지씩 털어놓을 때
노랑 속의 나의 눈은 멀고
파랑안의 장미는 녹고
때를 기다리면 시간은 순간처럼 지나가서
꽃 한번 피워 보지 못하고 시들어버렸지만
44구경. 한때 그 험한 녀석을 내가 키웠지 화분이야 나는 화분이었어
늙은 개는 이렇게 말하다
새들은 불타는 숲에 모여 차가운 눈빛을 모으고
초록, 화분에 숨어 올려다보는 검정 속의 하늘
전진하는 눈(雪).

—황병승, 「겨울-홀로그램」

이해가 가능한 기반적 양상과, 변용적 양상은 극히 억제되고 있다. 얼핏 문맥이 선조적(線條的)으로 이어지는 듯한 인상을 주기도 하지만 전체적으로 규범언어를 벗어난 비문적 양상이다. 화자의 트라우마 또는 콤플렉스에 의하여, 환상과 반동의 언어가 구사된 것으로 추측할 수도 있다.

'노랑 안의 뱀 한 마리', '파랑 속에 불타는 꽃나무', '복면을 한 아버지와 누이의 스커트', '새빨간 뱀 한 마리', '몰래 키운 44구경의 권총', '녹는 장미 — 말 안 되는 말들이 환상적 분위기를 조성하면서, 각각 '침대를 차지하고', '불타오르는 꽃나무', '건성으로 하는 노래', '잠이 들고', '비밀을 털어놓고' 등 비교적 현실적인 이미지들과 연결되어 반동적 미학을 구축한다. 상실감과 탐욕과 절망감 따위 정서적 충격을 불러일으킨다. 가족 관계에서 입은 상처, 억압된 자아, 아버지(상징계)에 대한 적의, 좌절된 욕망 등을 나열하고 있는 듯도 하다. 언어들이 상호충돌하면서, 통일적인 맥락이 있다면 추상적인 분위기에 의해 겨우겨우 지탱되는 듯할 뿐이다.

기반문과 변용문이 목적, 기원(祈願) 등 전체 맥락의 정점(頂點)을 지향하는 양상이라면 비문은 이와 같이 탈중심화(decentering), 결정불가성(決定不可性)을 따르며 전체성과 중심을 파괴하고 해체한다. 자크 데리다는 이런 현상에 대해, 중심 있는 체계의 강제성으로부터 해방되고자 중심 내부에 본래부터 내재하는 모순을 폭로하는 무한자유의 유희라 한 바 있다.

흥미로운 점은 다수의 창작자와 독자가 이와 같은 반동의 비문 텍스트에 적잖은 흥미를 느끼는 데에 있다. 그 원인의 탐색은 여러 각도에서 가능하겠지만, 독일의 정신과 의사 클라우스 콘라드(Conrad, Klaus)가 정신분열증 초기단계에 관한 출판물에서 밝혔듯(1958) 인간은 관련이 없는 사물 사이에서도 의미 있는 관련성을 인식하는 무의식적인 경향 즉, 아포페니아(Apophenia)를 발휘하기도 하는 바, 그와 같은 심리적 본성이 반동적 언어유희와 그에 대한 과잉 해석의 근거가 되지 않을까 한다. 이러다 보면 문학작품에 대한 기호(嗜好), 호불호는 결국 각자의 몫일 수밖에 없지 않은가 하는 원점에 이를 수밖에 없게 된다.

이렇게, 정도의 차이는 있으나 현대시의 언어는 기반적, 변용적, 비문적 양상, 이 셋이 혼합되거나 교차하여 나름의 맥락을 갖춘다 할 수 있다.

2. 언어배치의 기본구조

(1) 언어구조

시를 쓰고 읽을 때에는 언어와 사물과 사건 등 소재뿐 아니라 그들이 이루는 얼거리, 체계 또한 중요하게 작용한다. 소재들이 용도에 맞추어 자리를 잡는 위계질서를 구조(structure)라 할 수 있다. 구조란 외형적 내면적 요소들 상호관계의 총합, 즉 통합적 구성 체계인 것이다. 시의 구조는 생명체와도 같은 질서 속에 있어서 그리스 시절부터 '유기적 통일의 형식', '유기적 구성' 등으로 불려왔고, 그것이 근대 분석과학의 발달과 함께 '구조'라는 명칭을 얻게 되었다 할 수 있다. 통일적 형식이나 유기적 구성이란 말에 비해 통상 더 엄격하고 과학적인 체계를 중시하는 경우에 구조라는 말이 쓰인다 하겠다.

생명체와도 같이 복잡다단한 시의 구조는 여러 측면에서 설명될 수 있다. 심리구조, 사회구조, 상징구조, 인식구조, 소통구조, 의식구조 등등의 측면에서도 다루어진다. 하지만, 시가 언어 예술임을 감안하여 그 기본 구조는 '언어구조'에서부터 찾아야 하지 않을까 한다.

응축적인 언어를 사용하느니만큼 시의 언어구조는 치밀한 언어선택과 활용을 요구 받는다. 구조의 정점에서 구조를 총괄하는 것을 주제 또는, 주도자(the dominant)라고 할 수 있다. 러시아 형식주의자들은 주도자라 할 수 있는 이미지나 맥락 같은 전경(foreground)을 드러내기 위한 배경이 되는 것들을 후경(background)이라고 하여 언어예술의 구조를 전경과 후경 2대 축으로 인식하였다.

모든 문화적 양상이 구조를 중심으로 이해되는 한 편에, 탈구조주의－구조 개념을 낳게 된 합리주의적 태도 자체를 부정하고 해체하는 탈구조, 탈중심화의 욕구도 만만치 않게 시도되고 있다. 하지만 그 구조 이탈 자체, 나름의 구조적 대칭축을 전제로 하는 해체의 구조라 할밖에 없다. '탈구조의 구조'이다.

인간은 어떤 외부의 자극을 받아들일 때는 그것을 단순히 받아들이지 않고 복잡한 구조적 장치로 전환해가며 수용한다. 베르그송은 이를 생명의 본질적인 능력으로 보기도 하였거니와, 만일 구조적 파악이 전적으로 불가한 시가 있다면, 그것은 시로서의 생명력을 갖추지 못한 미숙한 글이거나, 명리를 위한 일시적 해프닝이거나, 심리적 도착(倒錯)의 문제로 의심받거나 할 일일 것이다.

시적 언어구조의 기본골격으로는 선조구조, 병치(竝置)구조, 이탈구조(탈구조의 구조) 등 셋을 들 수 있다. 이들 세 가지 골격이 시적 언어의 피부에 비견되는 세 양상, 기반적, 변용적, 비문적 양상 등 세 양상과 결합하여 구체적인 시의 언어구조를 갖춘다 할 수 있다.

선조(線條)구조는 말 그대로 문맥형성 요소들이 순차적으로 줄지어 연결되는 구조이고, 병치구조는 형성 요소들이 외적으로는 각기 독립성을 가지고 병렬되되 그들이 내면적으로 종합되어 일련의 메시지를 시사하는 구조이다. 휘일라이트는 이 두 가지 비유적 상상행위를, 의미의 결합작용(combining)과 탐색작용(outreaching) 등으로 파악하고, 이들에 각각 치환비유(epiphor), 병치비유(diaphor)라는 명칭을 붙였거니와[Philip Wheelwright, 『Metapher and Reality』], 필자가 이를 원용하여 선조구조, 병치구조 등으로 호명한 것이다. 대다수의 시는 선조구조 중심이거나 병치구조 중심이거나, 또는 둘이 혼합, 교차, 반복, 융합된 결과이다. 앞의 시 「귀천」은 도치법이 쓰이기는 하였으나 내면적으로는 순차적 배열의 선조구조를 기반으로 각 연을 병치한 구조이고, 「벽속의 편지 – 눈을 맞으며」 역시 선조적 구조를 이루는 두 개의 연이 병치되어 있고 생략과 여백이 후경을 조성하고 있다. 이에 더하여, 현대시의 특징을 감안한, '이탈구조'란 표준적인 언어 구조에서 벗어나고, 정상(正常) 자체를 부정하는 '탈구조의 구조'를 가리키는 말이다. 앞의 시 「겨울-홀로그램」의 경우이다.

선조구조·병치구조·이탈구조는 무수한 형태로 혼합되어 변형성과 자동조절성과 전체성을 갖는 구조적 자립성을 갖게 된다. 전체성, 변형성, 자동조절성은 구조의 개념과 성질을 이루는 요소들로서, 구조란 각 요소들의 집합체이지만 단순한 집합이 아니라 그것들의 변형마저 지배하는 원리로서 자동 조절되면서 새로운 전체성을 이룬다는, 피아제(J. Fiaget)가 적시한 구조의 세 가지 본성이다.

(2) 선조구조와 병치구조

선조구조는 표준적이고 보편적인 문장구조로, 의미론적인 인과관계에 의해 연결된다. 설명적 산문은 물론 전통시가의 기승전결, 서문 본문 결문 등 구성방식이 대개 그에 부합한다. 사실과 현실, 직관과 관념이 일정한 의미에 따라 순차적으로 이어진다. 선조구조가 'a~b~c~d = n' 식으로 연결되는 서술적 연결을 지향한다면 병치구조는 암시적 분위기, 어떤 특수한 존재를 창출한다. 언어들이 통사적으로 결합되지 않은 채 'a, b, c, d …' 식으로 던져지고(병치) 이들이 내면에서 종합되기 때문에 선조구조에 비해 의미의 암시성 또는 개방성이 크다.

사랑하지 않는 이
사랑한다 사랑한다 따라다니면서 사랑 짜내고
사랑 넘치는 이 어금니 앙다문 채 갈라서고

외롭지 않은 이
외롭다 외롭다 한 말 또 하고
한없이 외로운 이 허허허 꺼얼껄 웃고 살고

아프지 않은 이 아프다 아프다 사람 부르고
온 데 다 아픈 이
괜찮다 괜찮다며 몸 부은 채 살고

돈 있고 줄 있어 자유자재 설치는 이

시도 때도 없이 자유 달라 울부짖고
맨주먹으로 기며 사는 이 자유가 뭔지 모르겠고

지은 죄 많은 이 하늘 우러러
한 점 부끄럼 없노라 기염을 토하는데
죄 짓지 않은 이
한가득 쌓인 부끄럼에 하늘 볼 낯이 없고

—신진, 「아수라장근처」

선조구조를 기본으로 하되 각 연은 병치구조로 짜여 있다. 앞에든 예시들에서도 알 수 있겠거니와 현대의 서정시, 사실주의 시 등에서 자주 택하는, 독서의 긴장감을 높이면서 공감을 이끌 수 있는 구조이다. 임화의 「우리 오빠와 화로」, 정지용의 「향수」, 서정주의 「국화 옆에서」, 유치환의 「생명의 서」 등이 금방 떠오르는 예들이다.

1~4연은 병치구조로 배치되고 각 연 내부의 대립적 상황도 병치되고 있다. 하지만 각 행의 심층적 문맥이 선형적으로 이어지는, 선조구조를 기본구조로 한다. 이 시는 선조구조를 바탕으로 언어의 기반적 양상을 중심으로 서술하되, 유머러스할 정도의 적나라한 어조와 반어와 역설 등을 병치하여 시적 긴장을 유지한다 하겠다.

전반적으로 과장진술과 낮춘 진술이 교차되거니와 제목을 '아수라장'이라 단언하기보다는 조심히 '아수라장근처'라고 낮추어 느긋이 표현한 것도 실재감과 해학성을 더할 뿐 아니라 개선의 소망조차 담는 차유적 어조이다. 아수라장은 인도 힌두신화 속 싸움 신(神) '아수라'가 싸움을 벌이는 전장에서 유래하는, 소란하고 혼란한 장소나 상태를 비유적으로 가리키는 불교용어이다. 인간 최고의 가치인 진실과 정의와 아름다움을 상실한 현대사회의 내면을 풍자한 시라 하겠다.

> 흰 말(馬) 속에 들어 있는
> 고전적인 살결/
> 흰 눈이
> 저음(低音)으로 내려/
> 어두운 집
> 은빛 가구 위에/
> 수녀들의 이름이
> 무명(無名)으로 남는다/
> 화병마다 나는
> 꽃을 갈았다/
> 얼음 속에 들은
> 엄격한 변주곡(變奏曲)/
> 흰 눈의
> 소리 없는 저음/
> 흰 살결 안에
> 램프를 켜고/
> 나는 소금을 친
> 한 잔의 식수를 마신다/
> 나는 살 빠진 빗으로
> 내리 훑으는
> 칠흑(漆黑)의 머리칼 속에
> 삼동(三冬)의 활을 꽂는다

—김영태, 「첼로」 (/는 필자)

이 시는 어느 첼로 연주의 감상 과정을 감각적 단위들로 병치하고 있다. 흰 말 속의 고전적 살결, 흰 눈이 저음으로 내리는 어둠속의 집, 은빛 가구 위에 놓이는 수녀들의 욕심 없는 이름, 갈아 꽂는 화병의 꽃, 얼음 속에서 들리는 명료한 변주곡, 다시 흰 눈의 저음, 램프 불 아래서 마시는 한 잔의 식수, 성긴 빗으로 빗는 칠흑의 머리칼을 파고드는 활 같이 차가운 선율 등등. 오염된 현실세계에서 순수한 생명감을 일깨우는 첼로 소리가 공감각적으로 병치되고 그들의 문맥적 통합에 의해 첼로연주가 재현되고 있다. 병치구조를 기본으로 하는 시인 것이다. 물론 선조적 연결성을 완전히 배제할 수는 없다. 전체 맥락이 첼로연주가 절정으로 이어지는 과정이란 점에서 그러하다.

시의 언어구조에는 선조와 병치 등 단순 구조 외에 선조·병치의 결합구조가 있을 수밖에 없다. 결합구조에는 먼저 「귀천」, 「눈을 맞으며」처럼 선조·병치가 나름의 체계에 의해 혼합된 '선조·병치의 혼합구조'를 들 수 있다. 많은 현대시가 취하는 형식이다. 그 다음엔 선조·병치가 각각 텍스트의 일부분을 차지하는 '선조·병치의 분할구조'를 상정할 수 있다. 요즘 유행하는 파격형식의 시들이 드물지 않게 취하고 있는 구조로, 한 부분은 선조구조, 한 부분은 병치 구조로 구분되면서 이를 반복되기도 하는, 분방한 형식미를 나타내는 구조이다. 그 외에 선조·병치의 융합구조라 할 만한 것도 있으니, 선조·병치가 구분할 수도 없이 융합되어 미학적이고 초월적인 분위기를 자아내는 시 「겨울-홀로그램」과 같은 경우이다. 하지만 선조·병치의 융합구조는 사실상 선조·병치의 기본구조 자체에서 이탈한 상태에 있으므로 이를 따로 '이탈구조'로 규정하는 편이 타당할 듯하다.[신진, 『한국현대시의 이론』, 2012 참조]

(3) 이탈구조

「겨울-홀로그램」과 같은 환상적 언어주의 시에서는 기본구조의 흔적조차 찾기 어렵다. 이들 선조·병치의 구조가 융합되거나 해체되어버린 구조는 이탈구조라 일컬을 만하다. 미학적이거나 해체적인 분위기를 자아내고자 하는 과격한 반동시에서 볼 수 있다.

이탈구조는 구조의 범주와 개념에서조차 벗어나는 비문을 이용, 탈 중심화, 탈 전체화의 유희를 목표로 삼는다.

> 시간이 멈추자 나는 날았다. 건물들은 허물어지고 길들이 지워졌다. 시간이 멈추자 공중에 비탈길이 생겼다. 나는 그 길을 따라 시간의 반대편으로 걸어 들어갔다. 시간의 반대편에는 달이 있었고 별이 있었고 둥근 기둥이 있었다. 두 마리 새가 기둥 위에 앉아 있었다. 기둥 밑에는 장작이 타고 있었다. 검은 치마를 입은 처녀들이 기둥을 향해 걸어왔다. 그녀들의 얼굴에는 눈이 없었다. 코도 없고 입도 없었다. 그녀들은 기둥을 지나 나무 밑을 걸어갔다. 사람들의 머리통이 주렁주렁 매달려 붉은 열매로 익어가고 있는 나무 밑을 지나갔다. 나는 나무 뒤에서 휘파람을 불었다. 어디선가 두 마리 개가 달려왔다. 여자들이 기둥을 향해 재빨리 달렸다. 시간의 반대편에는 달이 있었고 별이 있었고 두 마리 새가 기둥 위해 앉아 있었다.
>
> —김참, 「시간이 멈추자」

시간이 멈추자 공중에 비탈길이 생겼고, 그 길을 따라가자 시간의 반대편으로 걸어 들어갔다는 식의 환상이 문장마다 독립적으로 병치된다. 시간이 멈춘 시간이란 무의식, 탈의식의 시간일까. 맥락 파악이 어렵기는 하지만 죽음의 세계를 그리는 듯 짐작되기도 한다. 물리적인 리듬감에 의해 선조적으로 이어지는 듯도 하지만 비문의 돌발적 정황들에 파괴되고 만다. <검은 치마를 입은>, <눈, 코, 입이 없는 귀신들>, <사람들의 머리통이 매달린 나무> 등 이미지가 등골을 오싹하게 하면서 저마다 비논리 또는, 무질서의 잠재적 맥락 잇기에 분망해진다. 언어적 낯설게 하기, 탈중심의 전략이요, 중심 이탈의 구조이다. 독자의 독서는 반복적인 자기참조와 편집증적 읽기를 통해 경험할 수밖에 없다.

'이탈구조'는 반동시의 주된 구조이다. 환상시 외, 전통적 어법과 언어구조에서 이탈한 형태주의 시들에서 찾을 수 있다. 나름의 양식적 전통도 갖고 있다. 고대인들의 원시 시가는 문자언어가 아닌, 비문(非文)의 시각적 형태로 새겨졌고, 그리스 시인들도 BC 3세기 초부터 대상을 시각적으로 표현하였다. 뿐만 아니라, 르네상스 시대와 17세기에는 도형시 또는 징표시라고 불리는 시각적 형태가 유행하였고, 20세기 미국 문화권 중심의 포스트모더니즘 시, 독일어 문화권 중심의 '구체시(concrete poetry)'도 문자의 회화적 물질성을 극대화한 언어적 이탈구조의 예이다.

한국에서는 1930년대 중반 이상(李箱)의 시와 '삼사문학(三四文學)' 동인의 일부 작품에서 그 예를 찾아볼 수 있다.

여기 두 칸은 무엇을 위해 비워놓았을까

—박순업, 「435」

아무런 설명도 암시도 없이 비어 있는 두 칸을 제시하면서 시로 발표된 시이다. <여기 두 칸은 무엇을 위해 비워놓았을까>라는 질문은 일반적인 수사법상의 설의법처럼 알 만한 답을 강조하고자 하는 것이 아니라, 독자로부터의 직접적인 답을 요구한다. 질문에 답하면서 독자도 텍스트 생산에 참여하는 입장이 되는 것이다. 무시간의 정지된 시간과 미학적 공간이 시적 의도를 뒷받침한다.

대중적 소비를 지향하는 포스트모더니즘 시도 그렇거니와, 언어적 권위에 반발하면서 고급문화와 하급문화, 예술가와 비평가, 언어와 의미전달 체계 간의 경계마저 무너뜨리는 추상적 표현주의와 구체시 운동도 유사한 양상을 보여준다.

남남남남남
남남남남남
남남만남남
남남남남남
남남남남남

—고원, 「한 번의 우연적 만남과 두 번의 필연적 만남」

사람들 사이의 관계를 시각적으로 보여주고 있다. 무수한 '남'들 속에 존재하는 중앙의 '만'자는 타자들 사이에 실존하는 존재론적 인식을 드러낸 것일까. 아니면, 인간적인 만남의 어려움 또는 좌우상하 만남의 우연성을 나타낸 것일까. 그도 아니면 산만한 기호 배치를 통하여 독자들을 '우연적 만남과 필연적 만남'을 찾는 놀이에 빠뜨리고자 한 언어유희일까?

이렇게 이탈구조의 시는 유기적 형식, 구조적 통일에 대해 반동의 유희를 벌인다. 고의로 기호의 순서를 뒤바꾸거나 절단된 단어나 무의미한 음절, 문자, 숫자, 구두점의 삭제, 중첩, 변형을 시도하기도 한다. 기존의 형식을 파괴하고 의미론적 질서를 파괴함으로써 세계와 사물에 대한 개방, 나아가

주체의 확장을 시도한다. 무시간의 정지된 시간과 미적 공간도 시인의 의도를 방증한다.

이런 유의 양식이 주체와 세계의 개방이거나 확장이냐 아니면, 경박한 기회주의적 유희에 지나지 않는 것이냐 하는 데 대한 판단은 독자의 가치관과 수준, 시대적 요구에 달린 문제일 것이다. 이는 곧 차유의 성립 유무와도 관련되는 문제로서, 차이성이 직접적이든 암시적이든 특정의 주지(主旨) 또는 맥락을 갖는가, 갖지 않는가 하는 점에서 갈릴 수도 있는 문제이다. 착각과 착오도 삶의 실재로, 현실적 환상으로 다가온다면 그 나름의 순수성과 진정성을 수용할 수 있을 것이다.

아무튼 시적 언어의 세 양상과 구조 중에서 상대적으로 더 난해하고 차이성이 큰 것이 비문 양상과 이탈구조이다. 하지만 그들이 반드시 더 심오한 내용을 담는 그릇이라고 할 수는 없다. 시와 같은 생명적 존재의 체계에는 이(理)라는 원리적 측면과 '기'라는 형질적 측면이 존재하는 바, 언어적 양상과 구조는 형태중심의, 주기론적(主氣論的) 입장에서의 골격이 될 뿐이다. 시의 수준과 감응의 효율성은 내용이라 할 '이'의 심원함과 표현인 '기'가 연동하는 언어적 장력(張力)과 핍진성(逼眞性)에서 나오는 것이지 겉으로 드러난 '기'의 형세에 좌우되는 것이 아닌 것이다. 효율적인 언어의 운용능력은 성정(性情)의 성숙도와 진정성, 그에 걸맞은 언어적 감수성과 세련에 달린 문제이다.

명심할 점의 하나는 시의 난해성, 불가해성(不可解性)은 시에 쓰인 언어가 유달리 불투명하고 생소해서가 아니고, 시가 현재에 대해 언어를 비논리적으로 사용할 수밖에 없기 때문에 발생한다는 점이다. 현대시는 현실세계뿐 아니라 현실 밖 세계에 대한 경험이기도 하고, 현실의 부조리 속에서도 조리 정연한 새 질서, 새로운 의미를 발견하고 이를 구현하고자 언어를 구조화하는 과정에 있다 할 것이다.

13장

시의 회생을 위한 제언

인간의 활동이 자연과 겨룰 만큼 왕성한 연대 인류세(人類世, Anthropocene), 인공지능이 진화하여 인간의 지능을 넘어서는 기점 싱귤레리티(Singularity), 그 너머에 적응하고 살아갈 인류 '포스트휴먼' 등 새로운 파생어들이 편의와 탐욕에 찬 기능주의 세상을 표현하고 있고 그에 적응하기를 재촉하고 있다. 인권위기, 핵 위기, 기후위기 위에 우주개발로부터의 재앙, SNS의 해악, 인공지능의 배반과 오류로 인한 재앙 등등의 위험이 발등에 떨어진 위협이 되는 한편에, 인간은 숫제 사이보그의 삶을 살고 염원하기에 이르른 것이다. 시인들, 특히 기능주의적 표현법에 맛을 들인 오늘의 시인들은 시의 양식적 본성에서 이탈, 겉치레 모방과 복제를 창의인 양 치장하기에 분망하다. 그것이 허망한 탐욕과 불안을 더욱 부채질 하여 인간과 인간 간의 단절의 벽을 더욱 공고히 하고, 종국에는 공동주체적 생명성을 포기하는 데에 이르게 하는 길임에도 불구하고.

1. 이념의 회복

요 몇 십 년 우리나라의 예술과 인문학이 상업적 명리경쟁에 몰두하면서, 오랫동안 본래적 인간성과 영혼을 성숙시켜오던 시의 위의(威儀)는 빈사상태에 놓이게 되었다. 스포츠, 스크린, 섹스 등 이른바 권위주의 권력의 3S정책에 몰입하면서 인간 정신과 삶의 본래적 지주(支柱)라 할, 윤리, 가치관,

이데올로기 따위는 불순하거나 불필요한 것으로 내몰린 것이다. 언론 매체들도 상업주의 가장행렬에 앞장서서 공중 매체로서의 이념과 가치는 장식용으로나 내걸고 있다.

시가 갈 길은 어디일까? 인간을 성찰하고 숙성시켜온 문화양식인 시가 우선적으로 회복해야 할 것이 인간으로서의 가치관, 이데올로기니 이념이니 하는 정신적 지주를 회복하는 일이 아닐까 한다. 이념이란 독점 권력자들이 말하듯 패권장악 수단에 지나지 않는 것이 아니다. 위험하거나 불필요한 것도 아니다. 사유와 태도의 원천이며 인식의 근거이자 저마다의 신념을 이루는 관념이요, 가치관이다. 그러므로 내면의 이념을 유지하고 교정해가면서 현재와 미래를 보다 풍요롭게 일구는 것은 다른 생물과 다른 인간의 본성이고 활동의 원동력이라 할 수 있다. 마르크스주의에 의해 당파적 이해를 반영하는 관념이나 이론체계를 가리키기도 한 이데올로기란 말도, 이에 포용될 수 있는 말이다.

이데올로기를 성찰하고 새롭게 계승하면서 부단히 가치 있는 삶을 구현하는 일, 그것은 다가오는 포스트휴머니즘 시대의 더욱 소중한 덕목이 될 것이다. 인간이 인간의 감각과 인식 너머의 비인간적 실재와도 인간적으로 연대되어야 할 포스트휴머니즘 시대의 시야는 시적 상상력이란 가장 인간적인 가슴에서 펼쳐져야 하고 또 그렇게 되리라 생각한다.

물론 시적 이념이나 가치의식은 마음의 편향적인 치우침, 고정적인 경향성(傾向性)과는 구별된다. 시적 이데올로기란 시를 읽거나 쓰는 내적 관념의 체계이며 이는 언제나 발견적이고 임시적이기 때문에 비상업적인 순수의 개방성을 전제로 하는 것이고 현실적 삶에 최선의 진실을 담보할 수 있는 것이라 할 것이다.

시에 있어서의 이념도 일단, 사회적 모순을 철저히 성찰하고 반영하려는 개혁적인 성향과, 현실적 필요에 따라 자유롭게 적응하고자 하는 보수적인 성향 둘로 나눌 수 있다.

너의 눈감음으로
세상의 모든 새벽을 가리지 마라

너의 둔감함으로
세상의 모든 새싹을 가리지 마라

너의 눈부심으로
세상의 모든 슬픔을 가리지 마라

너의 체념으로
세상의 모든 진실을 가리지 마라

너의 절망으로
세상의 모든 희망을 가리지 마라

—박노해, 「가리지 마라」

화자에 의하면 세상은 언제나 보다 참된 삶을 향한 도전의 과정에 있다. 방관과 타협, 체념과 은폐는 미래적 전망을 잃게 하고 진실에 눈감게 하며 희망의 싹마저 거세한다. 일신의 평안을 위한 회피와 타협보다는 현실을 직시하면서 시간과 생명과 감정과 진실 모두에게 새벽이고 모두가 새싹으로서 진실을 향해야 한다는, 슬픔은 슬픔대로 안고 진실을 향한 희망을 가리지 않는, 현실 개혁적 이념에 의한 시이다.

속도를 늦추었다
세상이 넓어졌다

속도를 더 늦추었다
세상이 더 넓어졌다

아예 서 버렸다
세상이 환해졌다

—유자효, 「속도」

모두가 '하면 된다.', '하고 싶은 일을 하라.'라는 슬로건을 규범 삼아 살아가는 때에 그 따위 탐욕적 타성에서 해방되는 시간이야말로 세상을 깊고 넓게 만나게 한다는 역설적 의미를 담은 시이다. 천천히 멈추어 평안의 여유를 찾으라니, 사는 데 걱정 없는 선민(選民) 의식의 발현이 아닌가하고, 일견 반발이 있을 수도 있겠지만 동양의 노장사상이나 선불교 같은 데서 뿌리를 찾을 수 있는 치유의 시라 하겠다.

그런데 앞뒤의 시가 각각 개혁적/보수적 이데올로기를 토양으로 하는 시인데도 불구하고, 앞의 시가 인간의 인간다운 삶을 향한 각성과 가치를 채근하는가 하면, 뒤 시 「속도」 역시 경쟁과 기능위주의 현실에서 진정한 인간으로서의 삶을 성찰하는 이념적 공통점을 가지고 있다. 쉬운 말을 사용하고 길이가 짧고, 내면의 순수한 신념을 바탕으로 대중적 울림을 준다는 점에서도 공통적이다. 단지 그 과정에서 차이 나는 이념적 성향을 보일 뿐이다.

이렇게 육화된 시적 이념은 그 성향을 불문하고, 언어적으로도 의미적으로도 개방적이고 융합적이기에 공감과 감동의 동력이 될 수 있다. 화자의 이념적 성향이 상반 되는 경우라 할지라도 그 개방성과 순수성으로 하여 정형과 편당에 갇히지 않고, 본래적 인간성의 경역을 공유하게 되는 것이다.

오늘날의 시문학사에서, 인간의 독점적 생태파괴를 경계함으로써 '본연의 생태와 삶의 회복'이란 목표를 향해 나아가는 이념의 중심에 생태주의가 있다. 생태주의는 자연생태, 사회생태 등 생태의 복원을 목표로 하거니와, 그런 관점에서 보면, 시 「가리지 마라」를 인간 사회의 참모습을 망실하고 있는 현실을 비판적으로 성찰한 사회 생태시로, 「속도」 역시 현재의 경쟁사회에 가려진 본연의 인간성을 성찰하고 그 회복을 지향하는 사회생태의식을 공유한다 할 수 있다.

2. 미개(未開)의 회복

정글에서와 같은 약육강식이 정당화되고, 자심한 계층간 격차에 노동으로부터의 소외, 후세를 낳고 기르는 본성적 윤리마저 거세되는 사회. 제국주의적 탐욕과 국제분쟁과 환경재해, 이상기후에 의한 재난이 일상으로 다가오는 때. 공동주체의 생태 시스템을 체화하는 일은 시의 존재가치, 그 핵심이라 할 수 있다. 저마다 이기적인 욕심을 가진 존재이긴 하지만, 그것은 유기적이고 역동적인 생명 질서를 향해 저 마다 분수에 맞추어 모색해야 하는 제자리 찾기이기도 하다. 그곳은 인간의 궁극적 가치라 할 진선미(眞善美)의 융합지경이요 회복해야 할 '생태체계'이며, 시 양식의 본성적 지향점이기도 하다 할 것이다.

우리나라 근대 환경 생태시의 면모는 1930년대 김기림의 「금붕어」 같은 모더니즘 시에서부터 찾을 수 있고, 6·25전쟁을 겪으면서 실존적 문제의식을 가지게 되었으며, 본격적인 산업화 과정에 진입하던 1970년경부터 구체적인 삶의 문제로 예감되었다 할 수 있다. 이들 시의 문제의식은 시적 자율성을 명분으로 현실비판의식이 거세된 심층 생태시로서 불교와 노장철학, 기독교의 영성주의, 근대적 생명사상 등을 바탕으로 전개되다가 1990년경부터 물리적인 생태환경 복원문제로 구체화 되었고 대량 생산되게 되었다. [신진, 「현대시의 생태적 상상력」, 1995]

노인 둘이
땅을 파고 있다.
시멘트 포장을 뜯고
아스팔트를 찢는다
말라붙은 비닐용기, 스티로폼 조각
떡이 된 땅을 판다.
조각난 유리, 플라스틱 터진 살이
탄광처럼 엉켜 있다.
치익 칙 독한 냄새가 솟고
드디어 가스가 터져 나온다.
시꺼먼 기름 거품을 숨 가쁘게 뱉는다.
쓰러진 노인이
버짐 투성이 다른 노인에게 말했다.
-여기……, 여기……, 강이 있던 곳이야.

—신진, 「강 -땅 파기」

1990년경 서낙동강 강촌에 거주할 때 발표한 연작시 중 한 편이다. 환경파괴로 하여 전염병이 창궐하고 지형마저 변하는 재앙을 경고한 환경비판적 생태시라 할 수 있다. 강가에서 녹조를 덮어쓴 강이 가쁜 숨을 몰아쉬는 소리를 실제로 듣고 살던 때의, 실재적 환상이다. 실상과 환상이 교차하는 고발적 풍자 양식은 생태시의 중심 양식의 하나일 것이다.

환경 생태시에 비해, 사회생태 시는 인간사회의 비생태성, 사회의 모순과 불균형현상을 비판하면서 생태사회의 복원을 지향한다. 생태사회란 무척이나 나약한 개별적 인간이 만물의 영장이 될 수 있었던 생명력— 개인과 공동체, 현재와 미래가 공존하는 절대 자유와 평등의 동시성이 체질화한 사회이다.

우리 근대시의 경우, 일제와 한국전쟁, 권위주의 정권과 재벌중심의 경제성장과 관련되는 병적 징후들— 비인간화, 소외, 익명성, 불안, 물신주의, 세속화, 가치관의 붕괴 등등의 문제의식을 일깨운 시들을 사회적 생태시라 할 수 있다. 일제하 1920년대, 김석송의 「생장의 균등」을 위시하여 주요한의 「모든 것이 다 갈 때」 같은 시에서, 1930년대 후반부터는 집과 고향을 잃은, 보금자리 상실의 비극을 형상화한 오장환, 백석 등의 시, 미군이 진주한 해방공간에서는 배인철의 「흑인녀」와 김상민의 「황혼의 가두」 같이 인간의 존엄성을 옹호하면서, 사회 생태를 파괴하는 자본주의의 모순을 고발한 시도 그 예가 될 수 있다. 한국전쟁기 구상, 박양균 등의 시에서도 1959년 박남수의 「새」와 같은 시에서도 사회생태의 문제를 읽을 수 있다. 1970년대 이후에는 소멸되어가는 전통 사상과 문화를 계승한 신동엽의 장시와 신경림의 농민시와 김지하의 담시 그리고, 이성부, 조태일 등의 80년대 민중시와 노동시 등도 사회생태적 이념을 구체화하였다.

전쟁, 산업화, 자본주의, 물량주의 등 생태환경 파괴의 원인이 되는 반생태 시스템을 비판하고 생태를 복원하고자 하는 것은 사회적으로도 요긴한 일이고, 시와 문학의 본성적 영역이기도 하다. 하지만 현대사회에서 환경 생태시, 사회생태시 등 표층생태의 문제는 언론과 정치와 과학 등 관련 전문 영역에서 더 효과적으로 수행할 수 있는 일이다. 오늘날 시적 상상력을 더욱 요하는 지점은 물리적 차원을 넘어 모든 생명의 본래적 가치를 구현하고 가능한 한 현실에 이를 뿌리내리는 심층생태 의식의 심화와 현실화에 있지 않을까 한다. 그리고 그 과제에 대한 보다 근본적이고 현실적인 시적 비전을 원시주의(primitivism)로부터 찾을 수 있지 않을까 한다. 원시주의는 신과 자연, 인간과 자연, 자연과 자연이 '우리'로 하나가 되는 새롭고도 근본적인 사고 시스템, 생태적 사고체계의 주요 광맥이 될 수도 있겠다는 의미이다.

원시주의는 17세기부터 19세기까지, 서양의 진보사상에 대한 반대개념으로 나타나 인공적인 것보다 자연적인 것, 인위적인 것보다 자발적인 것, 문명이나 이성보다 미개한 원시생활이나 본능적 활동이 더 바람직하다고 보는 신념이다. D. H. 로렌스처럼 본능에 충실하거나 과격한 이념과 실천을 주장하기도 하고, 현대문명의 갈등과 공포로부터 탈출하여 원초적이고 단순 소박한 삶을 택한, 20세기 후반 미국 히피(hippie)의 핵심가치관이기도 하다. 여기에서 시인은 세계를 논리와 법칙에 의해 해석하는 근대성에서 탈피하여 세계를 새로운 의미 창출의 창조적 공간으로 받들어 가야할 네오휴먼으로서의 윤리와 양심을 발견할 수도 있지 않을까하는 것이다. '나' 중심 또는 인간중심의 사고에서 벗어나 모두가 자기 고유성을 갖되 타자와의 열린 연대를 통해 공동주체를 이루어가는 생태정신은 각종 동물의 실험을 통해서도 밝혀진 바, 모든 포유류의 정신적 전통이자 이른바 '신유물론'의 새로운 존재양식에 이르는 길이 될 수 있을 것이다.

원시의 전통 회복이란 벌거벗은 짐승의 삶으로 되돌아가자는 것이 아니라, 본연의 자유와 사랑이 연동하는 아름답고 정의로운 사회적 전통을 계승굴하고 소망하는 데에 본의가 있다, 원시의 삶을 비판적으로 계승하며 그 여유와 연대의 신명, 공동의 자유와 재충전의 일상을 성찰하고 실천하는 것이 이 시대 시의 사명이리라 하는 것이다.

세상에서 맨 처음
공중에다 돌을 던진 사람은
새가 되어 공중에 들고

세상에서 맨처음
물에 대고 돌을 던진 사람은
물고기 되어 물에 들고

세상에서 맨처음
사람에게 돌을 던진 사람은
사랑이 되어 그의 가슴에 들고

—신진, 「맨 처음 —석기시대」

2014년, 경상남도 진주시 일원에 몇 개의 운석(隕石)이 떨어졌다는 소문이 나자 전국이 떠들썩했다. 운석 값이 금값의 10배가 넘는다느니, '우주의 로또'라느니 법적으로는 무주물(無主物)이라, 먼저 발견한 사람이 임자라느니 하면서, 경향각지의 인물들이 진주 일원을 뒤지고 다녔다. 하지만 따지고 보면 지상의 모든 돌이 행성의 파편 아니겠는가. 황금도 운석도, 누군가의 공적을 기리는 기념 비석이란 것도 그 가치에 있어, 고대인들이 수렵을 하고 곡물의 껍질을 벗기며 나무를 다듬고 집을 짓던 돌의 가치에 비기랴. 「맨 처음」은 그런 생각에서 나온 '석기시대' 연작의 첫 시였다. 원시의 돌은 공적을 기리는 명예석도 타자에 대한 증오와 폭력의 수단도 아닌 개인적 사회적 삶의 기반이었고 돈이나 명예로 따질 수 없는 애정과 교섭의 표현이자 그 자체 성스러운 숭배 대상이기도 하였으리라.

시적 비전으로서의 원시성이란 문명과 지성 너머, 주체인 동시에 공동체적 생명이 되는 주체적 공동체, 이성과 감성이 통합하는 상생의 생기(生氣)를 회복하는 일이다. 일찍이 편견과 아집에서 벗어나, 경쟁수단으로서의 삶이 아니라 삶 그 자체를 즐기며 사는 삶을 장자(莊子)는 소요유(逍遙遊)라 표현하였거니와, 이 역시 문명의 불행에서 벗어나 본래의 인간, 원시의 전통 계승이란 점에서 음미할 만하겠다.

원시성은 조작된 무의식의 환상이 아니라 실제의 삶을 바탕으로 생성되는 실재의 환상이며 의지적 몽상이다. 예시 「가리지 마라」, 「속도」, 「강-땅 파기」, 「맨 처음」 등의 시에서도 구체적인 삶의 현장에 대한 반성과 풍자와 함께 원시적 전통 지향의 면모를 갖추고 있다 할 것이다.

3. '숭고·비장·골계'의 회복

직접적이고 감각적인 영상 콘텐츠에 비해, 문자언어를 사용하는 시의 소구력(訴求力)이 떨어지는 건 부인할 수 없는 사실이다. 그러나 언어라는 매체가 돌이킬 수 없는 치명적 결함이지만은 아닐 수도 있지 않을까, 언어로 간접 전달되므로 시인과 독자는 직접적 전달매체보다 더 고도의 상상력과 열린 의식을 동원하게 된다는 데서, 그 역(逆)의 가치도 찾을 수 있지 않을까. 시 텍스트의 상상력의 긴장성과 개방성은 이데올로기의 진정성과 미적(美的) 자질과 성향에 따라 공명(共鳴)의 진폭을 훨씬 더할 수도 있는 것이다.

내적 진정성으로 공명의 폭을 크게 하여 역동적인 표현을 가능하게 하는 대표적인 미적 가치로 숭고(崇高, the sublime)와 비장(悲壯, the tragic)과 골계(滑稽, the comic) 등을 들 수 있다. 숭고미와 비장미와 골계미, 이 셋은 상업적 과학주의 시대를 거치면서 상실하다시피 한 '신명'의 세계에 바탕을 두고 공동주체로서의 통찰력을 동시에 갖춘 인간성의 적나라한 표현이기도 하다.

숭고미는 자연이나 삶의 현장에서 정신적 위대함이 두드러질 때, 현재적 간난을 딛고 일어나는 의연함, 초월적 경지가 불러 일으키는 기백에 대한 경외감이다. 숭고의 회복은 시가 신성한 제의적 놀이행위로서의 위의를 회복하는 길이기도 하다. 비장미는 진실이 침해받는 환경 속에서 의지를 잃지 않는 인간적 고뇌에서 일어나는 초월적 비극의 아름다움이다. 골계미는 부조리한 상황들의 순간적 결합이나 아이러니컬한 상황에서 일어나는 현실 초월의 경지이다. 이 세 가지 미(美)의 회복은 외화내빈(外華內貧)과 기계적 치장술과 비인간적 예술의 형식적 순수성 – 순정미(the beautiful)의 추상성을 넘어, 인간의 본질적이고 생태적인 가치, 삶을 풍부히 하고 구체화 하는 진정성을 바탕으로 우러나는 가치이다. 앞에든 시 「가리지 마라」에서는 진실이 무너진 비극에 대한 결의의 비장함이, 「속도」에서는 현실 풍자와 자기발견의 골계미가, 「강 -땅 파기」에서는 지구의 종말에 이른 인간의 단말마적 의지가, 「맨처음」에서는 논리적 모순에서 발견하는 의외의 숭고와 골계미를 발견할 수 있다.

숭고와 비장과 골계는 매명을 위한 트릭을 넘어서는 창의력, 공동주체적 진정성에서 우러난다. 공동주체로서의 새로운 인식과 표현, 실재감 있는 상상에 의해 나타나며 형이상학 시와 자유연상시의 미적 자질이기도 하다. 시인의 무아적(無我的) 이성과 감성이 독자의 영혼에 무아적(無我的) 스파크를 일으키는 시의 주요 계기이기도 하다. 김소월의 「진달래꽃」, 한용운의 「님의 침묵」이 숭고한 사랑과 이별을 보여주었다면, 이육사의 「절정」, 「광야」, 윤동주의 「또 다른 고향」, 유치환의 「생명의 서」, 김수영의 「풀」, 김현승의 「견고한 고독」, 김지하의 「어둠 속에서」 등등이 현실적 고통을 넘어서는 숭고함 또는 비장함을 보여준 예이다. 뛰어난 시들에서는 시적 자아와 인간사 뿐 아니라, 사물과 현상이 연동되고 화자와 독자의 감정이 연동되면서 인간적인 감동을 고양시키는 숭고와 비장과 골계의 예를 어렵지 않게 만나게 되는 것이다.

다음은 1970년대 후반 작이다. 신경림은 이 무렵 민중적 한과 운율을 삶의 언어로 표현하여 숭고와 비장, 골계의 미를 실천한 시인이다.

하늘은 날더러 구름이 되라 하고
땅은 날더러 바람이 되라 하네
청룡 흑룡 흩어져 비 개인 나루
잡초나 일깨우는 잔바람이 되라네
뱃길이라 서울 사흘 목계 나루에
아흐레 나흘 찾아 박가분 파는
가을볕도 서러운 방물장수 되라네
산은 날더러 들꽃이 되라 하고
강은 날더러 잔돌이 되라 하네
산서리 맵차거든 풀 속에 얼굴 묻고
물여울 모질거든 바위 뒤에 붙으라네
민물새우 끓어 넘는 토방 툇마루
석삼년에 한 이레쯤 천치로 변해
짐 부리고 앉아 쉬는 떠돌이가 되라네
하늘은 날더러 바람이 되라 하고
산은 날더러 잔돌이 되라 하네

―신경림, 「목계장터」

민요의 기본인 4음보 가락을 바탕으로 하되 5, 6행과 11, 12행을 3음보로 '호흡변환'하여 진지함(4음보)과 민중적 소박함을 시상에 맞추어 조정한다.

종지형 '~고', '~네'의 반복도 민중적 한을 현실적 삶에 긍정적으로 용해시키는 자연스런 현상으로 빚어내고 있다.

하늘과 땅, 구름과 바람 등 자연과 연동하면서도 삶의 애환을 <잡초 일깨우는 잔바람>, <가을볕도 서러운 방물장수>, <풀속에 얼굴 묻기>라 하면서, 위험하면 <바위 뒤에 붙는 잔돌> 같이 숨기도 하며, 보잘것없지만 할 일하고 살며 여유의 시간을 맞기도 하는 소박한 삶, '천치인 양하고 장터를 떠돌면서 짐을 부리고 쉬기도 하는 떠돌이'의 해학이 궁핍한 세계와 자아의 공동주체적 의식(儀式)에 동참하게 할 뿐 아니라 민중적 애환의 초월적 숭고에 이르게 하는 것이다.

옛날 자연시의 도가적 신선사상이나 추상적 자연예찬과는 다른 차원이다. 자연현상과 시적 주체가 순리를 벗어난 현실의 엄혹함에 제유적로 적응하는 과정에서 상황적 아이러니, 차유로 서사화 되어, 민중적 숭고미와 비장미, 초탈과 적응의 골계를 자아내는 것이다. 현실적 난관을 민요조의 운율과 자연의 순리와 구체적인 삶의 애환을 절묘하게 연동하여 대응함으로써 현대 민중의 삶의 의미와 현실비판의 의지를 서정으로 승화 시키는, 다층적 의의를 갖는 시라 하겠다.

4. 시 쓰기

가다듬다보면 웬만한 사람이면 시 쓰기가 가능하다. 시인으로서의 유명세는 웬만한 시 쓰기와 사교활동을 통해서 얻을 수 있다. 하지만 유명한 시인이라고 해서 훌륭한 시인이라 할 수는 없다. 훌륭한 시는 현재적 언어와 인식에서 차이 나는 시공을 지향하되, 삶의 진정성을 핍진성 있게 표현할 때 가능해진다. 시적 진정성은 명리의 수단이 되지 않는 본래적 인간,

공동주체의 영혼을 원천으로 할 때 깃들고 그에 걸맞은 언어 표현을 이끌어낸다. 그로써 현재에 대한 갈등과 서스펜스와 극적 반전의 언어가 숭고와 비장미, 골계미 등으로 맥락화 할 때, 시는 한층 완성도를 높인다 할 수 있다. 현실적 자아에 종속되지 않고 공동주체의 열린 삶, 순수하고 진정어린 자아실현의 길로 나가가는 길은 가장 어렵기도 하고 가장 쉬운 길이기도 하다.

기원전 수천 년 고대인도의 철학은 우리말과 음과 의미가 유사한 '봐(Bha)'라고 하는, 우주에 대한 직관, 성찰에 집중하였다. 그들의 삶의 최고 양식은 단계적으로 인식되었다. 첫째가 물질에의 만족이요, 둘째가 성적(性的) 수행(만족과 즐거움), 셋째가 의무(義務, Dharma)를 다함이고, 넷째가 온전한 자유(自由, Moksa), 즉 해탈의 단계였다. 물질적 만족과 생리적 만족 위에 사회적 의무를 다하며 그 위에 완전한 자유의 실천, 자아실현이 최고의 가치를 실현하는 삶, 이상적인 삶이다. 그 이상을 향한 언어놀이, 발돋움의 언어적 실천이 곧 시가 아닐까 한다. 그것은 현재에서 차이 나는 간절하고 진정어린 공동주체의 마음과 차유의 언어로 구축될 수 있다 할 것이다.

끄트머리에, 영국 출신의 전위적이고 전설적인 뮤지션, 브라이언 이노(B. Eno)의 창작비법 아홉 사항을 덧붙여둔다. 현대시 창작에 있어서도 그대로 음미할 만한 사안들이라 하겠다.[베르나르 베르베르, 『상상력사전』]

① 인습(因習)을 타파할 것.
② 우연과 실수가 있을 때면 그것을 활용할 것.
③ 다이어그램(도식, diagram)으로 사고할 것.
④ 복잡한 기교에 현혹되지 말 것, 테크놀로지는 그저 사용가능한 것일 뿐, 중요한 건 감성이다. 기술의 성취를 추구해서는 안 된다.
⑤ 대중 속에 있을 것, 대중에게 가쁨을 주지 못하고 대중의 이해를

받지 못하는 건 창작자의 과오이다.

⑥ 예술이 현실에 영향을 미칠 수 있음을 믿어야 한다. 예술은 세계와 우리의 활동을 이해하는 수단의 하나이다.

⑦ 공격하기보다 매력을 통해 설득할 것. 바람직한 세계를 제시하여 현재가 행복과 아름다움에서 얼마나 불완전한 것인지 깨닫게 하고 스스로 장애물을 제거할 수 있는 방법을 생각하게 할 것.

⑧ 자신을 이해하고 비슷하게 실천하는 사람들의 네트워크를 만들고, 토론을 통하여 미처 생각하지 못했던 아이디어를 발견할 것.

⑨ 전통문화를 계승하는 동시에 외국문화와 통합하여 새로운 것을 만들어낼 것.

찾아보기

인명

ㄱ
강은교 230
구모룡 145
구상 109
구연식 149
김경린 40
김광규 74
김광균 60, 92, 94
김광섭 155
김규동 40
김기림 80, 218
김남조 128
김동명 169
김상민 253
김석송 253
김소월 159
김수영 19, 20, 80
김영랑 60
김영태 238
김준오 44, 125, 145
김지하 21, 23, 24
김참 240
김춘수 80, 96, 97, 101, 107
김현 150
김현승 26

ㄴ
나태주 162
니체(F. W. Nietzsche) 33

ㄷ
단테 44
도종환 195

ㄹ
라캉(J. M. Lacan) 112, 174
랜섬(J. C. Ransom) 89, 105
레비나스(Emmanuel Lévinas) 188
로트레아몽 95
루이스 포르탈(Louise Portal) 200
류시화 175
르네 지라르(René Girard) 100
리몬 케넌 65
리몬 케넌(S. Rimmon-Kenan) 61
리처즈(I. A. Richards) 89, 105

ㅁ
마르크스 33
마르틴 부버(Martin Buber) 46
마사 누스바움(Martha Nussbaum) 42
매슬로우(A. H. Maslow) 49
문덕수 36, 136, 146
민윤기 91

민재식 217

ㅂ

바슐라르 124, 153
박남수 207
박노해 249
박두진 115, 219
박목월 116
박상순 191
박순업 241
박인환 40
배인철 253
백석 115, 211
버틀러(Judith Butler) 177
베르그송 234
베르나르 베르베르 118
벤야민(Walter Benjamin) 17
보들레르 95
보시우스(G. J. Vossius) 150
브라이언 이노(B. Eno) 260
브레몽(Henry Bremond) 83
비코(G. B. Vico) 150

ㅅ

서정주 82
성찬경 111
소동파(蘇東坡) 211
스펜서 16
시난 아랄(Sinan Aral) 156
신경림 258
신동엽 60, 253
신석정 187
신진 147, 152, 223, 252
실러(J. C. F. Schiller) 16

ㅇ

안나 프로이트(Anna Freud) 96
안도현 46
야콥슨(R. Jacobson) 71
에드바르 뭉크 192
에리히 프롬 34
에릭 번(Eric Berne) 66
에이브럼즈(M. H. Abrams) 65, 72
에즈라 파운드 89, 105
엥겔스 34
오규원 40, 79
오장환 253
왜곡된 놀이 25
워즈워드 71
유자효 250
유치환 135
윤동주 76, 157
이상 78, 113, 114
이성부 253
이승훈 40, 79
이양하 76
이육사 138
이인로(李仁老) 76
이준관 91
임화 60

ㅈ

자크 데리다 177, 233
전봉건 79, 172

정지용 92, 115, 219
정현종 148
정호승 189
조동일 44, 87, 209
조말선 99
조지훈 220
조태일 253
조향 39, 112, 173
죠지 딕키(George Dickie) 41
주요한 253
지젝(Slavoj Žižek) 95

ㅊ
채트먼(Seymour Chatman) 57
천상병 229

ㅋ
칸트 15, 16
콜리지(S. T. Coleridge) 71
클라우스 콘라드(Conrad, Klaus) 233

ㅌ
토머스 모어 34

ㅍ
폴 발레리(Paul Valéry) 83
프라이(H. N. Frye) 144
피카소 84, 192

ㅎ
하버마스(Jürgen Habermas) 138
하위징아(John Huizinga) 16
한용운 170
할렘 르네상스 24
허정 44
호메로스 44
황병승 232
황지우 41
후고(Hugo Friedrich) 165
휴고 166

A. 테이트 167
C. G. 융 61
C. 브룩스 168
D. H. 로렌스 254
G. 레이코프 145
H.하이트 150
N.하르트만 210
R.P. 워렌 105
S. 프로이트 95
T. E. 흄 126
W. 엠프슨 111

용어

ㄱ
가(假) 비유(pseudo-trope) 150
가(假) 비유의 격상 151
가변성과 개방성 193
가상 현재 208
가상적 생명의 언어 227
가식(假飾)에 의한 상상 127

가칭 교언론 83
감각이미지 132
감각적 언어 93
감상적(感傷的) 낭만주의 90
감성과 지성의 만남 110
개방성과 순수성 251
개인적 상징 138
개인적(personal) 상징 137
객관적 상관물(Objective correlative) 194
거리 65
거울단계 174
결구반복(epiphora) 221
결말 206
결정불가성(決定不可性) 233
결핍의 존재 16
경계(境界)의 비유 158
경계의 비유 159
경쟁놀이 21
계몽시 90
고정적·이동적·분산적 시점 65
골계미 257
공간예술 185
공간의 세 층위 210
공감각적 이미지 132
공동주체 28
공동주체 지향성 147
공동주체성 25, 46, 51, 166, 178
공동주체의 경지 18
공동주체의 달관 229
공동주체의 생태 시스템 251
공동주체의 세계 27
공동주체의 언어 50
공동주체적 동일성 143
공동주체적 언어 161
공동주체적 의식(儀式) 259
공동주체적 자아와 세계의 동일성 143
공동주체적 자아의 동일성 160
공동주체적 정체성 48
공동주체적 주체 45
공동주체적 진정성 257
공동주체화 198
공동체적 신명 21
공명(共鳴)이 큰 시 196
공산주의 운동 96
공상(fancy) 127
과격 모더니즘 시 79
과장진술(overstatement) 158
관념시 90
관련상황(context) 72
관습과 전통을 부정 165
교류분석 66
교언론 중심의 시 84
교언론(巧言論) 81
구성 206, 233
구조의 세 가지 본성 236
구조적 아이러니 168
구지가(龜旨歌) 18
구체시 241
구체시(concrete poetry) 95, 174
궁극적 지향점 179
그로데스크 173
그리스의 변론술 145
극성(劇性) 55
극적 아이러니 168

극적 효과 117
극적인 언어장치 168
근대 생태시의 면모 251
근대적 생명사상 252
근본비유 144
근시안적인 도식 159
근육감각이미지 132
기관(organic)이미지 132
기반적 언어 양상 228
기발이승(氣發理乘) 192
기발한 착상 165
기상(寄想, conceit) 106, 110
기성품(Ready-made) 41
기술적 전위 39, 42
기의(signifié) 227
기지(wit, 機智) 106
기지에 의한 놀라움 167
기표(signifiant) 227
끊임없는 유예상태 99

ㄴ
'나-너' 간 소통 47
나쁜 시 105
난해성 243
낭만적 아이러니 168
낮춘 진술 114, 171
낯설게하기 150
내용 중심의 종류 88
내재율 217
내적 독백 112
내적 자아 115
내포독자 57
내포시인 57
네오다다의 기법 41
노동시 90, 253
노장사상 250
논리적 구성 205
논리적 인접성 133
놀이(유희) 정신 15
놀이의 기본 요건 17
놀이의 응전력 21
농민시 253
뉴 포멀리즘 시 92
뉴크리티시즘 111
능동적 기능 74

ㄷ
다다이즘 95
다섯 가지 자아 66
다층적 언어체계 77
단순비유 134, 135
단순체험의 시형 89
담시 24, 253
대현실적 가면(persona) 61
데페이즈망 40, 165
도구적 이성 188
도시시 91
도착적 퇴폐주의 96
도형시 241
독자와의 협동 194
독자의 역할 59
돈절법(頓絶法, aposiopesis) 117
동양 휴머니즘의 뿌리 48

ㄹ
로고포에이아(파운드) 151
리듬의 핵심 자질 213

ㅁ
만물공동체의식 48
망아(忘我)의 시간 18
매재(媒材, vehicle) 133
맥락 56
메시지 185
메시지의 단위 185
메타언어적 기능 77, 78
명상 정진 201
모방 욕망 100
모방론 39, 73
모순어법 135
모호성(ambiguity) 111
몰개성(沒個性) 이론 194
몽상(夢想, daydream) 127
몽타주 97, 165
무상(無償)의 보상행위 16
무시간(timelessness)의 시간 212
무실(無實)과 영색(令色)의 허영 83
무아적(無我的) 스파크 257
무아적(無我的) 이성과 감성 257
무의미시 96
무한자유와 유희 233
무한한 개방윤리 68
문채의 비유 167
문학적 상상력 43
문학적 이미지 131
물리적 유희성 231
물아일체의 놀이 27
물질적 상상 154
미래파(futurism) 24, 95
미학적 공간 218
미학적(美學的) 공간 210
민요시 24
민중시 90, 253

ㅂ
반동구성 210
반동시 94, 98, 112
반동시 쓰기 102
반동의 유희 242
반동적 미학 232
발등에 떨어진 위협 247
발언위시(發言爲詩) 186
발표된 시 43
배역시(背域詩) 59
배제의 시 92
범용인공지능의 시대 29
변용적 언어 양상 228
변형성 235
병치구조 235, 236, 239
보편적 상징 137
복합시형 89
복합적이고 포괄적인 시 105
본능적 운율 213
본래적 생명 회복 25
봐(Bha) 260
부단한 허물벗기 34
부정 173
부정의 놀이 100

부정의 언어 175
부정의 정신 178
부조리문학 95
부족한 거리조정 65
불가해성(不可解性) 243
불가해한 시 42, 43
비문적 양상 228, 231
비백(飛白) 83
비유 146
비유 또는 은유 134
비유를 이루는 세 축 152
비유 형성의 요소 146
비유어법 133
비유의 기본양식 133
비유의 세 가지 기능 144
비장미 257
비전(vision) 193
비정상·비논리의 어법 117

ㅅ

사교시(Society Verse) 91
사무사(思無邪) 75
사물시 90
사물시 쓰기 93
4음보 가락 258
사회적 반응 68
사회적 생태시 253
산문시 219
삼사문학(三四文學) 동인 241
상상계 174
상상력 125
상업주의에서 탈출 200
상징의 세 유형 137
상징적 이미지 136
상투적 내용과 표현 199
상황적 또는 구조적 비유 135
상황적 아이러니 114
상황적 역설 114
상황적 차유 158, 197
상황적(구조적) 아이러니 168
색채이미지 131
생명적 질서 50
생태시의 중심 양식 253
생태주의 251
서술시 92
서스펜스 206
서정의 확산 189
선조(線條)구조 235, 236
설명적 산문 37
성애(sexual energy) 40
세 개의 세계 118
세계내존재 34
세계의 자아화 44
소재 189
소크라테스적 아이러니 168
속담패러디 놀이 181
수사적 형식적 차유 174
수사학적 전통 136
수용미학(受容美學) 55
순수시 83
순수예술론 83
순응하는 어린이 자아 76
순정미(the beautiful) 257
순진성 아이러니 168

순행구성 210
숭고(崇高, the sublime) 256
숭고미 257
스토리 56
스토리 내적 화자 65
스토리 외적 화자 65
스펙타클 효과 101
시 양식의 본성적 지향점 251
시각이미지 131
시간 착오적 서술 82
시간예술 185
시간의 세 층위 209
시간적 등장성(等長性) 215
시의 구성요소 205
시의 구조 234
시의 메시지 198
시의 언어 136
시의 언어구조 234
시의 운율 213
시의 원천 에너지 29
시의 위기 15
시의 장 21
시의 정의 87
시의 종류 88
시의 죽음 43
시의 진정성 38
시의 효용성 75
시인 56
시인으로서의 덕목 199
시작법(Ars Poetica) 124
시적 긴장 111, 167
시적 비전 193
시적 비전으로서의 원시성 255
시적 역설 108
시적 이데올로기 248
시적 자아 59, 67
시적 진정성 259
시적 창의 43
시적 체험 34, 56, 190
시적 기능 75
시점 65
신호체계(code) 72
실제시인 57
심리적 리듬 214
심리적 메커니즘 96
심상(mental picture) 123
심층생태 의식 254
16세기 비유의 네 유형 150
싱귤레리티(Singularity) 247
3S정책 247

ㅇ

아우라 19, 138
아이러니 148, 167
아이러니의 유형 167
아이러니적 상황 155
아포페니아(Apophenia) 233
알레고리 59, 136
압운(押韻, rhyme) 215
액어법(zeguma) 100
액자식 비유 134
양식적 모티프 186
양행걸침(enjambment) 208
어조(語調, tone) 62

어조의 선택 62
언어 행위의 6요소 71
언어 행위의 근본윤리 177
언어구조의 기본골격 235
언어도단(言語道斷)의 경지 213
언어예술의 책임 윤리 178
언어운용능력 186
언어의 소통체계와 예술론 72
언어적 낯설게 하기 241
언어적 아이러니 114, 168
언어전략 106
AI세(世) 6
엔도르핀 156
여백 230
여섯 가지 기능론 71
역동적 상상 154
역동적인 창의의 언어 152
역설(paradox) 108, 168
역설의 3유형 108
역행구성 210
연대의 행복 130
연상적 유사성 133
연합적 상상 125
영상 겹침(overlap) 207
예술의 4요소 72
예술의 심리학적 기원 17
예술적 순수성 15
오감의 세계 118
오마주(hommage) 시 91
오브제(object) 165
오성(悟性) 84
오음조(惡音調) 217
완곡어법 212
외형률 214
용언의 비유 129
우주적 아이러니 168
운율의 기능 221
운율의 시 222
원시의 전통 회복 254
원시주의(primitivism) 254
원조 스테디셀러 시가 19
원천적 주도자 55
원형적(archetypal) 상징 137
월행시행(run-on line) 208
유기적 통일 234
유기체적 생명 185
유아적(唯我的) 망상 38
유형별 가치 118
율격(律格) 214
율동(律動) 214
은유 133, 144
은유·환유의 양극론 145
음보율(foot metre) 214
음상(音相) 100, 214
음상(音相)에 의한 효과 216
음색(音色)의 효과 216
음색의 효과 220
음수율 214
음양사상 34
의미내장의 존재 192
의식의 세계 118
의식의 흐름 105
의외의 결말 206
의인법 133

이념 248
이미저리 123
이미지 123
이미지스트 선언 126
이미지의 기능 129
이미지의 세 유형 131
이미지의 시 222
이미지즘 시 126
이미지즘 시인들의 시관 125
이발이기수지(理發而氣隨之) 192
이상을 향한 언어놀이 260
20세기 전위시인 95
이을고리 97
이지적인 시 106
이질적인 정보 156
이탈구조 235, 241
인간문화의 책임윤리 178
인간의 염색체 160
인공지능 29
인물(character) 설정 56
일상시 91
일상어 71
일탈의 용기 35
일탈한 언어 133
입체적 구성 210, 212
입체적이고 개방적인 역동성 102
입체파(Cubism) 24, 95

ㅈ

자기동일성 50, 144
자기동일성 중심 45
자기소멸적 신명 28
자기정체성 46
자동기술법(Automatism) 112
자동조절성 235
자신의 정체성 51
자아실현의 욕구 49
자아실현의 인간 49
자아와 세계의 동일성 125, 145
자유시 216
자유연상(free association) 111
자유연상법 112
자유연상시 105, 112
자유와 결핍의 존재 33
자의식적 화자 62
잘 쓴 시 101
잘못된 태도 200
장르 패러디 22, 24
장자(莊子) 256
재생적 상상 125
저항시 90
적절한 자아 67
전경(foreground) 234
전언(message) 72
전체성 235
전통적 분류 87
절대시간 18
점진적 반복 208
접촉(contact) 72
접촉기능 81
정보적 기능 74
정신적 지주 248
정지된 시간 209
정체성(identity) 46

정형률 216
정형화한 미신 35
제목 206
제유 133
제유적 우의 74
제의적 언어 21
제재 189
제한연상 111
조향의 초현실주의 40
존재론(객관론) 73
존재론적 역설 108
종결 거부 208
좋은 시 105
주객일체 27
주관성 154
주기론적(主氣論的) 입장 243
주도자(the dominant) 234
주제 186
주제의 무화 192
주지(主旨, tenor) 133
주지적 모더니즘 81
주체공동체 지향 29
죽은 은유 134
중세 수사학 150
중층적(重層的) 언술 151
즉물적 이미지즘 시 92
즉자적(卽自的) 아집 193
지각의 강도(强度) 조절 61
지나친 거리 조정 65
직유 133
진정성 38, 44, 139
진정성의 깊이 198

ㅊ

차연(Différance) 95, 177
차유(差喩, transphore) 152, 160, 179
차유에 대한 각성 156
차유의 구사 162
차유의 기능 161
차유의 네 기둥 166, 179
차유의 능력 161
차유의 발상법 153
차유의 발현 179
차유의 언어 180
차유의 표현 180
차유의 핵심 153
차이나는 세계 38
차이성 중심 147
차이성 중심 비유 143, 148
차이성의 세 요소 166
차이소멸 101
차이와 모순 172
참시 101
창의적 언어운용 186
창작적 세련의 관문 223
창작적 수련 139
창조적 상상 125, 129
청자 중심의 담화 60
초의식의 세계 118
초현실주의 95
초현실주의 시 40
추(醜)의 미 173
치밀한 구성 205
친교적(phatic) 기능 77, 78, 79

ㅋ
카니발적 요소 24
캠프적 논리 101
큰 시 101
클로즈업 212
키치(kitsch) 41

ㅌ
탁월한 글쓰기 200
탄력적인 언어전략 167
탈 전체화의 유희 240
탈구조의 구조 234
탈의식의 시간 240
탈중심화 233
태내공상(胎內空想) 176
태도(attitude) 196
통합된 감수성 106
퇴고의 과정 199
퇴폐주의(Decadence) 95
트라우마 또는 콤플렉스 232
특수한 가치의식 37

ㅍ
파격(破格) 174
파괴적인 표현방법 95
파일플레이정신 22
판소리 24
패러디 22
포괄의 시 105
포스트휴머니즘 문학 27
포스트휴머니즘 시대 248
포스트휴먼 247
폭력적 동시성 40
표면적 역설 108
표절시 91
표층생태의 문제 253
표현론 73, 76
프랙토피아(Practopia) 34
플래시백 115
핍진성(verisimilitude) 221

ㅎ
한(恨) 230
한국전쟁 253
함축적 비유 134
함축적 은유 158
해가(海歌) 18
해체의 유희 190
해체주의 95
해탈 260
허구적 인물 60
현실과 환상의 혼재 115
현실적 자아 115
형식 중심의 종류 88
형이상학시 106, 113
형이상학적 인식 126
형이상학파 106
형태적 상상 153
형태주의(formalism) 218
호라티우스 75
호모사피엔스 33
화두(話頭) 200
화자 중심의 담화 60
화자(話者, narrator) 56

화자와 청자 60
화자의 유형 66
화자의 종류 62
확장비유 134, 135
확장은유 171
환경 생태시 253
환상(fantasy) 127
환유 133, 144
환의법(antanaclasis) 100
활유법 133
활음조 214, 222
효용론 73, 75
후경(background) 234
후렴 98
후반기동인 40
휘일라이트 235
히피(hippie) 254

신진(辛進)

1974~1976년 이원섭, 김남조 시인에 의해 월간 『시문학』 추천완료. 문학박사(성균관대), 1981~2016년 동아대학교 국문학과, 문예창작학과 교수 역임.
시집 『멀리뛰기』, 『녹색엽서』, 『석기시대』, 『못 걷는 슬픔을 지날 때』 외 다수, 시선집 『풍경에서 순간으로』, 『사랑시선』 등, 논저 『우리 시의 상징성 연구』, 『한국 현대시 읽기』, 『창작문학론 강의』, 『한국시의 이론』, 『차이 나는 시 쓰기』 외 다수. 동화집, 에세이집 등.
설송문학상, 봉생문화상, 부산시문화상, 문덕수문학상 외 다수 수상.

실천시론

초판 1쇄 인쇄 2025년 10월 10일
초판 1쇄 발행 2025년 10월 24일

지은이 신진
펴낸이 이대현

편집 이태곤 권분옥 임애정 강윤경
디자인 안혜진 최선주 김다윤
마케팅 박태훈
펴낸곳 도서출판 역락 | 등록 1999년 4월 19일 제303-2002-000014호
주소 서울시 서초구 동광로46길 6-6 문창빌딩 2층(우06589)
전화 02-3409-2060(편집부), 2058(영업부) | 팩스 02-3409-2059
전자우편 youkrack@hanmail.net | 홈페이지 www.youkrackbooks.com

ISBN 979-11-7396-179-3 93810

책값은 뒤표지에 있습니다.
파본은 구입처에서 교환해 드립니다.